鄂尔多斯史海凭栏

鄂尔多斯青铜器博物馆 编

科学出版社
北京

内 容 简 介

鄂尔多斯，中国正北方一块神奇的土地，世界历史文化长河中一颗璀璨夺目的明珠。独特的地理环境和自然气候，造就了这里独具特色的古代文化，使之成为中华农耕文明的沃土、北方畜牧文明的摇篮和古代各民族纵横驰骋的辽阔舞台。对优秀传统文化的执着传承和对外来先进文化的吸纳包容，使得历史悠久的鄂尔多斯古代文化愈显敦实厚重、异彩纷呈。本书出于一名本土文物工作者的视角，基于最新考古研究成果，带你史海凭栏，一同感悟鄂尔多斯文化的魅力。

本书可供考古学、历史学、民族学领域的研究者及相关专业师生阅读、参考。

图书在版编目（CIP）数据

鄂尔多斯史海凭栏 / 鄂尔多斯青铜器博物馆编. —北京：科学出版社，2020.5

ISBN 978-7-03-065030-6

Ⅰ. ①鄂⋯ Ⅱ. ①鄂⋯ Ⅲ. ①鄂尔多斯市 – 地方史 – 研究 Ⅳ. ① K292.63

中国版本图书馆CIP数据核字（2020）第074518号

责任编辑：樊 鑫 闫广宇 / 责任校对：邹慧卿
责任印制：肖 兴 / 封面设计：合和工作室·蒋艳

科学出版社 出版
北京东黄城根北街16号
邮政编码：100717
http://www.sciencep.com

北京九天鸿程印刷有限责任公司 印刷
科学出版社发行 各地新华书店经销

*

2020年5月第 一 版 开本：720×1000 1/16
2020年5月第一次印刷 印张：20
字数：400 000

定价：228.00元
（如有印装质量问题，我社负责调换）

撰稿人

杨泽蒙

杨泽蒙，男，汉族，吉林大学考古专业毕业，曾任伊克昭盟文物站副站长、鄂尔多斯博物馆副馆长、鄂尔多斯市文物考古研究院院长，文博研究馆员。

1981年从事文物工作，完成了准格尔旗、东胜、达拉特旗、杭锦旗的文物普查工作，全盟文物普查资料的整理、归档工作，《中国文物地图集·内蒙古自治区分册》（伊克昭盟部分）的编纂工作等。

完成了大量的考古调查、勘探及发掘项目，获得许多重要收获。执笔《朱开沟——青铜时代早期遗址发掘报告》《鄂尔多斯青铜器》《远祖的倾诉——鄂尔多斯青铜器》《鄂尔多斯史海钩沉》等大型考古发掘报告及著作，参与了《万家寨水利枢纽工程考古报告集》《内蒙古中南部汉代墓葬》《鄂尔多斯博览》《鄂尔多斯史话》《鄂尔多斯大辞典》《鄂尔多斯文化（文物卷）》《鄂尔多斯文化经典》等著作的编写工作，在国家级、自治区级专业刊物上发表学术论文、报告十余篇，各类业务文章数十篇。在多项研究领域具有自己独到的见解。

完成了鄂尔多斯博物馆"鄂尔多斯文物珍品展"、鄂尔多斯青铜器博物馆"鄂尔多斯青铜器展"、鄂尔多斯博物馆新馆"农耕 游牧·碰撞 交融——鄂尔多斯古代史陈列"、鄂尔多斯青铜器博物馆新馆"中华文明奇葩 欧亚文化一脉——鄂尔多斯青铜器展"等多个颇具影响力的大型展览的展陈大纲编撰工作。

2011年担任新成立的鄂尔多斯市文物考古研究院院长后，组织实施了多项具有前瞻性的文物考古调查、发掘、文化遗产保护、宣传、资料汇集、数据库建设等工作。

先后被各级政府部门授予鄂尔多斯文化系统十杰工作者，全区文物工作先进个人，内蒙古自治区、鄂尔多斯市劳动模范（先进工作者）等表彰奖励。

编委会

编委会主任　赵子义
副　主　任　王聿慧　王志浩　窦志斌
编　　　委　杨泽蒙　秦旭光　辛　戎
　　　　　　郭俊成　乔琳君
主　　　编　王志浩
执 行 主 编　郭俊成
撰　　　稿　杨泽蒙

笃志考古写春秋

——《鄂尔多斯史海凭栏》序一

杨泽蒙先生请我为他的《鄂尔多斯史海凭栏》作序，起初确实感到为难：一则因我从未为他人的研究专著写过序，对序言这种文体十分陌生；二则因他的著作专业性很强，我这个外行自知学浅，难当此任。我想，这样的事情他应该找高官名仕去做。可几番推辞，终不能恕。杨泽蒙十分恳切地说，让名人作序会感到不自在，只想找个熟悉自己的朋友，实事求是地作个评价就可以了。情真意切，并非戏言，于是，我才欣然允诺。

作为一名媒体人，数十年来，我多次接触并采访过鄂尔多斯的几位文物考古专家，而且后来与他们都成了朋友——杨泽蒙就是其中的一位。欣闻杨泽蒙将要出版《鄂尔多斯史海凭栏》一书，而且能够成为此部著作的第一位读者，我深以为幸，理应击掌为他喝彩鼓劲。三十余万准确清晰且富有一定文化韵味的文字，二百多幅内涵丰富且极具视觉冲击力的文物图片……当杨泽蒙先生将其花费多年心血通过发掘、收集、整理后撰写而成的《鄂尔多斯史海凭栏》文稿发到我邮箱的时候，我感到由衷的高兴和钦佩。毕竟，这意味着又一部颇具学术分量且能让更多人了解鄂尔多斯历史和人文的著作问世了，也意味着鄂尔多斯的部分历史和文化将以文字的形式得到永久保存，还意味着我们又为鄂尔多斯的后人留下了一笔宝贵的精神财富。

犹如雄浑大气、造型独特、外观酷似一块历经风雨砥砺的古铜色磐石且象征着鄂尔多斯悠久深厚历史文化底蕴的鄂尔多斯博物馆一样，致力于文物考古事业的杨泽蒙先生，数十年如一日，以高度负责的工作态度，以孜孜不倦的钻研精神，以求真务实的学术风格，与它一起，风雨兼程，持之以恒，记录着鄂尔多斯岁月的沧桑和历史的厚重，传承和弘扬博大精深、源远流长的鄂尔多斯历史文化，同时也彰显了鄂尔多斯人继往开来、不断创新的精神。

作为一名考古专家，杨泽蒙长期从事文物考古发掘和研究工作，曾任鄂尔多斯博物馆副馆长、鄂尔多斯市文物考古研究院院长，为鄂尔多斯的文物考古事业做出了突出的贡献。几十年来，他与他的同事，在鄂尔多斯（河套）人及河套（萨拉乌苏）文化、鄂尔多斯青铜器，以及朱开沟、秦直道、乌兰木伦等遗址的考古调查、发掘和综合研究领域中造诣颇深，并取得了一系列重要成果。其中，有的研究成果还填补了鄂尔多斯地区考古学研究的空白。

杨泽蒙先生具有较强的学术敏感性和识见力，不墨守成规，不盲目顺从，能够依据新的考古发现，大胆提出自己的见解和观点。他潜心于文物考古研究领域，著述颇丰，不但发表了数十篇学术论文，而且近十几年来，还出版了《远祖的倾诉——鄂尔多斯青铜器》一书（该书讲述了青铜时代及早期铁器时代发生在北方草原上的被历史尘封了两千余年且鲜为人知的历史篇章），并与同事共同编著了介绍鄂尔多斯地质年代史及人类出现后的历史文化的《鄂尔多斯史海钩沉》一书。

鄂尔多斯，历史悠久，人文荟萃。独特的地理位置，造就了独具特色的鄂尔多斯古代文化，并使之成为民族优秀文化宝库和世界文明历史长河中一颗璀璨夺目的明珠。燃烧在7万年前夜空中的鄂尔多斯（河套）人的圣火，闪烁在四千多年前黎明前的鄂尔多斯青铜之光，还有大秦直道、历代长城等，无不证明鄂尔多斯是华夏文明的重要发祥地和人类文明的摇篮之一。毋庸置疑，这块古老、厚重、神奇的土地，遗留下了丰富多彩、令人瞩目的历史文化、民族文化遗产。这些宝贵的文化遗产，无疑又是历史延续的见证、文化命脉的标志和民族智慧的结晶。

《鄂尔多斯史海凭栏》以"沧桑远古岁月""肇始农耕文明""淬炼草原青铜""涤荡历史旋轮""成吉思汗祭祀""鄂尔多斯收藏漫语"共六个章节，对不同内容，根据不同历史时期分层次进行介绍；谋篇布局中尽量避免面面俱到，而是以历史时代为序，主次分明，点面结合，夹叙夹议，宏观和微观相辅相成，着力突出考古文化特色，多侧面、有重点地展现鄂尔多斯丰富多彩的历史文化遗存。内容方面，该书在每一个章节中，除了细述其历史沿革，还介绍了它们在进入现代社会后的有关状况，并以新史观来审视历史、描述历史，同时介绍权威专家关于鄂尔多斯的考古研究的学术成果，以及作者自己提出的独到见解，阐述各种考古发现的作用、意义及其深远影响，从而使读者能够更加清晰地了解这些考古发现的生命历程。

通读《鄂尔多斯史海凭栏》，让人耳目一新。作者不但从历史的、科学的角度撰写出了富有真知灼见的文字，而且加入了以考古发现资料为依据的非自然物图片，再现了鄂尔多斯厚重的历史文化。在记录和反映历史的过程中，都以求实、求是、求新的科学认识为宗旨，根据史书典章中的有关界说和专家学者的最新权威定论，并通过对史料的进一步鉴别、考证而尽量摒弃切削痕迹和片面结论，还历史以真实。尤其是那些几乎汇集了鄂尔多斯所有的考古重要发现，那些多面向的史海凭栏与高密度的历史文化"含金量"，再现了鄂尔多斯巨大的历史张力，无不让人在瞩目鄂尔多斯古代文化的同时，还能深刻体味到鄂尔多斯民族历史的深邃浩渺、民族文化的博大精深和民族精神的巨大力量。

很高兴看到杨泽蒙《鄂尔多斯史海凭栏》的出版。可以说，这部书内容丰富、品质上乘，是作者数十年心血的结晶，也是他敬业精神的写照。当然，这部书更重要的是彰显了鄂尔多斯考古发现的丰硕成果。让我们在捧读它的过程中，探究苍茫史海，领略已逝春秋，追寻人文遗迹，感悟灿烂文化。该书能激起我们对未来文明的深思与展望，同时也能唤起人们对中华古文明的崇敬与自豪之情。

杨泽蒙先生将考古视为自己毕生追求的事业，并且对考古有着强烈而执着的感情。他深知，从事文物考古工作不仅需要具备相当的知识、掌握相应的技术、运用相关的理论，更需要情感的投入与责任的担当。因此，几十年来，他把他的一切始终与文物考古工作及文化遗产保护事业融在一起。迄今为止，他的一切努力无一不是为有效保护文化遗产、丰富区域文化内涵所贡献的力量，无一不是对文化传承、文脉延续所做出的奉献。衷心祝愿杨泽蒙先生能在文物考古领域登上更高的山峰，取得更多的建树，谱写出自己更加多姿多彩的考古人生。

我是考古学的外行，所讲之言必会贻笑大方，但作为作者的朋友，能在该书付梓之际，说出上面这番心里话，倒也倍感欣慰。是为序。

周晨曦

2019 年 8 月 25 日

凭栏钩史普春秋

——《鄂尔多斯史海凭栏》序二

  由鄂尔多斯市资深文博工作者编著的又一部历史文化科普著作《鄂尔多斯史海凭栏》付梓在即。基于鄂尔多斯深厚的历史文化积淀、最新的考古发现资料和多年的研究成果融合而来的这部出版物，是鄂尔多斯青铜器博物馆近年推出的又一研究力作，它的出版必将填补地区历史文化研究方面的空白，可喜可贺。

  鄂尔多斯地处农耕文明与草原文明交错带，是一个重要而独特的区域。特殊的地理环境和自然气候，造就了这里多样的生态环境，也孕育了这里独特的人类文明进程。虽然我国文献史籍浩如烟海，但是由于鄂尔多斯地处北疆，生活在这块土地上的是尚不为中原地区的人们所熟悉的北方民族，他们大多没有自己的文字或用本民族文字记载的历史典籍，而中原史官则由于相距遥远、信息闭塞，加之语言不通等诸多原因，因此有关这里的历史记载不但匮乏，而且错谬颇多。值得庆幸的是，兴起于20世纪60年代的鄂尔多斯文博事业，为我们缓缓开启了探寻鄂尔多斯历史真面目迷宫的门扉，尘封在鄂尔多斯这块古老而神奇土地上的十几万年人类发展史的漫漫征程、五千年中华文明史的跌宕起伏、两千年北方草原文明史的恢宏诗篇，随着考古新发现频频闪现，人们对于鄂尔多斯古代历史及文化在中华文明起源与发展历程中所发挥的巨大作用和独特地位的认识也在不断被刷新。

  悠久的历史底蕴，独特的民族文化积淀，在鄂尔多斯这块古老而神奇的大地上，遗留下了丰富多彩的生命印迹和文化遗产。这些宝贵的文化遗产，不仅是当地历史与社会发展的见证，也是提高人们创新能力的动力和源泉。在我们全面建设小康社会和实现中国特色社会主义的伟大历史进程中，文化遗产将始终是推动文化大发展大繁荣，提高文化软实力的不可再生的重要资源，同时也是调整社会经济结构、促进社会经济发展、培育战略性新兴产业，实现地区经济、社会全面、协调、可持续发展的重要战略资源。因此，科学、系统地保护、发掘、传承这些文化遗产，始终是国民经济和社会发展的重要组成部分，既是各级政府的重要职责，也是全社会的共同任务，更是文物工作者责无旁贷的历史使命。

习近平总书记多次指出，我们要坚定中国特色社会主义道路自信、理论自信、制度自信，说到底是要坚定文化自信。我们的文化自信深深植根于中华文明传承的土壤，中华民族在5000多年绵延不断的悠久历史进程中，创造了博大精深的中华文化，它既是中华民族的根和魂，也是中华民族历经磨难而生生不息的历史积淀与思想升华，还是中华文明延续传承的"基因密码"，更是中华民族在世界文化激荡中卓然屹立的精神命脉。因此，作为鄂尔多斯地区的文物工作者，我们深感使命艰巨且责无旁贷。让文物"活"起来，绝不能简单地停留在利用现代化技术使之在形态上"动"起来的层面上，最重要、也是最核心的，是需要文物工作者们潜心研究，把它自身所蕴含的历史、文化、艺术等种种信息尽可能地全面挖掘出来，帮它拂去身上的厚重历史封尘，让观众亲手触摸历史的印痕，聆听它亲口讲述自己鲜为人知的"前世今生"。同时，让文物考古的研究成果尽可能从专业机构的资料室中走入寻常百姓家，让社会大众更多地了解这块神奇土地的历史和文化，激发更多的人关注、参与文物事业，让文化遗产事业在坚定中国特色社会主义文化自信中发挥应有作用，这也是贯彻落实习总书记"让文物活起来"指示的最直接体现。基于这种理念，鄂尔多斯青铜器博物馆前馆长王志浩先生积极四处奔走、筹集资金，邀集鄂尔多斯市文物考古研究院前院长杨泽蒙先生等，借鄂尔多斯文博事业创建55周年庆典之际，推出系列研究著作，本着打造从文物工作者的专业视角出发、基于最新考古研究成果、面向社会大众专业解读鄂尔多斯历史文化读本的宗旨，带你一起拂去岁月的封尘，揣摩鄂尔多斯鲜为人知的故事，探秘鄂尔多斯悠久厚重的历史，品味鄂尔多斯丰富多彩的文化。

该书的出版，是上级部门的大力支持和鄂尔多斯青铜器博物馆老中青三代文物工作者积极努力的结果。在这里，我们要感谢所有长期支持鄂尔多斯文物工作的领导、学者和相关人士，也为尊敬的鄂尔多斯青铜器博物馆老馆长王志浩先生和鄂尔多斯文博前辈杨泽蒙先生等对鄂尔多斯文博事业孜孜不倦的奋斗精神点赞。

博物馆作为收藏人类智慧和知识的神圣殿堂，承担着传播知识，提高人类社会素养的历史使命。出于对中华历史文化研究和促进鄂尔多斯文博事业发展的高度责任心和使命感，我们要在这条路上继续走下去，在发挥好阵地功能的同时，继续推出类似的专业性普及读物，为广大读者进一步了解、认识鄂尔多斯做出贡献。

此为序。

鄂尔多斯青铜器博物馆馆长　窦志斌

2020 年 6 月 2 日

Preface 前 言

鄂尔多斯，中国正北方一块古老而神奇的土地。

这里地处西北黄土高原的最北端，黄河在这里沿高原的西部北上，又向东折，然后顺东部南下，形成一个"几"字形的大回旋，正好置高原于一曲之内。历史上，这里曾有过"河南地""新秦中""河套"等称谓。自明朝天顺年间（15世纪中叶）以来，因蒙古鄂尔多斯部长期驻牧，这里也被称作"鄂尔多斯"。清朝初期，漠南蒙古归附清廷，鄂尔多斯部被划分为六旗（后增设为七旗），合为一盟，称伊克昭盟。中华人民共和国成立后，一直沿用此名。2001年2月，国务院批准撤销伊克昭盟，设立地级鄂尔多斯市。

鄂尔多（Ordo）为蒙语"宫帐""宫殿"之意，在我国的古代文献中也曾被写作"斡耳朵"或"斡鲁多"等。约从唐代的突厥民族开始，活动在北方草原上的游牧民族，便把具有宫殿性质的"大帐"称为斡耳朵。鄂尔多斯（Ordos）则是蒙古语中斡耳朵的复数形式，即"众多宫帐"之意。据史料记载，早在蒙古汗国时期，成吉思汗便建有"四大斡耳朵"。为护卫这些斡耳朵，成吉思汗特意抽调亲信、骨干，组成一支专司守护之职的特殊群体。成吉思汗逝世后，根据传统习俗真身入葬，而将象征成吉思汗灵魂的灵柩、遗像及身前使用的物品等依旧供奉在这些宫帐内，作为"全体蒙古的总神祇"或"奉祀之神"的移动陵寝，接受人们的四时祭拜。这些守护斡耳朵的组织严格按照祖训世代相承，随着岁月的推移，子孙日渐繁盛，便逐渐形成一个庞大的部族集团，鄂尔多斯遂成为这个专职守护成吉思汗陵寝的部族的族名。

鄂尔多斯市西、北、东三面被黄河环绕，西南与宁夏回族自治区接壤，西北与乌海市毗邻，北与巴彦淖尔市、包头市、托克托县隔河相望，东与清水河县和山西省的偏关县、河曲县以黄河为界，南接陕西省的府谷、神木、榆林、靖边、横山等地，东西长约400千米，南北宽约340千米，面积约8.7万平方千米。历史上的鄂尔多斯所指的区域要比现今要广，还应该包括如今内蒙古自治区巴彦淖尔市的临河区、杭锦后旗、五原县、乌拉特前旗，陕西省的神木、榆林、横山、靖边，宁夏回族自治区的盐池等县、市的部分地区。

鄂尔多斯南部地处黄土高原的最北端，北部属于黄河冲积平原，地势由南、北分别向中部隆起，于达拉特旗敖包梁、东胜至杭锦旗四十里梁一线，形成一条高亢而宽阔的分水岭，境内的河流分别向南、北注入黄河干流或支流。鄂尔多斯东部最低处海拔为850米，西部最高处海拔2149米，平均海拔1100～1500米。鄂尔多斯东南部是山峦连绵、沟壑纵横的丘陵地貌，西北部则是一望无垠的荒漠草原，著名的毛乌素沙地、库布齐沙漠分别横亘高原南北，延绵起伏的乌仁都希山脉雄踞西端。不同的地理环境和气候，造就了不同的经济形态和不同的文化发展轨迹，导致了鄂尔多斯地区古代文化的多样性和复杂性。

鄂尔多斯三面环黄河，北有阴山之天险，西有贺兰山做屏障，自古便是兵家必争之地。由鄂尔多斯向北过黄河越阴山，便进入广袤无垠的蒙古高原；而顺鄂尔多斯南下，便可直达中原腹地；阴山山前又是贯通东西的大通道。因此，鄂尔多斯地区既是连接中原与北方草原的重要通道，也是北方诸族进入中原的跳板。

虽然我国文献史籍浩如烟海，但是由于鄂尔多斯地处北疆，生活在这块土地上的是尚不被人们熟悉的北方民族，他们大多没有自己的文字或用本民族文字记载的历史典籍，而中原史官则由于相距遥远、信息闭塞，加之语言不通等诸多原因，有关这里的历史记载不但匮乏，而且错谬颇多。因此，探寻真实的鄂尔多斯历史轨迹和文化命脉相当有难度。值得庆幸的是，兴起于20世纪60年代的鄂尔多斯文物事业，终于为我们缓缓启开了这座神奇迷宫的门扉。鄂尔多斯这块古老而神奇的土地上，几十亿年波澜壮阔的古地质、古环境海陆变迁史和几亿年变幻莫测的古生物进化史被拂去尘土，渐露端倪，同时，深深镌刻着的十几万年人类发展史漫漫征程、五千年中华文明史跌宕起伏、两千年北方草原文明史恢宏诗篇的印迹，也逐渐显现。

鄂尔多斯地处农耕文明与草原文明交错带，是一个重要而独立的区域。特殊的地理环境和自然气候，造就了这里多样的生态环境，也孕育了这里独特的人类文明进程。

地处鄂尔多斯东南部的准格尔旗和伊金霍洛旗黄土堆积中，蕴含着丰富的第四纪古动物化石资源，昭示着这里同样具备远古人类进化、繁衍、生息的生态环境。近年在准格尔旗南流黄河西岸开展的旧石器考古调查显示，在这里发现距今20万年以前、甚至更久远的古人类活动行踪，只需假以时日。

距今14万～7万年前生活在萨拉乌苏流域的鄂尔多斯（河套）人，是鄂尔多斯这块古老土地上迄今所知最早的古人类，也是我国迄今所知时代最早的晚期智人，而他们极有可能是中国现代人的直系祖先。身为北方小石器文化系统的奇葩，不但谱写了中国旧石器时代中晚期考古学文化的多彩岁月，而且成为远古时代沟通欧亚大陆中西文化交流的先锋。

大约距今7万年前，鄂尔多斯地区进入地球历史上的末次冰期。虽然整体上处于一种干旱、寒冷的自然环境，但是地处内陆深处的优越地理条件，造就了这里在全球性的冰期大气候下，受冷暖交替气候影响而形成的暖湿或温凉且降水丰沛的局地小气候。新近发现的生活在距今6.5万～5万年前的乌兰木伦遗址上的古人类，和发现时间与鄂尔多斯（河套）人相同、生活在鄂尔多斯台地南缘的水洞沟人，便是相继追逐这些暖湿期形成的绿洲的最早先民。他们在鄂尔多斯大地上继续谱写下远古人类历史的新篇章。

乌兰木伦遗址时代介于萨拉乌苏文化与水洞沟文化之间，文化面貌也与两者有着一定的相承关系。该遗址不仅拥有丰富的文化遗物和埋藏学、年代学方面的依据，还有着以石器工业特征展现的文化系统，因此，在构筑中国北方旧石器时代考古学文化框架体系中的重要作用令人瞩目。另外，乌兰木伦流域旧石器时代遗址分布密度之大，实属罕见。究其原因，或许和这里蕴含大量可供古人类制作石器的原材料有着直接的关联。如果确实如此,那么可以认定,作为为世界所瞩目的二十一世纪新型能源基地的古老鄂尔多斯,在数万年前,已经为人类社会的发展做出了积极的贡献。

水洞沟人生存的时代大约为距今4万~1.5万年,所处的自然环境远不及萨拉乌苏遗址和乌兰木伦遗址。因此,尽管他们仰仗弓箭技术等的娴熟应用使得生存能力大为提高,但在整体寒冷、干旱的恶劣气候面前,不得不频繁地长途迁徙,去追逐适宜生存的自然环境和赖以生存的各类动物。大范围的迁徙,使得他们和欧亚草原地带的广大先民们产生了更多的直接或间接的接触。水洞沟人以秉承着北方小石器文化传统,同时拥有大量成熟的欧亚草原地区特有的石叶形石片,而成为我国北方地区旧石器时代晚期石叶文化最典型的代表,即将开启在人类历史上产生过深远影响的北方草原地带细石器文化(早期典型草原文化)的滥觞。水洞沟文化的这些特有属性,不但对我国华北地区同时期的远古人类产生了深远的影响,而且对整个欧亚草原地区都产生了巨大的影响。

步入新石器时代和铜石并用时代,生活、繁衍在这里的古代先民,在这块水草丰美、气候宜人的神奇土地上,再次掀起了鄂尔多斯人类历史的新篇章,作为中国"北方文化圈"中心区的鄂尔多斯先民,既与中原华夏族同源共祖,又具有鲜明的自身特征,所谱写的以阳湾人、海生不浪文化、永兴店文化等为代表的壮美乐章,记录了他们为历史悠久、丰富多彩的中华文明的形成与发展所立下的不朽功勋。

四千多年前,朱开沟文化的古代先民,面对生态环境向干、冷方向的不断恶化,适时改变土地利用方式和经济形态,畜牧经济应运而生,也就此拉开了北方畜牧民族在中国历史大舞台上活动的帷幕。以狄—匈奴为代表的新兴马背民族,在广袤的鄂尔多斯大地上开创的中国北方草原文化,谱写了北方早期游牧文明的恢宏篇章。作为其物质文化载体的鄂尔多斯青铜器,也以它原生态的草原文化气息、独特的艺术风格和优美的造型,在中国乃至世界文化史上产生了深远的影响。

公元前306年,"赵武灵王西略胡地至榆中",把势力范围深入鄂尔多斯北部沿河地带。公元前304年,秦昭襄王控地北至上郡,鄂尔多斯东南部纳入秦的疆域。秦始皇统一六国后,派蒙恬"将兵三十万北击胡,略取河南地"。为巩固北方的统治,修直道"自九原直抵云阳,堑山堙谷直通之"。从内地迁来大批移民，垦田耕植，广筑县城。伴随秦、汉封建王朝对鄂尔多斯地区的不断开发，这里不仅又一次掀起了民族汇集的浪潮，同时也加速了社会的发展进程，给鄂尔多斯带来了欣欣向荣的新景象。

魏晋南北朝时期，鲜卑等北方民族的不断南迁，使鄂尔多斯地区的民族融合达到空前的境地，为古老的鄂尔多斯注入了新的生机。隋唐时期的鄂尔多斯，既是隋唐王朝的北疆重地，也是与突厥等北方游牧民族联系的纽带和桥梁。广阔的鄂尔多斯大地上，遗留下大量这一时期的珍贵文化遗存。

唐代后期，吐蕃的强大迫使党项人逐步迁徙到鄂尔多斯南部，并于北宋初期建立了西夏国。鄂尔多斯丰美的天然牧场和先进的农耕技术，为西夏畜牧业和农业生产的迅速崛起发挥了重要的作用，同时也促进了手工业和商业的繁荣发展。使西夏国实力大增，雄踞北方与辽、金、宋对峙，成为中国北方少数民族中的一朵奇葩。

1227年，成吉思汗率军攻灭西夏，美丽富饶的鄂尔多斯草原从此打上了蒙古族文化的烙印。尤其自明代中后期以来，蒙古鄂尔多斯部俸侍着祭祀成吉思汗的"八白室"，一直植根在这块神奇的土地上，逐步形成了别具一格的集蒙古帝王祭祀文化、宫廷文化、传统草原游牧文化于一身的鄂尔多斯蒙古族文化。其源远流长、风格独特的文化内涵，再创草原文化新纪元。

鄂尔多斯地区不断涌现的考古发现和研究成果，不但为我们展示了大量鄂尔多斯鲜为人知的历史表象，而且为我们揭示了它的历史地位和文脉精髓。鄂尔多斯独特的地理位置和自然环境，造就了独具特色的鄂尔多斯古代文化，使之成为华夏农耕文明的沃土、中国早期畜牧文明的摇篮、北方马背民族纵横驰骋的辽阔舞台，为我国北方地区古代文化的繁荣与发展，为中华文明的形成和发展做出了突出的贡献。鄂尔多斯古代文化对传统文化的执着传承和对外来文化的兼容并济，使这里历练成为民族优秀文化的宝库和民族汇聚的大熔炉，是中华文明史中一颗璀璨、夺目的明珠，光彩四射，熠熠生辉。

Contents 目 录

笃志考古写春秋——《鄂尔多斯史海凭栏》序一
凭栏钩史普春秋——《鄂尔多斯史海凭栏》序二
前言

壹　沧桑远古岁月 ……001

一、神奇萨拉乌苏…………001
二、喧腾乌兰木伦…………023
三、沉寂水洞沟……………041
四、寻踪准格尔……………051

贰　肇始农耕文明 ……055

一、鄂尔多斯最古老的农耕民……………055
二、大开发进程中对文化遗产保护的反思……065
三、同源共祖　华夏一族…………070
四、北疆奇葩怒放…………072
五、见证文明——喇叭口尖底瓶（酉瓶）………074

六、石城耸立 ——文明前夜的喧嚣 ⋯⋯⋯⋯⋯⋯⋯⋯⋯⋯⋯⋯ 077
七、探秘寨子圪旦遗址——解析远东金字塔 ⋯⋯⋯⋯⋯⋯⋯ 079
八、鬲瓮溯源　文明寻踪 ⋯⋯⋯⋯⋯⋯⋯⋯⋯⋯⋯⋯⋯⋯ 085
九、问道朱开沟 ⋯⋯⋯⋯⋯⋯⋯⋯⋯⋯⋯⋯⋯⋯⋯⋯⋯⋯ 093
十、解读朱开沟文化 ⋯⋯⋯⋯⋯⋯⋯⋯⋯⋯⋯⋯⋯⋯⋯⋯ 096
十一、鄂尔多斯远古第一村 ⋯⋯⋯⋯⋯⋯⋯⋯⋯⋯⋯⋯⋯ 109

叁　淬炼草原青铜　　　　　　　　　　　　117

一、金冠出世问鼎游牧文明 ⋯⋯⋯⋯⋯⋯⋯⋯⋯⋯⋯⋯⋯ 118
二、璀璨艺术绝唱草原青铜 ⋯⋯⋯⋯⋯⋯⋯⋯⋯⋯⋯⋯⋯ 122
三、文明使者沟通中西交融 ⋯⋯⋯⋯⋯⋯⋯⋯⋯⋯⋯⋯⋯ 128
四、薪火传承延绵中华文明 ⋯⋯⋯⋯⋯⋯⋯⋯⋯⋯⋯⋯⋯ 134
五、由鄂尔多斯青铜器动物纹看中华十二生肖观 ⋯⋯⋯⋯⋯ 140

肆　涤荡历史旋轮　　　　　　　　　　　　149

一、群雄逐鹿 ⋯⋯⋯⋯⋯⋯⋯⋯⋯⋯⋯⋯⋯⋯⋯⋯⋯⋯⋯ 149
二、强秦扼腕 ⋯⋯⋯⋯⋯⋯⋯⋯⋯⋯⋯⋯⋯⋯⋯⋯⋯⋯⋯ 161
三、两汉遗珍 ⋯⋯⋯⋯⋯⋯⋯⋯⋯⋯⋯⋯⋯⋯⋯⋯⋯⋯⋯ 180
四、笔墨丹青 ⋯⋯⋯⋯⋯⋯⋯⋯⋯⋯⋯⋯⋯⋯⋯⋯⋯⋯⋯ 193

五、北魏牧苑 ———————————— 203

六、大夏拾珠 ———————————— 204

七、隋唐轶事 ———————————— 207

八、"六胡州"浮沉 ——————————— 221

九、丰州烟火 ———————————— 222

十、西夏瑰宝 ———————————— 226

十一、辽金拾遗 ——————————— 235

十二、大元牧苑 ——————————— 237

十三、阿尔寨石窟寺 —————————— 239

十四、边陲烽火 ——————————— 251

伍 成吉思汗祭祀 ———————————— 255

陆 鄂尔多斯收藏漫语 —————————— 273

参考书目 ———————————— 289

后记 ———————————— 292

壹

沧桑远古岁月

300万年前,人猿相揖别。伴随着直立行走,人们不仅学会了制造工具,还可以根据劳作对象的不同,使用一些被有意打制成不同形状的石器。考古学上,把人类社会的这一发展阶段,称为旧石器时代。在这个阶段,人类的生产经济方式主要是原始采集、狩猎、渔捞等自然经济,而社会组织则处于原始公社阶段。

1922年,法国著名地质古生物学家桑志华在流经乌审旗大沟湾的萨拉乌苏河谷地层中,发现了大量动物骨骼、人工打制的石制品和骨角器等。这是中国境内发现的第一批有可靠地层学、年代学依据的旧石器时代古人类遗存。萨拉乌苏遗址的发现,掀开了中国乃至远东地区古人类研究的帷幕,也揭示了本地区迄今所知最早的古人类活动行踪。

一、神奇萨拉乌苏

1922年,世界考古学界发生了两件大事:一是埃及图坦卡门法老墓的发现,二是远东地区人类化石——中国鄂尔多斯(河套)人的问世。九十多年过去了,前者因所出土的数千件精美绝伦的古埃及文物、充满神奇色彩的图坦卡门咒语及围绕这位生活于3300年前古埃及的最年轻国王(法老)的身世、死亡等方面的重重谜雾,每每提及仍令世人震惊不已;而后者也因其在探讨现代人起源、东西方文化交流等领域的特殊地位，同样令学界对其持续关注。

1. 震惊世界的发现

在鄂尔多斯高原的南部，有一条发源于陕西省西北部的河流。它源于白干山北麓，自西南至东北弯弯曲曲穿行在毛乌素茫茫沙海中。当地蒙古族群众称其为"萨拉乌苏"（蒙语，"黄水"的意思）。萨拉乌苏原本是一条名不见经传的小河，在地图上虽然可以看到它的身影，但是很难找到它的名字，因为它只是黄河支流——无定河上游的一部分。萨拉乌苏也是一条平淡之中蕴含着无数"跌宕"的河流。茫茫沙海中，如果不是近在咫尺，人们绝难意识到这条高原深切水流的存在，但当置身其中时，又无不为其迂回荡漾的气魄所震惊。萨拉乌苏还是一条具有神奇小区域自然景观的河流。在高原面上，是一望无际的沙海，新月形的移动沙丘星罗棋布，为典型的戈壁沙漠生态，而在深深下切的河谷里，却是潺潺流水环绕的片片绿洲，不仅果树飘香，水稻扬花，还有着常年不冻的水流，素有"塞北江南"的美称……萨拉乌苏虽然拥有如此与众不同的多变面孔，但是在当地人的眼中，它依旧是一条日复一日、年复一年静静流淌的普通小河；萨拉乌苏虽然处处洋溢着撩人的神奇色彩，但在过去的岁月里，却没有引起世人更多的关注。直到九十多年前的一天，鄂尔多斯这块古老而神奇的土地，突然因为这条河流而享誉世界（图1）。

图1　萨拉乌苏俯瞰

让我们把历史的镜头切换到1923年夏天的萨拉乌苏河地区。当地牧民发现，两位高鼻深目的外国人率领着他们的驼队，每天沿着河谷往返于鄂托克前旗城川乡（今城川镇）的教堂至乌审旗河南乡的大沟湾村之间。这些人与众不同的相貌、神奇的装扮与"诡异"的举止，引起了他们极大的好奇心。其中身材修长的那位就是法国著名的地质古生物学家德日进，而体态壮实的那位则是法国著名的地质古生物学家、博物馆学家桑志华。

此前一年，桑志华曾来这里进行过考察，在家住邵家沟湾的当地牧民旺楚克（汉名石王顺）的带领下，采集到许多哺乳动物化石、人工打制的石器和3件人类股骨化石。这一重大发现令他兴奋不已。1923年7~8月，桑志华邀请在学术上较自己更胜一筹的德日进再次来到萨拉乌苏，在进行更为广泛、系统调查的同时，还在杨四沟湾进行了科学发掘。他们共清理出200多件人工打制的石制品和骨角制品，还有大量的破碎动物骨。尤其令两位科学家兴奋的是，居然发现了一枚幼儿的左上外侧门齿。经当时体质人类学权威北京协和医学院解剖学系主任、加拿大人类学专家步达生鉴定后，将其命名为"the Ordos Tooth（鄂尔多斯人牙齿）"。这是中国境内发现的第一件有准确出土地点和地层纪录的人类化石，也是包括中国在内的远东地区第一批有可靠年代学依据的旧石器时代古人类遗存（图2）。这是在中国乃至整个亚洲古人类学及旧石器时代考古学研究史上均具有划时代意义的重大发现。这一发现立即在国际上引起轰动。它不仅正式掀开了中国乃至整个亚洲古人类研究的帷幕，也揭示了鄂尔多斯地区迄今所知最早的古人类活动行踪。

图2 鄂尔多斯（河套）人头盖骨、股骨和牙齿化石

2. 开启远东古人类研究滥觞

20世纪20年代以前，以达尔文的进化论为标识，人类对自身的认识较前人已经有了质的飞跃，而且欧洲地区远古人类发展进化框架伴随近代

工业革命的进程已初步形成，但在亚洲地区，这一领域的研究却整整滞后于欧洲发达地区一个世纪之久。由于包括中国在内的亚洲地区直到此时仍未发现确切的和古人类活动有关的资料，加之受"欧洲文化中心论"的影响，因此，中国乃至亚洲地区究竟有无以旧石器时代考古学文化为标识的早期古人类活动行踪，还一直是一个悬而未决之谜。

有关中国古人类学资料的最早记载，当属1903年德国古生物学家施罗塞尔记录的一枚据说来自中国的人类牙齿化石，但由于这枚牙齿化石是从北京中药铺的龙骨中拣选出的，因此，他对有关这枚牙齿化石的出土地点、出土层位等情况一无所知。此后，美国传教士埃德加陆续在湖北、四川的长江沿岸地区采集到一些石制品，但由于材料稀少，加之出土层位不清、记录不详，因此可信程度较低，在学术界亦未产生大的影响。直至1920年桑志华在甘肃东部庆阳地区的黄土层和黄土底部的砾石层中发现的3件打制石器才成为公认的中国境内首次发现的有确切出土地点、层位，有可靠年代学依据的古人类加工制品。而对萨拉乌苏的科学考察和发掘，不仅发现了有确切出土地点、出土层位的古人类化石，还发现了大量与之伴出的人工打制且有使用痕迹的石器等，从而以无可辩驳的事实推翻了有关"中国无旧石器文化"的谬误，并且正式拉开了中国乃至亚洲古人类学、旧石器时代考古学研究的帷幕。也正是由于有了这样一个良好的开端，此地遂引起了中国政府的高度重视和学术界的普遍关注。众多学者纷纷踏上这块充满神奇色彩的亟待开发的处女地，人员、技术、资金源源涌入，在此后的短短数年内，北京人、山顶洞人等便如雨后春笋般被相继发现，中国这个文明古国也因此扭转了连是否存在远古人类还颇受争议的尴尬局面。

3. 古老高原的拓荒者

1928年，由世界著名旧石器考古学专家布勒、步日耶、桑志华、德日进主编的中国第一部旧石器时代考古学研究报告《中国的旧石器时代》一书问世了（图3）。研究者通过萨拉乌苏遗址出土遗

图3 《中国的旧石器时代》法文本

物与欧洲旧石器文化遗物的对比，认为萨拉乌苏遗址的年代相当于欧洲旧石器时代中期莫斯特文化向旧石器时代晚期奥瑞纳文化的过渡时期，其石器的形状及其打制技术等方面所反映出的文化特征亦与欧洲莫斯特文化和奥瑞纳文化有许多相同之处。

20世纪三四十年代，中国著名旧石器时代考古学家裴文中先生首先使用了"河套文化"和"河套人"这两个中文名词。"河套文化"由在鄂尔多斯萨拉乌苏遗址和宁夏水洞沟遗址发现的旧石器时代遗存共同构成，而"河套人"就以步达生最初命名的那颗"鄂尔多斯人牙齿"为代表。

"河套人"这一称谓虽然为国内学者所沿用，但在国外学术界却一直使用"鄂尔多斯人"这一最初命名。鉴于对萨拉乌苏遗址的研究是一项涉及中国乃至亚洲现代人起源、欧亚草原东西文化交往滥觞的世界性学术研究课题，所以围绕它的文化命名等问题都应尽可能地与国际接轨，以免引起混淆。因此，按照学术界的惯例，应该把"河套人"正名为最初命名的"鄂尔多斯人"。考虑到人们的接受过程以及因正名可能引起的国内人们的困惑，因而可以称之为"鄂尔多斯（河套）人"。

经国际著名古人类学家吴汝康先生研究，鄂尔多斯（河套）人的体质特征属人类进化史上的晚期智人（即解剖学上的现代人）阶段，比西欧典型的尼安德特类型的人类化石更为接近现代人。据中国科学院兰州沙漠研究所等单位的最新研究成果，鄂尔多斯（河套）人生活的年代应为距今14万～7万年，是截至目前中国乃至亚洲发现的时代最早的晚期智人之一。

根据鄂尔多斯（河套）人使用的石器种类、形态及其他遗迹现象可知，他们当时从事的是以狩猎为主的经济方式。因此，鄂尔多斯（河套）人不仅是迄今为止鄂尔多斯发现的最古老的人类，还是活跃在鄂尔多斯大草原上最早的猎人（图4）。

图4　纪念河套人发现八十周年座谈会

鄂尔多斯（河套）人在发现之初于学术界引起了一阵轰动，而裴文中先生也一度以中国猿人文化、河套文化和山顶洞人文化作为中国旧石器时代早、中、晚三个不同发展阶段的标尺，而这一标尺奠定了中国旧石器时代考古学文化的分期基础。但自20世纪50年代中期以来，裴文中先生在经过亲自考察和深入研究后，发现萨拉乌苏遗址与水洞沟遗址在文化内涵和年代上皆有差异，故首先提出了应取消"河套文化"概念的建议。此后，人们依据萨拉乌苏流域范家沟湾、杨四沟湾、米浪沟湾等化石发现地点为代表的旧石器时代遗存，提出了"萨拉乌苏文化"的概念。特别是进入21世纪，伴随对萨拉乌苏遗址、水洞沟遗址研究工作的不断深入，学术界对它们的年代、文化面貌等，有了全新的了解，并已达成共识，即不再将萨拉乌苏与水洞沟这两个在文化面貌上异性大于共性，且彼此在年代上相距数万年之遥的古人类遗存，统归在一个文化之下。"河套文化"逐渐为"萨拉乌苏文化"和"水洞沟文化"所取代。

截至目前，在萨拉乌苏流域约40平方千米的广阔范围内，已发现至少10个较为集中的化石出土地点，共发现人类化石及石器等文化遗物600多件（其中保存在法国国家自然博物馆的有200余件）。发现的鄂尔多斯（河套）人化石主要有额骨、顶骨、枕骨、下颌骨、椎骨、肩胛骨、肱骨、股骨、胫骨、腓骨、门齿等。发现的石制品原料主要有石英岩和燧石。除石核和石片外，经过加工修理的石器占有相当数量，大体可分为刮削器、尖状器和雕刻器三大类，且均以小石器为主。以1980年的发现为例，共发现各类石器200余件，其中最大的一件石制品长度仅为5.5厘米。

1996年5月28日，萨拉乌苏文化遗址被内蒙古自治区人民政府公布为自治区级重点文物保护单位。2001年6月25日，被国务院公布为第五批全国重点文物保护单位。目前，萨拉乌苏遗址申报世界地质公园的筹备工作正在紧锣密鼓地进行之中。2006年8月，由中国科学院古脊椎动物与古人类研究所、中国科学院寒区旱区环境与工程研究所、内蒙古自治区文化厅、鄂尔多斯市人民政府联合主办的鄂尔多斯萨拉乌苏遗址国际学术研讨会隆重召开（图5）。来自中、美、英、法、瑞士、韩国、印尼等国的100多位古人类学、旧石器时代考古学、第四纪地质学、博物馆学及其他相关学科的学者齐聚萨拉乌苏河畔，围绕萨拉乌苏遗址的多个课题，进行了广泛而深入的讨论。

图5　鄂尔多斯萨拉乌苏遗址国际学术研讨会

4. 亚洲现代人祖先之谜

鄂尔多斯（河套）人化石的发现，宣告了"亚洲地区没有旧石器时代远古人类"历史的终结，正式掀开了远东地区旧石器时代考古学、古人类学研究的帷幕。稍后伴随着北京猿人、山顶洞人等的相继发现，不但深深撼动了根深蒂固的世界人类单一起源说的论断，而且中国作为世界上重要人类发祥地的脉络也愈来愈清晰地展现在世界面前。

20世纪40年代，德国（后入美国籍）世界著名人类学家魏敦瑞首次在对北京猿人等化石进行深入研究的基础上，提出了一个世界人类进化的假说。他认为全世界共有四条人类进化链，中国、欧洲和非洲各有一条，东南亚和澳洲有一条。中国的人类进化链是从北京猿人开始，经过山顶洞人发展到现代的黄种人。虽然受当时发现数量及科学研究水平的限制，这种假说提出后遭到了学术界许多人的质疑，但大量古人类化石新资料的不断面世，仍使得相信北京猿人是现代亚洲人直接祖先的学者增强了信心。20世纪80年代中期，三位世界著名的古人类学家——中国的吴新智、美国的沃尔波夫、澳大利亚的桑恩联名提出了现代人起源多地区进化学说。他们重申了魏敦瑞人类进化链的主要内容，并以大量的新证据纠正了魏氏学说中的缺陷，使得学说在基础材料和理论上都有了更大的深度和更强的说服力。在这条人类进化链上，鄂尔多斯（河套）人不仅是因为其从年代学上作为中国古人类进化三部曲的中间环节，地位显赫，更因为它所展现的晚期智人的体质人类学特征而成为这条人类进化链能否成立的关键。

20世纪60年代初，英国学者路易斯·利基（Louis Leakey）在非洲的坦桑尼亚发现了一种命名为"能人"的化石人类。通过对能人、智人及现代人骨骼特征的综合分析，他认为能人才是智人及现代人的直系祖先，而其他已知古人类只是人类进化史上绝灭的旁支。20世纪70年代，国外一些古人类学家将当时流行的分子系统学原理应用于古人类学研究，得出北京猿人的体质特征是一种所谓的自近裔特征的结论。该结论表明包括北京猿人在内的直立人只是人类进化史上的绝灭旁支，而不是中国现代人的直系祖先。特别是进入20世纪80年代后期，三位美国的遗传学者在研究了147个来自非洲、欧洲、亚洲等地分别属于各大人种的妇女细胞中的线粒体脱氧核糖核酸（mtDNA）后，提出了一个"现代人出自非洲"的假说（即通俗讲的"夏娃说""二次走出非洲说"）。该假说认为，世界上各大洲的现代人类都来源于大约20万年前生活在非洲南部的一群妇女，且在大约13万年前，这支人来到亚洲西部，然后扩展到东亚、东南亚和欧洲，进而扩展到澳大利亚和美洲。按照这个学说的观点，中国的现代人类均是大约10万～6万年前由非洲经过亚洲西部长途跋涉到东亚的那些"非洲老祖母"的后代。这群人取代了原来生活在这块土地上的以"北京猿人的后代"为代表的化石人类后，延续发展下来了。因而，中国的现代人类与以北京猿人为代表的化石人类没有任何的血缘关系。如此，不仅北京猿人到鄂尔多斯（河套）人再到山顶洞人这个中国古人类进化的三部曲学说无法成立，鄂尔多斯（河套）人及其文化中表现的许多特性也因此发生了质的转变。强力支撑这一学说的一个极重要依据，就是在广袤的远东地区，一直没有发现大约10万年前的解剖学上的现代人（即晚期智人）化石。由此可见，破译中国现代人起源密码的关键，就是那些大约10万年前的晚期智人化石。

目前，在现代人起源研究领域，多地区进化学说与出自非洲学说虽然都在努力丰富自己的理论和证据，但由于可资对比的新资料有限，因而两者都无法取得令学术界公认的突破性进展。用分子生物学研究人类起源毕竟是间接的，其间存在着很多的变异性，而人类化石才是最直接的证据。鄂尔多斯（河套）人作为迄今为止远东地区发现时代最早的（距今14万~7万年）晚期智人身份的确立，无疑为我们拿到了一把开启包括中国在内的远东地区现代人起源迷宫的钥匙。因此，伴随着萨拉乌苏遗址研究工作的进一步深入开展，不但中国现代人究竟是从何起源的这一困扰学术界近一个世纪的难题有望得到破解，而且该人类集团所拥有的诸多引人注目的特性，也随之将有一个圆满、合理的揭示。

5. 东西文化交流先驱

如果说由法国科学家参与的鄂尔多斯（河套）人及其文化的发现是一项在古人类学研究史上具有划时代意义的、东西方科学文化交流的硕果，那么萨拉乌苏遗址所展现的文化特征则给人们就远古时期发生在欧亚大陆上东西方古人类文化交流留下了一个既撩人心绪又扑朔迷离的疑团。

鄂尔多斯（河套）人使用的石器是单一的小型石器。通过对1980年发掘出土的200余件石制品的观察可知，最大的一件石制品的长度仅为5.5厘米。这与中国华北地区发现的大多数旧石器文化中既有大型石器又有小型石器的文化特性有着十分明显的差别。这种差异，不但与萨拉乌苏河流域不产适合于制作石器的坚硬石材，古人需要到几十千米以外的地方寻找石料有很大关系，而且也是由于自然环境、生活习性的不同所造成的。尽管萨拉乌苏遗址的小石器无论是形状还是制作工艺，都与后来流行于欧亚草原地区的细石器还存在着本质上的区别，但是在某些方面已经具备了"真正的细石器"的基本特征。另外，它所反映的社会主导经济形态，与细石器文化有着异曲同工之处。因此，萨拉乌苏文化在中国细石器文化的发展历程上，无疑具有始祖般的重要地位，而在揭秘远古时期东西方文化交往史领域，则是最具经典性的地区（图6）。

早在1928年，世界著名旧石器考古学专家布勒、步日耶、桑志华、德日进在《中国的旧石器时代》中已表明：萨拉乌苏遗址不但年代相当于欧洲旧

图6 鄂尔多斯（河套）人使用的石器

石器时代中期莫斯特文化向旧石器时代晚期奥瑞纳文化的过渡时期,而且其石器的形状及其打制技术等方面反映出的文化特征亦与欧洲莫斯特和奥瑞纳文化相同。由此可知,萨拉乌苏遗址以其远东地区为数极少的、可与西方旧石器时代考古学文化进行直接类比的遗址的地位而备受学术界关注。时至今日,该地区仍旧是一个极具经典性的地区。这种发生在远古时代的东西方文化交流现象在亚洲东部的首次确认,宛如一石激起千层浪,不仅证明了早在十几万年前欧亚大陆上就已存在东西方文化交流的事实,同时也引发了很多远古时期东西方人类文化碰撞的猜想。

但是由于种种原因,在过去近一个世纪的漫长岁月中,国内学术界对萨拉乌苏遗址所展现的这一文化现象总是缄口不谈。近些年,随着改革开放进程的推进,学术气氛的活跃,人们在正视这一文化现象的同时,对其中产生的交流模式更多地理解为一种单向的"西来"模式。此外,伴随着对位于鄂尔多斯台地边缘水洞沟遗址中大量存在的、具有典型欧洲旧石器时代文化特征的"勒瓦娄哇石核技术"的揭示,这种观点似乎还有进一步加强的趋势。实际上所谓的"西来"模式仅仅是产生这种文化现象的一种可能,而最新的研究成果已足以使人们向过去这种单一的"西来"模式发起挑战,并重新审视这种文化现象的内涵和意义[①]。萨拉乌苏遗址凭借自身独特的文化特性,在人们探讨华北小石器文化的主导性与传播性,确立旧石器时代早期"华北中心说"和"华北小石器文化自源性"的进程中,占有得天独厚的地位。我们确实很有必要仔细品味一下世界著名旧石器考古学专家布勒、步日耶、桑志华、德日进在《中国的旧石器时代》中阐述过的一段话:"在亚洲大陆的正中心鄂尔多斯,我们处在这些工业产品(注:指鄂尔多斯人使用的石器)的一个大车间中,而这些工业产品一点一点逐渐地通过连贯的发展阶段传播,一直传到遥远半岛(注:指法国)的尽头。——我们认为,亚洲像一个最老的人类工业的巨大的扩散中心。"[②]

---

① 侯亚梅:《水洞沟:东西方文化交流的风向标?——兼论华北小石器文化和"石器之路"的假说》,《第四纪研究》2005年第6期。
② 〔法〕布勒等著,李英华、邢路达译:《中国的旧石器时代》,科学出版社,2013年。

6. 萨拉乌苏动物群

走进法国国家自然历史博物馆展览大厅,一具来自遥远东方、饱经沧桑的动物骨骼吸引着游人的目光。这是一只早已从地球上消失了的犀牛家族中的成员——披毛犀(图7)。它从头到尾长约4米,脊背至地面的高度约2.5米,如果附着上肌肉、皮、毛,它的实际身躯要比现在大出好多。它不但形体巨大,而且样子也怪:头部硕大,脖子粗壮,肚子圆鼓鼓的,四肢异常健壮。凡是来这里参观的人,无不怀着好奇的心情,在它面前驻足观望。这具保存极为完整的动物化石享有化石珍品的美誉。它呈昂首信步状伫立在展台上,向你娓娓述说着十余万年前中国鄂尔多斯高原上发生的一切。

图7 展示在法国国家自然历史博物馆萨拉乌苏出土的披毛犀化石

1922年,桑志华等人在萨拉乌苏发现古人类化石的同时,还发现了包括34种哺乳动物和11种鸟类在内的庞大动物群。这在考古学界和古生物学界都是一项具有划时代意义的伟大发现。由这45种动物为代表所构成的动物群,被学术界命名为"萨拉乌苏动物群",它以晚更新世华北地区黄土堆积出土的典型代表性动物群,与早更新世的泥河湾动物群(标准地点在河北北部泥河湾盆地),中更新世的周口店动物群(标准地点在北京周口店北京直立人遗址),共同构成华北更新世三大代表性动物群,成为研究更新世古地理、古气候、古生物的经典地区和标尺。

　　在萨拉乌苏动物群已鉴定出的45种动物中，包括了虎、狼、鬣狗、象、野马、野驴、野猪、骆驼、马鹿、大角鹿、羚羊、转角羊、水牛、原始牛等大型食肉类、食草类动物，以及鼠、兔、刺猬等小型啮齿类、食虫类动物，还有鸵鸟等鸟类。而前面提到的披毛犀，就是这个大家族中的一个重要成员。在34种哺乳动物中，有27种可以鉴定到种，而它们之中已经灭绝的有8种，现生种19种。现生种中，目前仍生活在鄂尔多斯地区的有12种，而其他7种在不同的历史时期离开了本地区。萨拉乌苏动物群中，有两种非同寻常的动物。一种是鄂尔多斯大角鹿（也译为河套大角鹿），它是一种由于在萨拉乌苏首次发现而被以萨拉乌苏所在地鄂尔多斯命名的新种属。这种鹿肢体高大，鹿角呈扁平扇形，形状奇特，在鹿类中独一无二，仅此所见。另一种动物就是王氏水牛，它也是一种在萨拉乌苏首次发现的水牛的新种属。它是发现者为了纪念在发掘意外事故中献身的当地牧民旺楚克的女婿而以他的姓氏命名的。萨拉乌苏动物群不仅数量众多、种类丰富、保存完好，而且具有非常鲜明的特征，它既有虎、野猪、鹿等适宜森林草原环境生存的动物，也有纯草原环境中经常可以看到的马、驴、羊、狼等；既有温湿环境下才能生存的水牛、象，也有适应干旱环境的骆驼、鸵鸟；另外，还有耐寒冷的披毛犀。正是由于这种多样性，使得萨拉乌苏动物群不仅为我们揭示了一个14万~7万年前，活动在鄂尔多斯高原及周边地区的一个较为完整的动物群体，同时也展示了在这一特殊的地理区域内，同一历史时期不同的生态小环境，以及同一地区不同历史时期冷、暖、干、湿的更迭变幻。这也是萨拉乌苏动物群在研究东亚北部地区20万年以来环境变迁及生物进化领域拥有特殊地位的重要所在。

　　鄂尔多斯作为蕴藏极为丰富的化石宝库、人类探索大自然的神奇窗口，越来越引起人们的广泛关注。我们在深深缅怀那些为萨拉乌苏动物群的发现、研究做出过辛勤奉献的中外科学家的同时，也不能忘记那些默默无闻的、积极参与这项科学考察的萨拉乌苏的居民。

　　7. 窥视远古世界的窗口

　　萨拉乌苏属于黄河支流——无定河的上游。虽然它的水流量不是很大，而且还是一条形成不超过2000年的年轻河流，但是由于它所流经的区域地层结构较为松散，因此它的侵蚀作用十分强烈，河水犹如一条凶猛咆哮的蛟龙，将所经之处切割成七八十米宽的深深峡谷，加之这一地区地形较为平坦，地面坡度较缓，因此河流弯弯曲曲，形成了一条十分壮观的深切曲流。每当夏天雨季到来，湍急的河水总会对河岸形成一次次新的侵蚀。河岸的塌落，使得原本被流逝的岁月深深埋藏在地下的各类物质撩开了笼罩在上面的神秘面纱，清晰地展现在明媚的阳光下。这些河谷高高的断面，成为我们窥探鄂尔多斯高原远古历史的天然窗口。形成于晚更新世以降的萨拉乌苏大剖面的厚度高达六七十米，其中的各个地质时代的界面较齐全，界限较清楚，所反映的信息比较多，是研究古气候、古环境的最佳地区，也是世界范围内不多见的、包含信息含量较多的地方（图8）。

图8 萨拉乌苏大剖面

综合科学家们大量的地质调查、勘探、考古发掘等的研究成果，我们通过萨拉乌苏大剖面这一神奇的窗口，大致可以勾画出一幅当时的自然、人文情景。14万～7万年前鄂尔多斯的自然地理条件大体和现今萨拉乌苏一带的局地自然景观相同，既有延绵不断的沙漠，又有广布的河流湖泊，而与河流湖泊相伴的是广袤的沙地绿洲和森林。随着冷暖期的交替变幻，河流湖泊及绿地森林的范围不时发生着变化。诺氏驼、巨鸵鸟们奔跑在无垠的沙漠中；河套大角鹿、马鹿、原始牛、野马、野驴、普氏羚羊、许家窑扭角羊等在草原上静静地觅食或奔波跳跃；几只窜出树林的狼和最后鬣狗，隐匿在草丛中的狗獾、野兔及其他啮齿类小动物四处乱钻；老虎在森林中时隐时现，窥视着草原上各种生灵的一举一动；王氏水牛整个浸入湖泊中，尽情享受湖水的凉爽；野鸭、翘鼻麻鸭在湖面上漫游；鹫、兀鹰展开巨大的翅膀，在天空中缓缓盘旋；披毛犀顶着一只尖尖的独角、诺氏象拖着长长的鼻子在森林边悠闲漫步，对周围发生的一切熟视无睹……作为本地区一员的古老的鄂尔多斯人，由于缺乏像山洞这类的自然巢穴，他们就在靠近湖边的地方搭起用兽皮围起的帐篷，用以抵御烈日、风雨和严寒的侵袭——这就是他们赖以生存的居住场所。帐篷周围燃起了熊熊的火堆，这样既可以御寒、烧烤食物，也可以防止猛兽袭击。远处的湖边，一群身强力壮的男子汉们，围住了一头陷入沼泽中的野象，利用手中的鹿角锤、鹿角矛等武器向这头庞然大物发起了一轮又一轮的攻击。野象尽管力大无比，无奈四蹄陷入沼泽中，越挣扎陷得越深，厚厚的皮毛虽然可以不惧恶狼的攻击，但在这些聪明绝顶的人类面前，早已是血流如注，奄奄一息。岸边的一群小孩或手舞足蹈，或跃跃欲试，为这即将到手的美餐激动不已。帐篷周围的老年男性及妇女们，有的在打制石器或加工、修整工具，为肢解、分割那只已到手的猎物做着准备；有的忙着捡拾树枝，为一会儿的美餐忙碌；有的则埋头用石片仔细刮除上次捕获到的猎物皮革上的油脂，或用锋利的薄石片切割兽皮——这些皮革可是人们裹身御寒和围作帐篷的最佳材料。远处的草地上和森林边，还可以不时地看到结伴的人影在晃动，他们正在采摘野菜野果——因为猎获一头这样的动物实在不易，平时人们还得主要靠这些果实来充饥（图9）。

夜幕降临了，紧张了一天的人们围坐在火堆旁开始分享劳动果实。人们用树枝挑着肢解开的犀牛肉在火堆上烧烤。在吃干净骨头上的肉后，又

图9 鄂尔多斯（河套）人生活场景复原图

用鹿角锤砸开坚硬的肢骨，吸食里面的骨髓，随后把吃剩的骨头扔进火堆中。骨头虽然不会燃烧，但骨头上的油脂却是极好的助燃品，火焰腾的一下蹿了好高，映红了人们兴奋的脸庞……

历史上的暖期来了，伴随着湖水的上涨，人们把生活的营地移到了较高的地带，重复着同样的生活。淤泥渐渐埋没了人们原先生活的地方，也掩埋了残留在那里的灰烬、烧骨、石片等古人们遗漏的或有意扔弃的一切。寒期来临了，古人们又追逐着回落的湖水，来到了新的营地。寒暑更迭，时光荏苒，随着地壳的不断下沉，尘封的大地就这样把不同历史时期古人们的生活遗址永久地埋在了几十米深的地下。

8. 鄂尔多斯人、河套人之辨

20世纪40年代，我国著名旧石器时代考古学家裴文中先生在他的一部著作中，首先使用了"河套人"这个中文名词，来对应桑志华、德日进等人在萨拉乌苏发现、步达生鉴定并命名的"the Ordos Tooth（鄂尔多斯牙齿）"。由此，"河套人"这一称谓，在国内就成为我国化石人类家族中的一员而被沿用至今，而它的最初命名"鄂尔多斯人"则处于被人遗忘的角落，鲜为世人所知。

河套人发现之初虽然在学术界引起了一阵轰动，裴文中先生也曾一度以中国猿人文化、河套文化和山顶洞人文化作为中国旧石器时代早、中、晚三个不同发展阶段的标尺，并奠定了中国旧石器时代考古学文化的分期基础。但由于萨拉乌苏遗址最初的发掘资料大部分被带回了法国，特别是萨拉乌苏遗址自发现以来，国内学术界（尤其是古人类学和考古学界）仅在这里零星开展过一些工作，并未对其进行过系统的科学考察研究，因此，人们对于河套人及其文化的认识一直较为模糊，在许多方面甚至还存在较大的疑义。随着我国境内大量旧石器时代遗址的相继发现，河套人在学术界的影响随着时间的推移渐趋消减，不仅声望远不如当初与之并驾齐驱的"三部曲"中的北京人、山顶洞人等显赫，就连河套人是中国乃至远东地区首次发现的有确切出土地点、出土层位的古化石人类，它的发现正式掀开了远东地区古人类学、旧石器时代考古学帷幕，且萨拉乌苏遗址还是我国为数极少的可与西方旧石器文化直接类比的经典遗址等独特亮点，也由于历史的原因被忽略。

在2003年年底召开的河套人发现八十周年座谈会上，我们首次得知以董光荣先生为代表的地质学家和以黄慰文先生为代表的古人类学家，就萨拉乌苏组的地质年代问题意见渐趋一致。也就是说，过去人们认为河套人生存于距今3.5万年左右、处于全球末次冰期（玉木冰期）中某一暖期的传统看法，将被河套人生存于距今不晚于7万年前里斯—玉木间冰期的认识取代。而随着河套人生存年代的大幅度向前提升，这一原本在人类进化史上并不占据显赫位置的晚期智人，一下子跃居为目前中国乃至亚洲地区所知时代最早的晚期智人，成为探讨亚洲现代人直接祖先的关键所在。因此，正是通过筹备这次座谈会，我们得以对萨拉乌苏遗址有了进一步的全方位了解，使得我们意识到对于萨拉乌苏遗址的研究，将不同于国内发现的绝大多数旧石器时代遗址主要局限于研究中国乃至亚洲大陆远古时代古人类发展史及古文化发展史的做法，而应该是一个上升到世界范围内、至少是探讨欧亚大陆远古人类、远古文化发展史的学术课题。

鉴于人们对于传统的河套人及其文化的认识即将有一个近似于脱胎换骨的转变；鉴于在国内传统称谓的这个"河套人"其最初发现时的命名其实为"鄂尔多斯人"，且这个称谓也一直作为它的正式学名被国际学术界所通用；鉴于尽管裴文中先生当初翻译时选择的"河套"一词所确指的地域与"鄂尔多斯"并不相悖，但两个词在字面意义上并不互通，而且在必须重新审视河套人及其文化的年代、文化内涵、文化面貌的今天，在现代人们的地理概念中，鄂尔多斯与河套已经是两个存在着很大差别的地区；鉴于对在萨拉乌苏发现的古人类遗存进一步深入系统的研究将很可能是开启中国乃至亚洲现代人起源、欧亚草原地区东西文化交往滥觞的世界性的学术课题，围绕它的命名等有必要尽可能与国际接轨，以免引起一些不必要的混淆……因此，我们同意中国科学院古脊椎动物与古人类研究所黄慰文先生提出的观点，把"河套人"正名为最初命名的"鄂尔多斯人"。考虑到人们的接受过程及因正名而可能引起的国内人们的困惑，可以称之为"鄂尔多斯（河套）人"（图10）。

有历史学、地理学常识的人都清楚，步达生等人当初所言的"鄂尔多斯"与裴文中先生随后提出的与之相对应的"河套"这两个名词，所确指的本是相同的一个地理区域。步达生等人最初之所以采用"鄂尔多斯"的称谓，主要是基于19世纪末至20世纪初，近代外国古生物学家、地

图10　1922年鄂尔多斯（河套）人牙齿化石发现地

质学家踏上这块土地的时候，由于这里是蒙古鄂尔多斯部的驻牧地，将"ordos"确定为这一地区的专有名词，遵循了一些新的科学发现均以其发现地来命名（如鄂尔多斯高原、鄂尔多斯台地、鄂尔多斯古陆等）的做法这一角度来考虑的。而裴文中先生之所以选择"河套"一词，更多的是侧重于站在我国历史的视角上来考虑的。"鄂尔多斯"这个词无论是出现的时间，还是知名度等，均远无法与"河套"一词相提并论。这应该就是德日进等人最初将其命名为"Ordos Man"而裴老把它对译为"河套人"的关键所在。无论是步达生等人的最初命名还是稍后裴老的译名都没有任何的瑕疵，而如今提出"河套人"，正名于"鄂尔多斯人"的本意十分单纯，只是学术发展的需求而已，且左右它的主要是专业准则，并不掺杂任何个人、地区利益。将"河套人"正名为"鄂尔多斯（河套）人"，更多地是为了让国内的民众对掀开了中国旧石器时代考古学、古人类学研究帷幕的"河套人"的最初命名及它在国外的正式学名等，有一个历史的、客观的认识，让世界对"河套人"及萨拉乌苏遗址有一个更直观的了解。裴文中先生提出的"河套人"的命名虽然与"鄂尔多斯人"并不相悖，按照生物命名法则在中文中也享有优先权，但按照国际惯例，由于西文的"鄂尔多斯人"命名在先，所以应以西文为国际通用的学名。在信息化、全球一体化进程飞速发展的今天提出"河套人"的正名问题，正是基于对历史的尊重，对学术准则的尊重，也是对社会的负责。此外，也想揭示一段人们应该了解的历史事件的真实发展历程，铭记在我国乃至远东地区古人类及旧石器时代考古学的发展历程上不应忽视的具有划时代意义的那一个开端的原本瞬间（图11）。

图11　董光荣、袁宝印、黄慰文、侯亚梅等各位专家考察萨拉乌苏遗址

9. 新世纪的启迪

九十多年前，鄂尔多斯（河套）人及其文化让这块鲜为人知的土地首次名扬世界；九十多年后，它将以深邃、雄浑的文化底蕴再次震撼全球。近年来随着对萨拉乌苏遗址研究工作的不断推进，该遗址在一些新的研究领域的突出地位渐露端倪。

通过对萨拉乌苏遗址出土动物化石的观察、研究，黄慰文先生等同意德日进等人的分析，认为鄂尔多斯（河套）人有狩猎行为，是鄂尔多斯地区迄今所知最早的猎人。20世纪60年代以来，美国学者保罗·马丁（Paul Martin）教授就一直在提倡更新世晚期后大型哺乳动物在全世界的消失与人类大规模狩猎有关的学说，而萨拉乌苏遗址就很好地验证了马丁教授的这一论证。通过萨拉乌苏组和城川组这两个时代相连接的地层可以粗略地看到，萨拉乌苏组出土的大型哺乳动物化石要远远多于城川组。这种现象使得我们联想到，在自然界的变化之中，"人—猎人"一直在起着重要的作用。虽然事实是否如此还有待大量科学研究予以验证，但诸如萨拉乌苏这样的经典遗址是最有希望取得突破的地点之一。一个新的具有世界意义的"萨拉乌苏狩猎文化"或将呼之欲出。

另一个就是近年讨论较多的关于"人类世（Anthropocene）"是什么时候开始的问题。2000年诺贝尔奖获得者保罗·克鲁岑（Paul Crutzen）等人提出，应以1786年瓦特发明蒸汽机为代表的工业革命为"人类世"的开始——因为自此人类的活动对地球的影响（温室气体导致气候变化）开始超过了自然地质作用。而后美国学者威廉·拉迪曼（William Ruddiman）提出以出现农业（土壤中温室气体甲烷大量释放）为"人类世"的开始。中国科学院地质与地球物理研究所刘东生院士则认为，通过对萨拉乌苏遗址的研究，对萨拉乌苏狩猎文化的研究（狩猎、用火、熟食、石器、骨器制作等）、对于草原生态文化的研究已初步显示，狩猎不但是生活和生产的活动，而且是人类最早改变全球环境的开始。人们狩猎活动造成的影响不但在大气圈，而且在生物圈、土壤圈和岩石圈都相当巨大，和自然界的地质营力所造成的影响相比有本质的变化。人类真正成为一个不可忽视的地质营力，应该是从狩猎时代开始的。

正如刘东生先生（图12）所言：1923年德日进发现萨拉乌苏地层中的石器、破碎骨骼和狩猎的迹象时，正是他思考人的现象和人的思维在地球上形成一个"智慧圈（Noosphere）"的时期。那时他在面对萨拉乌苏的落日，面对鄂尔多斯草原和贺兰山后的大地时，曾想到"研究过去只是为了未来"。他可能并未想到，80年后荷兰人克鲁岑从他的智慧圈的思想汲取营养并提出"人类世"这

图12 中科院院士、世界著名黄土专家刘东生先生考察萨拉乌苏遗址

一概念。今天萨拉乌苏的落日依旧是那样令人思考不尽。我们期待古老的萨拉乌苏遗址在这些新时期破茧而出的科学研究新领域焕发出更加夺目的光彩。

10. 永久的铭记

20世纪20年代鄂尔多斯（河套）人及其文化的发现，无疑是近现代史上中西方科学文化交流的结晶。我们在铭记这项伟大发现的同时，也应该永远缅怀两位不远万里来到中国、为探索科学的真谛而无私奉献的法国科学家——桑志华、德日进。他们在中国贫弱和战乱的年代，来到这个衰落的国度，在同来者忙于掠夺和猎奇的时候，他们却历经艰辛，远足穷乡僻壤，跋山涉水，披荆斩棘，找寻远古的遗存和科学的信息，成为中国现代地质学、古生物学和考古学的先驱。

现代科学本身经常把它的注意力聚焦在大陆最多的人群栖息地，而亚洲是地球上人口分布最稠密的地区，因此，就西方国家而言，遥远而神秘的亚洲，不仅吸引着思想家和诗人们对其幻想，同时也是自然科学家们极为关注的地方。19世纪后期，随着资产阶级工业革命的蓬勃发展，现代考古学、古生物学的研究工作首先在欧洲兴起。当时，虽然发现的最原始的古人类化石及石器等都位于西欧地区，且"欧洲文化中心论"一时成为一个热门话题，这些令欧洲人自豪不已。但是，也有好多有识之士冷静地认识到，就已有的发现断定法国、英国等地区是人类起源的摇篮，显然还缺乏足够的证据。科学家们已经预感到，在亚洲这块既古老又辽阔的土地上，在古生物进化史上，特别是在灵长类动物的进化过程中，占有明显的优势，"亚洲是人类的重要起源地"这句绝不是幻想与神话。为了揭开这一充满诱惑力的谜团，欧洲大量的古地质、古生物学家涌入印度、中国、西伯利亚等地，而桑志华、德日进便是其中的一员。

桑志华（图13）从1914年便开始了对中国黄河流域最陌生地区的考察工作，于1920年在甘肃东部庆阳地区的黄土层和黄土底部的砾石层中发现了3件打制石器，而

图13　桑志华

这3件打制石器是中国境内首次发现的有确切出土地点、层位，有可靠的年代学依据的古人类加工制品。1922年在鄂尔多斯萨拉乌苏河流域的发现不仅令桑志华喜出望外，同时也引起了法国学术界的高度重视。法国学术界遂于1923年组成科学考察团，由法国国家自然历史博物馆、科学院和公共教育部资助，邀请当时已经在地质古生物学和史前考古学领域建立起权威地位的德日进加盟。

德日进（图14）是一位神职人员，但更是一位思想超前、学识渊博的古生物学家，师从著名古生物学家布勒。由于其发表了许多与教会旨意不同的破解自然科学奥秘的意见，被法国教会发配到中国进行传教。此时，正好由于桑志华的重要发现而引发的科学考察需要一位得力的古生物专家主持，遂经布勒介绍，德日进便与桑志华联手，对萨拉乌苏等遗址进行了发掘。中国丰富的古生物化石资源，给了他如鱼得水的发挥空间。他先后参与了北京周口店

图14 德日进

等诸多地区的考察研究工作，且曾受聘担任中国地质调查所新生代研究室（今中国科学院古脊椎动物与古人类研究所的前身）顾问等职务，在中国一直工作到抗战结束才回国。德日进于1955年去世。1965年，联合国教科文组织召开大会，同时纪念爱因斯坦和德日进这两位为人类进步做出巨大贡献的科学家和思想家，并授予德日进"世界名人"称号。德日进被誉为"继达尔文之后世界上最伟大的古生物学家""法国的达尔文"。德日进自1923年来到中国，直到1946年才恋恋不舍地从上海搭乘英国接侨民的邮船离开，在这块充满诱惑力的大地上一干就是23年。这是他从42岁到65岁事业上的黄金时期，也是学术上成熟和旺盛的收获时期。在这段时间里，他先后发表了140多篇文章和17部学术专著，且大多是关于中国的第四纪地质、岩石、古脊椎动物、古人类和旧石器考古等方面的研究成果。他不但对中国古人类学、古生物学的发展起到了引路人和奠基人的作用，而且是研究成绩卓著、贡献涉及面最广的一位外国科学家。德日近是一位被人们誉为思想超前于所处生活时代的人，是一位哲学科学家，也是一位科学哲学家，在他以前的那个年

代，自然科学家往往从哲学中汲取营养，是他开创了从自然科学中寻觅哲学思想的先河。他的名著《人的现象》之所以能够从20世纪后半叶开始一直到现在仍为哲学家们所重视，原因就在于他的自然科学思维和对自然科学特别是对人的进化的哲学概括的重大现实意义。应该说，是萨拉乌苏的神奇发现紧紧地拴住了这位为探索科学的奥秘远渡重洋来到这块陌生土地上的学者的心，坚定了他在这块神奇土地上不懈努力的信念。也正是这二十余年的实践活动，为他的学术思想和理论输送了源源不断的营养精华，造就了这位世界著名的科学家和思想家。

桑志华也是一位深受中国人民爱戴的古生物学家和博物馆学家。从1914年7月起，桑志华就开始了在中国的田野考察活动。由于兵荒马乱，他常处于危险境地，但执着的精神、严谨的工作作风和对科学的学术态度，驱使他能够在长达25年的时间里，重复着单调、繁重的工作，而乐此不疲、从不退缩。为了探索科学的真谛，独身出没在战火纷飞的异国他乡，随身携带地质锤、昆虫毒瓶、网具、猎枪等，跋山涉水，风餐露宿，在中国度过了孤独、单调、漫长的25个年头。他在学术上虽然没有德日进那样的显赫成就，但他的许多重要发现为其他学者日后进一步深入、系统地研究提供了科学的第一手资料。鉴于桑志华在学术上的杰出贡献，法国教育部、外交部、科学院曾提名授予他法兰西共和国"铁十字骑士勋章"。桑志华于1922年创建的北疆博物馆（今天津自然博物馆前身）开中国自然博物馆的先河，且正是在他的努力下，许多在中国发现的珍贵古生物化石标本，才得以保存在国内。这些珍贵的古生物化石标本为天津自然博物馆如今跻身世界著名博物馆奠定了坚实的基础。为此，桑志华得罪了法国国内的许多业内人士，最后他在本国国内的遭遇并不好。中国人民永远不会忘记这位工作严谨认真、忘我投入、成果卓著、真正献身科学事业的法国科学家。

九十多年前桑志华、德日进等外国科学家在萨拉乌苏开展工作时的具体情景已经很难让人了解到更多的信息，但是通过对我国考古学家20世纪50年代的工作经历的梳理不难揣测，他们当年在落后、战乱的客观条件下为之付出的艰辛可想而知。他们将以一个光辉的探险科学家和文化使者的形象永驻中西科学文化交流的史册，流芳千古。

二、喧腾乌兰木伦

2010年5月，施工人员在鄂尔多斯市康巴什区乌兰木伦景观工程施工过程中，于乌兰木伦河北岸发现有石制品、动物化石出土。鄂尔多斯青铜器博物馆随即对其进行了调查和解剖性清理发掘，初步认定这是一处旧石器时代古人类活动遗址。该处遗址简称"1号地点"（图15）。鉴于发现的重要性，相关负责人立即邀请中国科学院古脊椎动物与古人类研究所、中国科学院地质与地球物理研究所、华南师范大学地理科学学院、北京大学城市与环境学院等单位，组成联合考察组，对该遗址进行了综合考察。2011年报请国家文物局经批准后，对遗址"1号地点"进行了正式发掘，对乌兰木伦上游进行了系统的旧石器时代考古学遗存调查。2012年，鄂尔多斯市文物考古研究院与中国科学院古脊椎动物与古人类研究所合作，继续对该遗址"1号地点"进行发掘及综合研究，同时对乌兰木伦下游进行了系统调查（图16）。

九十多年前，萨拉乌苏遗址远古人类的发现令古老的鄂尔多斯高原为世界所瞩目，新世纪乌兰木伦旧石器时代遗址的发现，又让世界对康巴

图15　乌兰木伦遗址"1号地点"全景

图 16　乌兰木伦遗址"1 号地点"发掘现场

什——这个位于鄂尔多斯大地上因经济飞速发展而备受关注的璀璨明珠有哪些新的认知呢？

（一）乌兰木伦遗址发现的主要认识及收获

经过三年的连续调查、发掘、综合研究等，对乌兰木伦旧石器遗址及周边区域的认识及收获主要表现在如下几个方面。

（1）通过对遗址所在地及周边地区地质、地貌的综合考察初步确定，今乌兰木伦景观湖以南地区（大约以今天的伊金霍洛旗红海子为中心），数万年前是一个面积很大的内陆湖泊，其周边为植物丰茂、动物成群的广袤绿洲，且有多条流经绿洲汇聚古湖的河流。乌兰木伦遗址"1 号地点"所在地，就是其中一条河流入湖处的三角洲地带。虽然"1 号地点"地层堆积中所包含的遗物多数应为湍急河水由异地搬运而来的裹挟物，但很多层面上不但石制品、动物化石分布十分密集，而且保留有大量成片分布的灰烬、木炭等用火遗迹及疑似火塘等的遗迹。除此之外，还发现有多块能够拼合到一起的石制品。故这些层面无疑就是当时古人类活动现场的原生堆积。因此，尽管乌兰木伦"1 号地点"的地层堆积整体属于河湖相自然堆积，但因其提供了大量珍稀的旧石器时代埋藏学信息而显得地位尤其重要。

（2）经综合对比研究表明，乌兰木伦遗址"1号地点"出土遗物丰富的河湖相堆积，其成因、结构、包含物等均与萨拉乌苏组地层堆积相仿，其自然环境也应当大体相同。出土动物化石中已鉴定出的动物种类有披毛犀、普氏野马、巨副驼、鄂尔多斯（河套）大角鹿、牛亚科、田鼠等，这些均属于萨拉乌苏动物群的组合物种。出土石制品的形态、制作工艺等都具有明显的北方旧石器时代中晚期的特征。北京大学实验室对乌兰木伦遗址"1号地点"出土遗物丰富的河湖相沉积进行了取样测试，其光释光的测年为距今7万～3万年（图17）。综合上述研究成果可确定，乌兰木伦遗址属于旧石器时代中晚期的古人类活动遗址。

图17 乌兰木伦遗址"1号地点"测年采样点分布图

（3）乌兰木伦遗址"1号地点"所发现的石制品及其原料，以当地出产的各色石英岩为主。石制品类型主要有石片、工具、石核等，且有一定数量有使用痕迹的石片。锤击法是产生剥片和工具修理的主要方法。石制品总体上为小型石片工业组合。工具主要由石片毛坯打制而成，类型多样，除各类刮削器外，还多见尖凸刃器（多为矛头）、石锥、钻具、鸟喙状器和各类琢背石刀等，另有少量盘状器。不少工具呈现出一器多用的功能特点，且凹缺器、锯齿刃器数量、种类众多是其突出特点。一些工具无论是基本组合，还是基本形制（如聚汇形刮削器、尖状器等）和欧洲传统旧石器时代中期莫斯特文化以至于晚期的特定类型都十分类似。

遗址发现的动物化石都相当破碎，不仅发现具有明显人为加工痕迹的刮削器、尖状器和刀等骨制品，还发现很多遗留有加工、截取痕迹的骨料，证明了骨器也是当时人类重要的生产工具和生活用具（图18）。另外，在一些动物骨骼的表面，残留有明显的石器切割、砍砸痕迹，可视为当时人类打猎和肉食的证据。所有这些特点都表明，遗址出土的动物化石与人类行为具有密切关系。

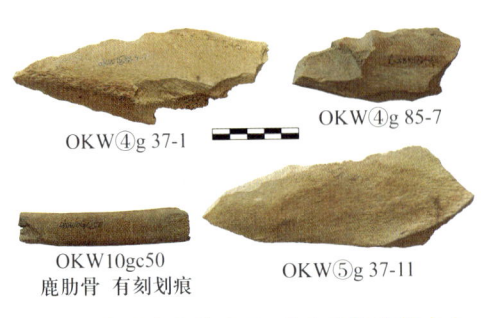

图18 乌兰木伦遗址"1号地点"发掘出土有加工、切割痕迹的骨制品

（4）乌兰木伦遗址"1号地点"原生地质剖面出露高度约10余米，顶部为近现代风成沙堆积，其下覆盖的为中生代红色风成沙基岩。最初发现的石制品、动物化石等遗物，即位于侵蚀、切割基岩所形成的一条冲沟内的堆积中。冲沟顶部宽度约15米，横截面呈"V"形。沟内地层堆积水平层理十分清晰，层与层之间界限明显。该剖面主要系一套晚更新世后期的堆积，整个地层主体堆积可分为69个层序。其中，含29层沙丘砂、6层三角洲相、4层丘间洼地相、27层湖沼相、2层黑垆土和1层砂土砾石层，不整合于白垩系风成紫红色砂岩之上。若以沙丘砂或者三角洲相与其上覆的湖沼相构成的沉积旋回计算，整个剖面代表了30个旋回，可以将其视为东亚冬夏季风环境在鄂尔多斯反复交替气候旋回的真实再现。其中，形成于晚更新世后期之初的67层至46层堆积，所指示的乌兰木伦河流域处在一个成湖时期，也是该流域所受东亚冬季风影响较小且夏季风盛行的时期。尽管那时的整体环境有向沙尘暴环境转换的态势，但由于受惠于夏季风影响，地表多有径流，故而形成"乌兰木伦湖盆"堆积。那时，鄂尔多斯高原上河流、湖泊众多，水草茂盛，不但气候适宜古人类居住，而且出没其间的披毛犀、野马、鹿、水牛等草食类动物，也为远古猎人提供了比较充足的狩猎资源，能够保证人类生存的需求。

至45层时，沙漠堆积厚度已达到328厘米，表明沙漠环境来之急剧或沙漠环境持续之漫长。分析45层以上的环境变化可知，此后虽然还有多次湖泊堆积的峰态，但每次沙丘砂堆积似乎较之前的沙丘砂堆积愈加趋向于深谷形态。这表明乌兰木伦人之后的冬季风控治时期，可能是该地区极为严寒、多风沙流活动的沙质荒漠时期，从而导致了乌兰木伦人的"背漠离乡"。这是对乌兰木伦遗址古气候、古环境学初步研究带给我们的启示。

（5）乌兰木伦遗址"1号地点"不但内涵丰富，而且出土遗物数量众多，在一个面积不到30平方米、迄今仍未做到底的探方中，便出土石制品1.3万余件，骨制品、动物化石1.5万余件，还有大量炭屑等遗物，其丰富程度实属全国罕见。

在乌兰木伦遗址"1号地点"往西北约1000米的范围内，于河北岸裸露的地质剖面上，还发现4处出土人工打制石制品、动物化石的区域（编号乌兰木伦遗址"2号地点"~"5号地点"）。通过对2号、3号地点地质剖面的解剖性清理确认，这些区域的地层堆积成因、性质、结构、相对年代等均与"1号地点"相同。另外，在西乌兰木伦河全长40余千米的流域内，目前已发现近80处有打制石制品、动物化石的分布点。这些分布点虽然都仅是地面调查，还无法准确判定是否有文化层堆积或是原生堆积，但据这些分布点与乌兰木伦"1号地点"相同的地貌特征、结构，以及出土相似的原材料、石制品和动物化石等分析，这些区域极有可能与"1号地点"一样，都是当时古人类的活动场所或和当时古人类活动密切相关的遗址。

乌兰木伦流域旧石器时代遗址分布密度之大，在全国十分鲜见。之所以会出现这种奇特的现象，一方面可能在于当时的鄂尔多斯虽处在全球性末次冰期的恶劣环境下，但因拥有独特的良好暖湿局地自然环境而吸引了大量古人类在此生息繁衍，故遗留下如此密布的文化遗存；另一方面，和这里蕴含大量可供古人类制作石器的原材料有直接的关联。如果确实如此，那么古老的鄂尔多斯不但在21世纪将作为新型能源基地为世界所瞩目，而且早在数万年前，它已经作为重要的能源基地，为人类社会的发展做出了积极的贡献（图19）。

（6）乌兰木伦遗址发现之初，鄂尔多斯便及时邀请中国科学院古脊椎

图 19　中外科学家考察乌兰木伦遗址

动物与古人类研究所研究员、我国资深旧石器时代考古学专家黄慰文先生实地踏查，对遗址的属性、所发现石制品、动物化石等进行鉴别、确认。与此同时，也邀请中国科学院地质与地球物理研究所研究员、我国著名地貌与第四纪地层专家袁宝印先生到现场，对遗址地貌、地层堆积属性等进行鉴别，并结合对周边地区进行的大量实地调查资料，对遗址当时的地理环境、遗址性质、成因等做出准确判断。还针对遗址的具体特性和工作背景，特邀熟悉中国北方旧石器时代考古且在著名的泥河湾遗址工作多年并在北方小石器文化系统研究领域颇有建树的中国科学院古脊椎动物与古人类研究所研究员侯亚梅博士加盟，参与调查及抢救性清理工作（图20）。在确定遗址的特殊性和重要性后，遂与中国科学院古脊椎动物与古人类研究所达成合作研究协议，经报请国家文物局批准后，开始对乌兰木伦遗址展开正式系统的发掘工作。在科学发掘揭示出遗址地层堆积剖面后，立即邀请北京大学城市与环境学院张家富、华南师范大学地理科学学院李保生教授等对地层采样，分别进行遗址地层碳十四、光释光测年及孢粉、微生物检测，开展对遗址绝对年代、自然环境、气候等方面的系统研究。中国科学院古脊椎动物与古人类研究所的古生物专家董为研究员，也多次来到发掘现场，对遗址出土的大量古生物化石及时进行了科学、系统的实地鉴定。浙江大学旧石器时代微痕分析专家陈虹的参与，不但使乌兰木伦遗址

图20 侯亚梅领队汇报乌兰木伦旧石器时代遗址

出土石制品、骨制品的研究领域得到极大拓展，而且其最终研究成果或许将对一些传统理念产生根本性的变革（图21）。

（7）对乌兰木伦遗址的田野发掘及室内整理工作，全部采用目前国际上最先进的工作流程来进行。由于地层堆积复杂且遗物分布密集，遗址发掘采用1米×1米的小探方布方法。发掘现场采用全站仪实时记录，不但记录每一件出土遗物、每一个遗迹现象的三维坐标，而且包括遗物的长轴、仰角等产状数据以及遗物、遗迹间的相对关系等，也全部记录。此外，还建有数字模拟三维探方，以便尽可能多地提取到遗物精确的埋藏

图21 浙江大学陈虹博士运用体视显微镜做石制品微痕分析

学信息。因此，虽然为了工作方便，遗址现场采取水平下切的方式进行，但是每一件遗迹、遗物的所在位置、出土状况、形态、相对关系等，不但在计算机三维数据库中得以准确记载，而且在计算机建立的模拟三维探方自然堆积层中也可以准确、便捷地再现。对于地层堆积、遗迹现象等除采用传统的纸质文本、数字相机、摄像机等记录外，一些重要的遗迹现象还采用了三维数码扫描来记录点云数据，以便于将来的复原、再现。对埋藏条件好的重要出土标本，均单独地加以保护性封装，为日后观察标本上附

着物和细微的使用痕迹等奠定了先决基础。对于整个遗址的地形地貌，也由激光三维扫描仪全景扫描，建立了三维地理信息数据库系统，对遗址整体特别是已经出露的地层断面进行实时监控，为遗址的科学保护提供点云数据支持（图22）。

发掘工作中的地层堆积物，全部进行了不同目度的层层筛选、浮选及水洗程序，对特别重要的出土物甚至采取了显微镜下滤选等精细拣选手段，以保证最大限度地提取细微遗物。这样，在遗址的整个发掘过程中，不但出土的大型哺乳动物化石得以全部提取、登记，而且一大批小型哺乳动物牙齿、软体动物化石等也得以提取、登记。此举极大地填补了以往由于单一依据大型哺乳动物化石而难以对敏感气候变化加以判断的缺陷，同时在通过出土动物化石对遗址环境、气候演变的研究领域，不但使得人们对动物群内涵的认识得以拓展，而且研究层次的划分更细微，成果也更具体。例如距今10.7ka前后的早全新世快速增温事件，已陆续在南北半球的冰芯、湖泊、石笋、深海沉积物等记录中得到证实，说明这一事件在全球具有普遍存在的意义。我国是深受东亚季风影响的国家，这一气候转暖事件在我国石笋、湖泊乃至山地冰芯等载体中也有强烈的响应，反映了全球增温、东亚夏季风对中国同样具有显著影响的事实，为我们深入探索距今10.7ka前后全球气候变化下的区域环境响应提供了重要的研究思路。然而，我国在关于这一增温事件研究领域的古生态学方面，迄今尚缺乏由陆相软体动物化石指示的证据。陆相软体动物由于其迁徙能力较弱，其贝壳化石一般都保存在原生地的地层中，因而用其阐明气候的变化具有比较明确的生态指示意义。近年来，采用软体动物化石在重建我国黄土、红黏土环境及其变化方面取得了许多令人信服的重要成果，而国外类似研究亦较多。2010年，华南师范大学地理科学学院在乌兰木伦旧石器时代遗址"1号地点"剖面上部的光释光测年为距今10.7±1.3ka的湖沼相地层中，筛选、浮选到大量软体动物化石。经鉴定，这些软体动物化石全部为腹足类，其中某些属种明确指示出其生存年

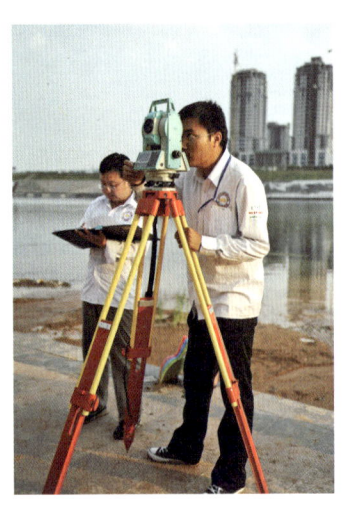

图22　发掘现场用全站仪全程记录遗迹、遗物出土情况

代为相当温暖的气候环境。这一发现,为认识鄂尔多斯乃至华北地区距今10.7ka前后的气候变化提供了不可多得的材料。

正是这些具有前瞻性的决策,以及科学、系统、规范化的工作流程、技术支持和多学科并举的工作格局,极大提升了乌兰木伦遗址科学发掘、研究的整体层次,不但让我们捕获到了更多的科学数据、信息,使得我们对乌兰木伦遗址的全面认识较常规大大迈进了一步,而且对于我们准确把握遗址的重要性、地位,确定工作方案、研究方向等奠定了坚实的基础,还为政府决策遗址科学保护规划提供了科学佐证。

(二)乌兰木伦遗址考古发掘所获最重要的独特发现

1. 中国晚更新世最完整披毛犀骨架化石的发现

在乌兰木伦遗址"1号地点"2013年的发掘中就已经清理出披毛犀骨架化石编号标本127件,当时研究者考虑到还有大量的标本埋藏在北部地层,因此推测在完整程度上这很可能是中国考古发掘出土的晚更新世披毛犀之最。2014年度的发掘完整揭露并提取了北部地层中埋藏的披毛犀骨骼化石(图23)。目前,该披毛犀骨架化石已基本全部取出。历次清理所获披毛犀骨骼化石编号标本182件,其中部分可拼合(例如牙与头骨、关节窝与椎骨等)。经统计,该较完整披毛犀骨架一共含骨骼部位160件,包

图23 业务人员精心提取披毛犀软肋化石

括完整头骨、下颌骨、舌骨等。此外，这具披毛犀骨架还包括一具世界范围内首次发现的完整肋软骨化石。其单从新发现意义上讲已足够重要，而从学术研究的角度上看，更是为我们探寻披毛犀很多未知的领域提供了绝无仅有的实物材料。

披毛犀化石在更新世时期分布地域广、延续时间长，其广布于欧亚大陆，时代从更新世初期一直到晚期。根据已发表的资料，在吉林的扶余、黑龙江的富拉尔基、鄂尔多斯的萨拉乌苏等都发现有晚更新世披毛犀的完整头骨及大量其他部位骨骼，而在河北泥河湾等地也发现有部分完整披毛犀骨骼。现在陈列于法国国家自然历史博物馆的萨拉乌苏最早发现的披毛犀头骨和骨架，在西方的教科书中甚至被当成范例。对比已有文献，乌兰木伦遗址出土的这具披毛犀骨架化石至少具有以下几方面的意义：①从已发表文献来看，其是中国晚更新世出土最完整披毛犀骨架化石，远多于吉林扶余和黑龙江富拉尔基出土披毛犀骨架骨骼标本的124件和139件。部分骨骼如籽骨、肋软骨等尚属首次发现，为全面研究披毛犀各个部分的骨骼特征提供了难得的实物资料。②这是首次在考古遗址经科学发掘揭露的完整披毛犀骨架化石，且具有清楚的埋藏地层和发掘数据，有利于进一步的埋藏学研究等。③具有清楚的年代背景。乌兰木伦遗址已有绝对年代数据，最新光释光测年结果为距今6.5万～5万年。④目前我国正式命名的披毛犀种和亚种有4个，然而对于部分标本的进化阶段及亚种归属问题还有进一步讨论的空间。具有确切年代的乌兰木伦遗址中较完整披毛犀骨架的发现有利于这一问题的解决。⑤如此完整的披毛犀骨架化石十分便于古DNA研究，这对探讨披毛犀的族属和迁徙问题具有重要价值（图24）。

2. 罕见大规模动物群脚印和植物遗迹化石面的发现

乌兰木伦遗址"2号地点"的发掘在2011年试掘探沟的基础上，扩大布方面积，将上部的砂质堆积清理完毕，在原发现脚印化石的面上新发现5个脚印；清理至下部地层顶面，还揭露出保存完好的动物群脚印和植物遗迹化石面（图25、图26）。这一发现在旧石器考古遗址中非常罕见，是一处具有重要考古、人文和社会价值的文化遗产。

在旧石器时代遗址化石的记录中，当时古人类和伴生动植物留下的遗迹化石如人类和动物手脚印化石、植物化石等由于极易破坏而极度稀

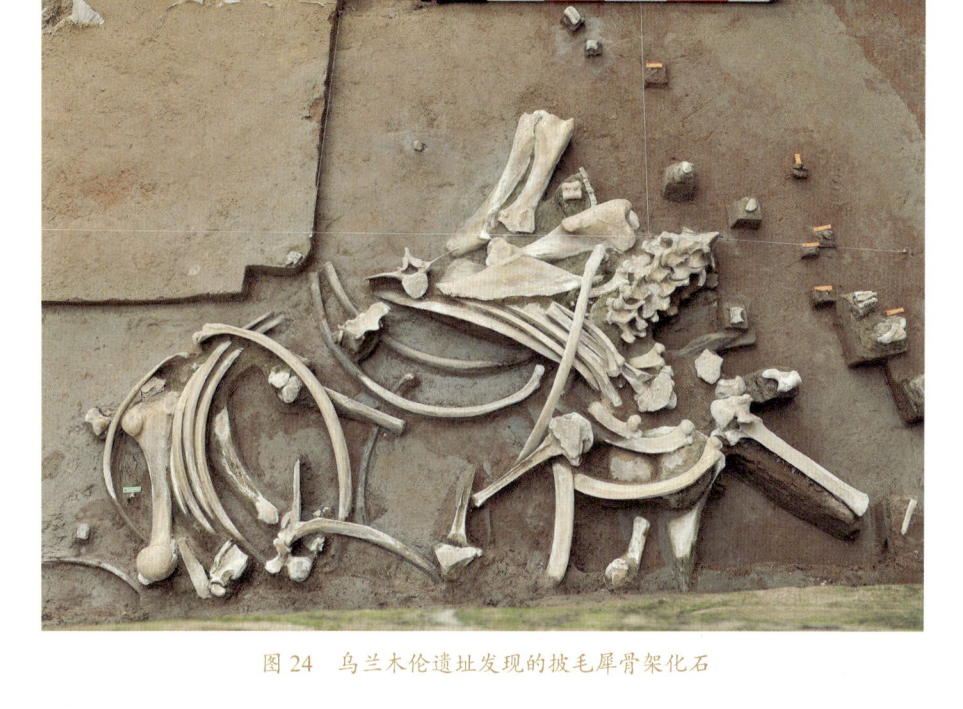

图 24　乌兰木伦遗址发现的披毛犀骨架化石

图 25　发掘探方内出现动物脚印痕迹的区域

图 26　发掘探方内出现的动物脚印痕迹

有且能够给研究者提供意想不到的信息而受到考古学家的高度重视。目前，在旧石器时代遗址中还鲜有动物脚印和植物遗迹化石的报道。2003年发掘的河北泥河湾盆地马圈沟遗址曾出土了一处大象脚印化石面。这些大象脚印化石面不仅完整地保存了因时代早晚而呈现的地层打破关系，个别脚印还完整地保存了大象行走的方向信息及脚趾形状等。这也是我国第一次在旧石器考古遗址中发现的动物脚印化石。乌兰木伦遗址此次发掘揭露的动物脚印和植物遗迹化石面，较马圈沟遗址规模更大，可鉴定动物种类更多，所反映的动物行为更丰富。这是中国第二次在旧石器遗址中发现动物脚印化石，其规模之大、内涵之丰富世界罕见。经中国科学院动物研究所蒋志刚研究员与法国动物考古学家克里斯多夫等专家的现场鉴定，判断出植物遗迹化石 2 个和不同种类动物包括马、牛、羚羊及食肉类动物等的数百个脚印化石。这些动物脚印化石不仅使我们得以判断其所属动物种类，因其良好的保存状况还得以提供给我们当时这些动物群体不同的行为方式。例如，有些组别脚印化石反映了马逃跑或者挣扎的行为。更为幸运的是，由于乌兰木伦考古队工作人员的发掘方法科学精细，这一重要考古现象得以完好揭露。目前，考古人员已对这一重要发现进行了照相、绘图、测量、三维扫描及模型制作。考古研究将非常生动地复原这一遗迹化石面所反映的大约6万年前不同种类动物在河边滩涂地带活动的场景。这是乌兰木伦遗址又一重大发掘成果，它再一次丰富了遗址的文化内涵，也再一次表明乌兰木伦遗址具有非常大的发掘潜力。

3. 带铤石镞的发现所指示的远古文化交流

带铤石镞是一类非常特殊且具有文化指示意义的工具类型。在我国旧石器时代考古遗址中，带铤石镞目前还少有报道。乌兰木伦遗址在2012年度发掘中，出土了1件加工精制的带铤石镞，与阿特利文化（Aterian）的切点非常相似，体现出一致的加工和修理技术，极有可能是文化传播与交流的结果（图27、图28）。通过对带铤石镞在世界范围内的分布情况进行梳理，我们可以粗略窥见该工具类型的传播路线，甚至能够为现代人走出非洲的迁徙路线提供旧石器文化上的证据。

图27　第10调查点发掘出土的带铤石镞　　图28　乌兰木伦遗址出土的带铤石镞

现代人起源和迁徙一直是国际古人类学界和旧石器考古学界所共同关注的课题。学者们提出了许多的模式，其中最广为人知的是走出非洲模式和多地区起源模式。目前这两种模式都没有足够的证据来说明另一方是错误的。就走出非洲模式而言，一般认为有两种最为主要的迁徙路线。其中之一被称为北线，主要经过北非然后到达地中海地区。另一条被称为南线，经过东非进入到阿拉伯半岛，其发生年代大概在12.5万年前。

从带铤石镞的分布和传播路线来看，该技术的传播显然支持北线迁徙路线。早期现代人最先到达北非，受到阿特利文化的影响，并将该文化最为典型的工具类型——带铤石镞带到世界其他地方。从目前的材料看，带锒石镞技术最早在7.4万年前就已到达印度。在旧石器时代中期，距今5万年左右到达亚洲北部的俄罗斯阿尔泰地区和中国北方内蒙古的乌兰木伦遗址。在继续向东传播的过程中，乌兰木伦遗址具有中转站的地位。目前的材料表明极有可能是由乌兰木伦遗址向东进一步扩散到朝鲜半岛和日本，并向东北扩散到俄罗斯远东地区和北美。

2012年1月6日，由中国社会科学院主办、中国社会科学院考古研究所和考古杂志社承办的"中国社会科学院考古学论坛·2011年中国考古新发现"会议在北京举行。会上，内蒙古鄂尔多斯市乌兰木伦旧石器时代遗址鉴于在考古学、古生物学、古地质学、古环境学等研究领域的重要价值，因而获评"2011年度中国（六大）考古新发现"。

（三）乌兰木伦旧石器遗址发现、发掘的重要意义

（1）乌兰木伦遗址是继1922年萨拉乌苏及水洞沟遗址发现以来，鄂尔多斯地区旧石器时代考古的又一重大发现，也是首次由鄂尔多斯本土专家发现的旧石器时代遗存。因此，该遗址的发现不仅对于全面揭示鄂尔多斯地区远古人类世界具有十分重要的意义，同时对于鄂尔多斯地区文物事业，特别是对旧石器时代考古学领域的发展，将具有里程碑的意义。内蒙古自治区文物众多，据第三次全国文物普查的最新资料统计，全区记录的不可移动文物点多达21673处，但属于旧石器时代的遗址则不出10处。乌兰木伦遗址的发现，必将对进一步揭示内蒙古地区旧石器时代考古学文化的面貌及特征，展现早期古人类在内蒙古地区的发展、进化历程，全面认识内蒙古的远古人类历史提供全新的实物佐证。

（2）中国虽然是世界文明古国、文物大国，但据不完全统计，迄今发现的属于旧石器时代中期的遗址数量却很少，大约仅30余处。这些遗址所出遗物也不丰富，出土上百件的遗址不足20处，上千件的更是不足5处。另外，大多数标本为采集所得，经过系统发掘、整理的极少；所见的遗址多为旷野型，遗物多出自河流相地层中，能够提供古人类行为信息的埋藏学资料极为有限；进行过绝对年代测定的遗址极少。由于考古资料很不完备，研究基础很薄弱，直接导致了中国旧石器时代中期考古的时空框架极不健全，分期的依据、标准缺乏科学性、系统性，故有专家提出了取消中国旧石器时代按传统进行的早、中、晚三段分期法，而改为早、晚

两段分期法的建议。乌兰木伦遗址不但得到了科学的发掘，而且从发现之初便由国内顶级科研机构组织开展各项工作，且有多学科共同参与，因而所获资料的科学性、系统性、完整性等在国内能属一流，在国际亦属上等水准。乌兰木伦河流域分布之密集、乌兰木伦遗址出土遗物之丰富实属罕见，因此，该遗址所展示的，已不是单一遗址所具有的文化个性，而是代表的由一群遗址共同搭建的一个旧石器时代中期文化体的共性。况且乌兰木伦遗址不仅有地层学依据，也有埋藏学佐证，还有由石器类型和石器工业特征所展示的文化特征，又不乏绝对年代测量数据。因此，乌兰木伦遗址的发现，极有可能为重构中国（至少是中国北方）旧石器时代中期考古学文化时空框架奠定坚实的基础。

（3）乌兰木伦遗址石制品虽然与鄂尔多斯地区已经发现的萨拉乌苏遗址、水洞沟遗址出土的石制品有一定的相同之处，但更多的是自身的独有特征。该遗址所体现出的文化特征是一种还不被学术界所了解的文化类型，因而应该命名为"乌兰木伦文化"。因此，乌兰木伦遗址的发现，不仅填补了华北地区萨拉乌苏文化至水洞沟文化之间的一段空白，在东亚史前史和第四纪研究等领域，也具有十分重要的意义。

（4）晚更新世是全球环境剧烈变化的一个时期，也是欧亚大陆早期人类频繁进行反复双向迁徙、交流、融合的一个时期。体质学上的现代人（晚期智人）就是在这个跨大陆的双向迁徙浪潮中出现和形成的。乌兰木伦遗址石制品在技术与类型上，同欧洲旧石器中期和晚期文化均有许多相似之处，是东西方文化交流、融合的生动范例。这种发生在欧亚大陆上的文化碰撞所产生的火花，早在萨拉乌苏文化阶段已经开始，而至水洞沟文化阶段达到了空前的境地，同时开启了欧亚草原东端细石器文化的滥觞。这种文化碰撞不但对我国华北地区同时期的远古人类产生了深远的推进作用，而且对整个欧亚草原地区都产生了重大的影响。另外，乌兰木伦遗址所处的时代，也是探索直立人向现代人（晚期智人）过渡的关键时段。因此，乌兰木伦遗址的发现，不但再一次证明了鄂尔多斯草原是探索早期人类东西方文化交流最经典的地区之一，是解密远东地区现代人起源、欧亚草原细石器文化的关键所在，而且萨拉乌苏文化、水洞沟文化在这些领域所展现的发展链条，很可能因为乌兰木伦文化的填充，而被还原得更加完满。

（5）无论是查阅地质报告，还是在鄂尔多斯实地田野调查中都不难发现，鄂尔多斯高原晚期一直处于地壳抬升期，与古人类活动相关的新生代第四纪地层缺失得非常严重，尤其是鄂尔多斯中西部地区，其地表裸露的大多是中生代地层。因此，虽然科学考察证实鄂尔多斯古生物进化循序渐进、链条完整，古地理、古气候环境非常适宜早期古人类繁衍生息，从理论上推测这一地区应该是探寻远古人类起源的重要区域，但鉴于与古人类活动息息相关的古地层的严重缺失，使得在鄂尔多斯高原寻找旧石器时代遗存，特别是有埋藏学环境的旧石器时代古人类活动遗址，几乎成了古人类学家、考古学家们的一种奢望。这次乌兰木伦遗址的发现，不但使学界对鄂尔多斯高原旧石器时代考古学文化遗存及古人类活动行踪有了全新的认识，而且由于当地业务人员长期、系统地参与了乌兰木伦遗址的考古发掘及流域专题调查，旧石器时代考古学的专业技能特别是在如何辨别人工打制石制品、古生物化石的特征、更新世地质地貌特征及旧石器时代遗址的特征、分布规律等诸多方面，都有了长足的进展。在其后开展的其他业务工作中，业务人员又相继在准格尔旗、达拉特旗、杭锦旗、东胜区等地，都发现了旧石器时代遗存的线索。从这些发现中可知，鄂尔多斯地区旧石器时代遗存的数量众多，分布范围较广，其时代也有向更早的中更新世迈进的迹象。因此可以说，乌兰木伦遗址的发现，对于本地区文物事业的发展具有全面的推进作用。

新常态下，鄂尔多斯市文物考古研究院认真落实习近平总书记"让收藏在博物馆里的文物、陈列在广阔大地上的遗产、书写在古籍里的文字都活起来"[①]的重要指示，积极助推我市由"资源优势型向综合优势型"转变的需求，在做好该遗址保护、研究的同时，充分发挥这一珍贵文化遗产的特性，使其在鄂尔多斯创建公共文化服务体系建设，推进地区文化旅游事业发展中发挥更大的作用。一方面，在确保遗址及文物安全的前提下，最大限度地开放发掘现场，便于专程前来的考察者、参观者及乌兰木伦景观湖观光者随时参观。另一方面，在发掘现场外围，竖立了十块大型宣传展板，在发掘现场，还增设了多媒体视频播放器，系统展现乌兰木伦遗址发现、发掘历程、收获、意义、地位等的相关资料，以及乌兰木伦远古地形地貌演变、遗址形成及古人类生活场景复原、石器打制再现等三维动漫

---

① 摘自习近平在联合国教科文组织总部的演讲（2014年3月27日）。

视频，为学者提供深层次科研资料服务，为观众提供更形象、更直观再现乌兰木伦遗址漫漫历史岁月的窗口。此外，在遗址现场附近，还开设考古发掘模拟现场，对于预约前来的学生、文化志愿服务者等，提供考古发掘、资料整理、出土器物修复、绘图、摄影等一系列的实践活动（图29）。

新世纪鄂尔多斯的大开发，使乌兰木伦这处沉寂数万载的古人类活动遗址重现天日。我们期待着乌兰木伦景观湖上这道深邃、敦厚、异彩纷呈的人文景观，不仅能解开出更多鲜为人知的鄂尔多斯远古历史谜团，同时也能为我市文化旅游事业的发展提供更多绚烂夺目的新亮点，为鄂尔多斯第三次创业发挥更大的作用。

图29　夏令营团员参观乌兰木伦遗址考古现场

（四）乌兰木伦遗址保护、开发进行时

乌兰木伦遗址发现后，鄂尔多斯市委、市政府高度重视，不但立即终止了该区域已经规划并正在施工的景观河建设项目，而且下拨专项经费，使得乌兰木伦遗址的考古调查、发掘和研究得以顺利进行。由于政策高效、措施得当、经费充足，乌兰木伦遗址不但得到了及时保护，而且随之开展的各项工作均达到了国内一流水准，并一举入选"2011年度中国（六大）考古新发现"。同时，市委、市政府高瞻远瞩，及时启动对遗址的科学保护规划工作，委托中国文化遗产院着手开展《乌兰木伦遗址保护总体规划》和《乌兰木伦考古遗址公园规划》的编制工作，遗址综合保护、遗址公园和遗址博物馆建设等工作陆续展开。2012年10月，鄂尔多斯市政府特批乌兰木伦遗址为鄂尔多斯市级重点文物保护单位。2013年6月23

日，由中国文化遗产研究院编制的《乌兰木伦遗址保护总体规划（2013—2030）》和《乌兰木伦考古遗址公园规划》经鄂尔多斯市政府第8次常务会议审议原则通过（图30、图31）。依托鄂尔多斯市深厚的历史文化底蕴和强劲的经济实力，建设集遗址博物馆、史前考古研究中心、科普文化传

图30　乌兰木伦遗址发掘及保护规划论证会

图31　乌兰木伦遗址公园规划图

播中心于一身，综合文化遗产展示、研究与开发于一体的乌兰木伦遗址研究基地的发展目标已确定。乌兰木伦遗址将以集旧石器文化的展示、教育、发掘、科研、人才培养、国内外学术交流于一体的身姿，成为鄂尔多斯市乃至中国史前时代历史文化的靓丽新地标而闻名世界。

然而令人始料不及的是，就是这样一个无论在时段上还是在文化内涵上都处于弥补本地区自萨拉乌苏文化至水洞沟文化之间的空白，在重新搭建中国旧石器时代中期文化框架及在探索中国现代人起源、北方细石器文化起源等诸多领域都占有十分重要的地位，不断有中国旧石器时代考古单位面积出土石制品数量最多、考古出土最完整的披毛犀化石、世界考古唯一发现的披毛犀软肋化石等多项重大考古发现的重要遗址，在自治区公布的首批十处考古遗址公园中，遗址重要性、所处区位、可视性、公众互动性等综合实力最强，最有望成为自治区产生最佳效应的乌兰木伦考古遗址公园，却因为未来得及申报国家级重点文物保护单位而无法继续得到国家专项经费资助，又适逢鄂尔多斯地方政府经济下滑无经费支撑而被迫中断考古发掘工作，因而考古遗址公园建设毫无进展。其实，凭鄂尔多斯当下的社会经济实力，尽管处于发展低潮期，财政经费压力很大，但只要能给予乌兰木伦遗址的保护、发掘及遗址公园建设推进工作以一定的财政支持，乌兰木伦景观湖上这道深邃、敦厚、异彩纷呈的人文景观就能继续破译出更多鲜为人知的鄂尔多斯远古历史信息，绽放出更加绚烂夺目的光芒，并且能作为社会发展的软实力，为推进地区社会经济发展做出更大的贡献。这个投入与产出比，是远远无法用数字来衡量的。那几年人头攒动、参观考察者络绎不绝，在国内外学术界均已产生深远影响的乌兰木伦旧石器时代遗址，这个位于集中展示鄂尔多斯历史、文化、社会、经济综合实力的乌兰木伦景观河上，唯一一道真正令鄂尔多斯人自豪的历史人文景观，如今却略显失色。

三、沉寂水洞沟

1923年，在现今鄂尔多斯市南部明代长城脚下鄂托克前旗与宁夏回族自治区接壤处，一处与萨拉乌苏遗址时代、文化属性相近、同样由法国科学家桑志华、德日进等发现的旧石器时代遗存——水洞沟遗址，震动了世界古生物、古人类学界。水洞沟遗址虽然现在的行政区划隶属于宁夏回族自治区,但从地质结构上讲,在远古时期则同属于鄂尔多斯盆地,后来又同属于鄂尔多斯台地,从历史渊源、文化血脉上讲,自然也属于同一传统。那么这处著名遗址为何轰动世界学术界,它又反映了怎样鲜为人知的鄂尔多斯远古人类历史的重要篇章呢?

(一)弃而复生的张三小店

在进入位于宁夏回族自治区首府银川市西南20千米处、与鄂尔多斯高原毗邻的水洞沟景区内,有一座由泥土、木栅栏搭建的小院建筑。建筑虽然很不起眼,无论是建材还是建筑风格均与周围的环境极不协调,但充满了历史沧桑感,尤其是大门门楣上的"张三小店"四个字格外引人注目(图32)。

图32 张三小店

张三小店原本是一座非常普通的车马驿站,但由于1923年6月,法国古生物学家桑志华与德日进在对水洞沟遗址进行考察、发掘期间在此居住过,它便与这处后来闻名世界的旧石器时代古人类活动遗址结下了不解之缘。继而由于桑志华、德日进等将张三小店标注在了他们测制的遗址地图上,并且伴随着他们的考察和发掘报告的问世,张三小店也随之在国际古生物、古人类学界出了名。桑志华、德日进在水洞沟遗址的重要发现,完成了推翻此前西方学者认为"中国没有旧石器时代文化"论断的伟大创举,从而揭开了中国乃至远东地区旧石器时代考古和古人类学研究的新篇章。张三小店便同桑志华、德日进等一起,永久载入了世界古生物、古人类文化发现和研究工作的史册。

1920年,比利时传教士肯特由宁夏银川前往陕西,在横城古渡东渡黄河后,便夜宿张三小店。晚上他无意间发现,黝黑的清水河对岸断崖上时有磷火闪现。这个现象引起了他的注意,于第二天专程前往踏勘。他爬上断崖半壁后,收集到披毛犀头骨化石和经人工打制的石制品。随后,肯特将这一惊喜发现告知了法国神甫、古生物学家桑志华。而此时,桑志华也在鄂尔多斯高原南部的萨拉乌苏流域有了重要发现。鄂尔多斯高原的重要发现令桑志华喜出望外，同时也引起了法国学术界的高度重视。在法国国家自然历史博物馆、科学院和公共教育部的资助下，组建了以桑志华为首的科学考察团。为了便于工作的开展，邀请了当时已经在地质古生物学和史前考古学领域建立起权威地位的德日进加盟。

1923年5月，德日进从巴黎来到天津，和桑志华会面后联袂北上包头，沿着黄河左岸西行，穿过乌拉山到狼山东麓，然后折向西南，在蹬口附近东渡黄河，又傍黄河右岸向南到银川市东南的横城，到达水洞沟，入住张三小店，开始对水洞沟遗址进行了科学考察和发掘。

虽然20世纪初水洞沟一带只有四五户人家，但由于这里地处银川至内蒙古、陕北的必经之路上，东来西往的人在横城渡口过河后，往往需要留宿打尖，一户张姓人家便在这里建起一座车马店，有上房、配房、客房和马棚等，生意还较兴隆。据桑志华、德日进等人测制的水洞沟遗址地形图可知，张三小店位于北距水洞沟遗址约500米处，曾师从德日进的贾兰坡先生在1982年所写的回忆文章《我所认识的古生物学大师——德日进》[1]中写道："水洞沟是荒漠地带，附近一带至少在方圆5公里以内荒无人烟。但是这里却有个小小的店房，叫作'张三小店'，只是为了东来西往的旅客设立的。小店至多能住四五个人，也不卖饭，只是客人自带粮米，代为烧饭罢了。当年德日进和桑志华两位在那里发掘的时候，由于当地人很少见到外国来客，面貌、服装、习惯又和当地人不同，因而惹起很大注意。直到今日，尽管张三夫妇都已亡故，但是人们一提起两位外国人来，还谈得津津有味。据说这两位西方客人每天只吃土豆和鸡蛋，吃顿烙饼也不容易。因为附近很难买到面粉，更不用说咖啡牛奶了。"贾兰坡先生充满深情地写道："这座小小店房，现在虽然只保存下一点残迹，但对我的教育却很大，我也常常用它教育刚参加工作不久的年轻人，说明一位伟大的科学家该有多么高贵的品质和吃苦耐劳的精神！"[2]（图33）

桑志华、德日进按照制定的考古计划，雇请民工在清水河北崖处发掘了编号F1至F5的五处遗址。发掘工作是艰苦的，但收获是巨大的。

---

[1] 贾兰坡：《我所认识的古生物学大师——德日进》，《化石》1982年第1期。
[2] 贾兰坡：《我所认识的古生物学大师——德日进》，《化石》1982年第1期。

图 33　贾兰坡先生考察水洞沟遗址

四五十天后，仅在 F1 遗址就出土了 300 千克以上的石器、化石。在将发掘所获石器、动物化石等装入木箱后，他们雇用了九匹骡子和两头骆驼才将其全部驮运走。桑志华等人在此工作期间，店主人张三不仅经常骑着毛驴到银川采购粮、油、盐和罐头等生活必需品，照顾外国科学工作者的生活起居，还为他们外出调查当向导。临行前，桑志华、德日进送给张三一些布匹和几瓶葡萄酒，拉着张三的手恋恋不舍，并表示还会再来。

　　德日进和桑志华回国后，会同当时世界旧石器时代考古学界权威、法国专家布勒、步日耶教授，对萨拉乌苏、水洞沟遗址出土石器标本和动物化石进行了潜心研究。1928 年，基于 1922 年和 1923 年桑志华、德日进在鄂尔多斯萨拉乌苏遗址及宁夏水洞沟遗址的发现成果由法国世界著名旧石器考古学专家步日耶、布勒、德日进、桑志华编著的《中国的旧石器时代》一书出版问世。该书引起了世界古人类研究学界的关注。这是中国第一部旧石器时代考古学研究报告。研究者认为，两处遗址的年代相当于欧洲旧石器时代中期莫斯特文化向旧石器时代晚期奥瑞纳文化的过渡时期，而石器的形状及打制技术等方面反映出的文化特征亦与欧洲莫斯特和奥瑞纳文化相同。研究者进一步指出："在亚洲大陆的正中心鄂尔多斯，我们处在这些工业产品（注：指鄂尔多斯人使用的石器）的一个大车间中，而这些工业的产品一点一点逐渐地通过连贯的发展阶段传播，一直传到遥远半岛（注：指法国）的尽头。我们认为，亚洲像一个最老的人类工业的巨大的扩散中心。"[1] 诚如报告所言，萨拉乌苏和水洞沟遗址确实是中国旧石器时代考古学文化与西方旧石器时代考古学文化可进行精确对比的第一个遗址，且时至今日仍旧是一个极具经典性的地区。萨拉乌苏、水洞沟遗址由此闻名于海内外。

20世纪40年代，我国著名旧石器时代考古学家裴文中先生在他的一部著作中，首先使用了"河套文化"这个中文名词（图34）。裴文中先生也曾一度将中国猿人文化、河套文化和山顶洞人文化作为中国旧石器时代早、中、晚三个不同发展阶段的标尺。这一标尺奠定了中国旧石器时代考古学文化的分期基础。伴随着研究工作的不断深入，特别是伴随着《水洞沟——1980年发掘报告》的问世及纪念水洞沟遗址发现八十周年古人类学术研讨会的召开，我们对于这个过去传统上与萨拉乌苏遗址合称为"河套文化"的古人类遗址的年代、文化面貌等，也有了全新的了解。对照考古学命名一个文化时必须具备的要素，已很难将萨拉乌苏与水洞沟这两个在文化面貌上异性大于共性且彼此在年代上相距数万年之遥（一个处于末次冰期内，一个处于末次冰期前的间冰期）的古人类遗存再统归于一个"河套文化"之下。"水洞沟文化"的命名随之脱颖而出，而隐藏在历史尘封下的神秘密码，正被一个个破解。

图34　裴文中先生考察水洞沟遗址

---

[1] 〔法〕布勒等著，李英华、邢路达译：《中国的旧石器时代》，科学出版社，2013年。

据说自1965年店主人张三去世以后，小店的生意开始走下坡路，待银（川）—灵（武）公路和仁存渡口建成后，小店的生意更是日渐萧条，至1972年便停业拆除、彻底消失了踪影。人们现在看到的张三小店，是宁夏水洞沟旅游开发公司于2006年根据店主人张三妻弟赵龙老人的回忆重新修建的。为了人们参观方便，小店并不是在原址上恢复修建的，但基本上保持了民国初年那个张三小店的原貌。重建后的张三小店院子里，设置了四尊石雕半身塑像，他们分别是对水洞沟文化遗址发掘及研究做出突出贡献的法国考古学家德日进、桑志华及我国著名考古学家裴文中和贾兰坡先生。

著名地质学家刘东生院士在《水洞沟——1980年发掘报告》序中曾说："水洞沟不同于一般的考古遗址。它是一个东西文化交流中不断迸发出明亮火花的闪光点。从2万多年前猎人们之间的往来，到现代东西方科学家的共同工作，都体现了这种东西文化的交流与碰撞。今天，那些在20世纪初为了寻求科学真理和人类价值而到东方来，并为中国科学事业做出过贡献的西方科学家们，以及为了旧石器考古学在中国土地上生根开花倾注了毕生精力的裴文中和贾兰坡先生已经离开了我们。但是，他们的精神，他们的事业，以及他们所开拓的东西文化交流与世长存，并必将发扬光大。水洞沟这块曾经繁华的土地，虽然早已在岁月长河的涤荡中面目全非，但历史上发生在这里的一景一物，正在中外古生物学、人类学家多年的不懈努力下，一幕幕从尘封的遥远历史中向我们走来，这些倾注着科学家们心血与汗水的考古发现和研究硕果，将水洞沟神秘的面纱徐徐掀起，作为水洞沟遗址发现、发掘工作历史的见证——张三小店，也终于再次展示在世人面前。"[①]

（二）鄂尔多斯大地旧石器时代的最后居民

现代科学考察、研究结果表明，大约距今七万年前，鄂尔多斯地区进入地球历史上的末次冰期。科学家们通过对属于这一时期的地层土样及包含物的检测结果可知，在这套整体由风成沙构成的地层堆积中，所包含的动物骨骼以生活于干旱草原环境下的啮齿类、有蹄类及近水域荒漠环境的各种鸟类为主，与鄂尔多斯（河套）人生活的萨拉乌苏组中以栖息于暖湿森林或森

---

① 宁夏文物考古研究所：《水洞沟——1980年发掘报告》序，科学出版社，2003年。

林草原环境下的虎、马鹿、肿骨鹿、诺氏象等动物群差异明显。表明此时的鄂尔多斯地区整体处于一种干旱、寒冷的自然条件下，但其中也间杂有暖湿或温凉且降水丰富的暖期。科学家们通过地质勘查、环境检测分析及考古发现等综合分析后告诉我们，在距今七万年前的末次冰期来临之后，伴随全球性气候的不断趋冷，生活在鄂尔多斯的古人类鄂尔多斯（河套）人、乌兰木伦人都曾一度离开了这块生活了数万年的土地，追逐着适宜于自己生存的自然环境，顽强地辗转在欧亚草原上。数万年之后，一些古人类追随回暖的物候现象，又一次踏上了这块既熟悉又陌生的大地，继续谱写鄂尔多斯大地远古人类历史的新篇章，而水洞沟遗址便为我们记录下了鄂尔多斯高原在这一历史时期所发生的真实故事。中国科学院地质与地球物理研究所研究员、中国科学院院士、世界著名黄土专家刘东生先生曾这样描述："2万多年前，一群远古人顶着凛冽的西伯利亚寒风，艰难地跋涉在鄂尔多斯黄沙漠漠的旷野之上。他们是一支由男女老少组成的队伍，随身携带着猎人的专用工具、武器、帐篷和火种。当他们翻上一道连绵起伏的山梁，眼前出现了一片水草丰盛的湖泊，远处草原上还隐约可见成群奔跑的野马、野驴和羚羊。显然，这是一处诱人的地方，于是，他们放下了行装，就地宿营，开始书写生活的新篇章。"[1]（图35）

通过对水洞沟遗址出土的文化遗物及地层中包含的植物孢粉检测数据分析研究，我们可以大致勾勒出水洞沟文化时期的自然和人文景观。这一时期，鄂尔多斯地区的自然气候虽然属于冰期里的暖期，但较萨拉乌苏文化、乌兰木伦遗址时期寒冷、干燥了许多。披毛犀、野马、野驴、羚羊等食草

图35　中国社科院双古所高星研究员介绍水洞沟遗址

动物虽然还奔跑在范围日渐缩小的草原上，骆驼、鸵鸟等还依然在沙漠中漫步，但数量都明显较少。湖泊中，偶尔还可以见到水牛的身影，但昔

---

[1]　宁夏文物考古研究所：《水洞沟——1980年发掘报告》序，科学出版社，2003年。

日草原上、森林中的河套大角鹿、老虎、大象等已不见踪影。当时的人们，和鄂尔多斯（河套）人、乌兰木伦人一样，仍从事着以狩猎为主的社会经济。虽然在长期的狩猎活动中，人们掌握了更加娴熟的狩猎技巧，除了采取在湖边沼泽地带围堵、在动物经常出没的地带挖置陷阱等方法捕获猎物外，随着弓箭技术的出现，使人们的狩猎成功率大大提高，但由于气候干旱、寒冷，动物数量变少，因此捕获的猎物数量仍然是越来越少，以至科学家们在人们生活的营地内很难发掘出较大的动物骨骼，而这一现象与萨拉乌苏文化时期乌兰木伦遗址内到处都是动物骨骼的情景形成了明显的反差。人们打制石器的技能较以前又有了较大的提高，可以根据用途的不同，将工具打制成固定的形状。人们用一端圆滑便于持握一端有利刃的大型尖状器砍剁、修整树干，用来制作搭建便于搬迁的帐篷的骨干，也用它来砸开动物的骨骼，敲骨吸髓。为了剔除动物皮革上附着的油脂，人们把刮削器的刃部打制成像月牙似的圆弧形；为了加快刮制圆柱状工具的速度，人们把过去利用的直刃刮削器改制成凹刃刮削器；而那些锋利、扁平像柳叶般的小石叶的娴熟制作，不但在切割兽皮等方面较以前更加便利，而且预示着复合工具的出现。从遗址中发现的一个细长、锐尖的钻孔器、雕刻器来看，水洞沟人已经具有了相当的审美观念，开始制作、佩带各种石、骨质地的装饰品了。

大约1.5万年前，又冷又干的西伯利亚寒风愈吹愈烈，曾经养育了中国现代人的直接祖先、培育了中国早期猎人的鄂尔多斯大地进入末次冰期中最寒冷的阶段。它不再对包括人类在内的各类生物那么友好了，绿洲消失了，湖泊干枯了，绝大多数的动物们都迁徙了，大地白雪皑皑终年封冻起来。水洞沟人不得不收拾行装，再次踏上了漫漫求生之路。他们的生活印记不久便被黄土掩埋，茫茫原野陷入了冰冷的沉寂中。直到冰期结束后很久至大约距今7000年前的新石器时代中期，鄂尔多斯大地才再次被人类的喧嚣所惊醒。

（三）开启草原文化滥觞的北方先民

由于水洞沟人生存的时代处于地球历史上的末次冰期，因此，尽管他们仰仗弓箭技术等的娴熟应用使狩猎技术得以提高，捕获到更多的猎物，人们动物脂肪的摄入量加大，以兽皮裹身且居住用兽皮搭建的帐篷……这些都大大增强了他们的御寒能力，但在整体寒冷、干旱的恶劣气候面前，他们仍必须频繁地长途迁徙、游荡在广袤的欧亚大草原上，去追逐尽可能适宜自己生存的自然环境和赖以生存的各类动物。组成这个草原猎人群体的，就应该包括鄂尔多斯（河套）人、乌兰木伦人的后裔。相同的自然环境和经济形态造就了他们的草原生态习性，而大范围的迁徙则使得他们和欧亚草原地带的广大先民们之间产生了更多直接或间接的接触。因此，水洞沟人继承了鄂尔多斯（河套）人、乌兰木伦人的包括小石器在内的许多文化特性，并进一步将其发展下去（图36）。虽然距离典型的草原文化的标识物——细石器文化还有一定的距离，但是它所包含的已经具备了真正意义上的细石器，不但数量上较萨拉乌苏文化、乌兰木伦遗址发生了明显

图36　水洞沟遗址出土石器

的变化，而且打制工艺、器物形制上也都产生了质的飞跃。水洞沟文化因拥有大量成熟的欧亚草原地区所特有的石叶形石片而成为我国北方地区旧石器时代晚期石叶文化最典型的代表。它即将开启在人类历史上产生过深远影响的北方草原地带细石器文化（早期典型草原文化）的滥觞。水洞沟文化的这些特有属性，不但对我国华北地区同时期的远古人类产生了深远的影响，而且对整个欧亚草原地区都产生了巨大的影响。法国著名考古学家波德曾指出，水洞沟文化"很可能是西伯利亚类型的旧石器文化的先驱"。

我国是一个历史悠久的文明古国，也是世界上唯一自身文化一脉传承、多民族汇聚的文明古国。在漫长的历史岁月中，我国各族人民共同创造了博大精深的中华文明，其历史之悠久、内涵之丰富、底蕴之深厚为世界所稀有。长久以来，人们固有的观念总是认为中原才是中华文明的始祖地，长江和黄河才是中华文化的两大源流。近些年大量的考古研究表明，中华民族许多文化传承的源头可以追溯到地处北疆的内蒙古大草原。这些昭示着茫茫草原深处同样是中华文明曙光升起的地方，而草原文化与黄河文化、长江文化一样，既是中华文化的重要组成部分，又是中华文脉的三大主源之一。草原文化的确立，赋予了草原地区人民新的历史使命，也成为内蒙古民族文化大区建设的首要工程之一。目前，社会对于草原文化的核心有两种不同的理解。一种是从广义的角度，把草原文化定义为延续发展在茫茫大草原上的人类文化。这样的草原文化，实际上更多是一种地域文化的代名词。另一种是从狭义的角度，把草原文化定义为以畜牧、游牧业为社会主导经济且拥有与这种经济形态相适应的生产、生活方式等物质文明和思维、意识等精神文明的人类共同体的文化。这样的草原文化，更多的是从文化内涵属性的实质上予以界定的，也应该是典型意义上的草原文化。

内蒙古自治区人民政府于2005年批准，将每年的9月6日确定为"草原文化遗产保护日"，这是全国第一个由省、自治区、直辖市级人民政府设立的民族文化遗产保护日。"草原文化遗产保护日"的设立，充分体现了政府对保护文化遗产，特别是梳理、保护草原文化遗产的高度重视和战略远见，将有助于提高社会对文化遗产保护重要性的认识，营造全民保护文化遗产的良好氛围，动员全社会共同关注、参与和保护文化遗产，提升我国文化遗产保护事业的整体发展水平。保护草原民族文化遗产，对于推动全区社会和谐发展，弘扬优秀民族文化，丰富中华文化内涵，促进民族团结，维护祖国统一，均具有重大而深远的意义。水洞沟遗址的特殊内涵，使其在探讨中国草原文化的起源及发展历程中的地位尤其重要，而鄂尔多斯古代文化在中华文明形成与发展进程中的历史地位和作用也可借此管窥一斑。

四、寻踪准格尔

内蒙古中南部南流黄河两岸是文物分布最为密集的地区，也是开展文物工作较早的地区。1958年9~11月，中国科学院古脊椎动物与古人类研究所张森水先生对鄂尔多斯鄂托克旗、准格尔旗及清水河县等地区进行的考古调查，是该地区有明确记录的第一次旧石器调查。该次调查共发现旧石器地点31个，并采集了大量的石制品。由于在准格尔旗和清水河县发现的石制品数量最多、制作最精，所以1959年8~9月，张森水先生再次来到这一地区进行调查，共发现旧石器地点68个，同时也采集了大量的石制品。调查发现的部分石制品制作精致，形制别样，如张森水先生命名的"清水河式尖状器"和"准格尔式尖状器"。以上石制品与人们已知的本地区萨拉乌苏、水洞沟遗址出土石制品截然有别，为了解该地区旧石器文化的多样性提供了重要的实物资料。可惜由于两次调查都有一个共同的遗憾，就是缺失石制品埋藏的原生地层，因而难以对其年代、文化性质进行准确判读，而只能根据其制作工艺、形制及石制品表面形成的钙物质等进行综合分析，认为其可能属于旧石器时代晚期。另外受当时调查工具的限制，这近百个旧石器地点并没有公布准确的地理坐标，而给后来研究者的复查确认及再调查带来了不小的困难。在此之后的近50年时间里，该地区旧石器考古方面的工作鲜有进展。

2010年乌兰木伦遗址发现后，受在乌兰木伦河流域调查发现大量石制品的启示，考古人员认为有对准格尔旗进行旧石器考古再调查的必要。2011年下半年，在中国著名地质学家袁宝印、旧石器时代考古学家黄慰文先生的带领下，乌兰木伦遗址考古队在准格尔旗榆树湾黄河沿岸进行了短期的小范围考古调查，确认了张森水先生发现的上榆树湾庙圪旦梁石制品地点（图37）。

图37 庙圪旦梁全景（河对岸拍摄）

虽然遗憾的是仍未在原生地层中发现石制品，留下了与当年张森水先生调查时同样的疑问，但复查的收获坚定了考古人员在此做进一步工作的信心。

2013年8月上旬，鄂尔多斯市文物考古研究院再次组织刘扬、包蕾和杨俊刚等业务人员前往此地，在2011年调查工作的基础上扩大调查的范围和深度，寻找、确认张森水先生在准格尔旗及黄河对岸清水河县调查的旧石器地点，并在此基础上争取发现有石制品存在的更新世原生地层。调查的基本区域锁定在以准格尔旗上榆树湾区域为中心的黄河西岸和其对岸以清水河县喇嘛湾镇榆树湾村为中心的黄河东岸山坡山梁的顶部、半坡坡积堆积区域和冲沟处等有石制品存在可能的原生堆积地层。在以上榆树湾为出发点，沿黄河两岸长约10千米、宽约6千米的目标区域范围内进行了认真细致的走访调查。调查采取类似乌兰木伦河流域的有确定目标的地毯式调查方式进行，不同的是加大了对冲沟和坡积堆积等原生地层的调查力度，以期在原生地层中获得标本。调查采集和发现的石制品，按地点地层的实际情况或带回室内或原地保留，皆以开展进一步科学、系统的工作需要而定。

经过深入细致、艰险辛劳的考古调查，调查人员收获了喜人的成果：

复查和确定了张森水先生调查过的准格尔旗庙圪旦梁地点、神树沟地点和清水河县清水河地点、喇嘛湾地点，且在这四个石制品地点区域内共采集石制品88件，其中包括原生地层中出土的石制品1件（图38）。

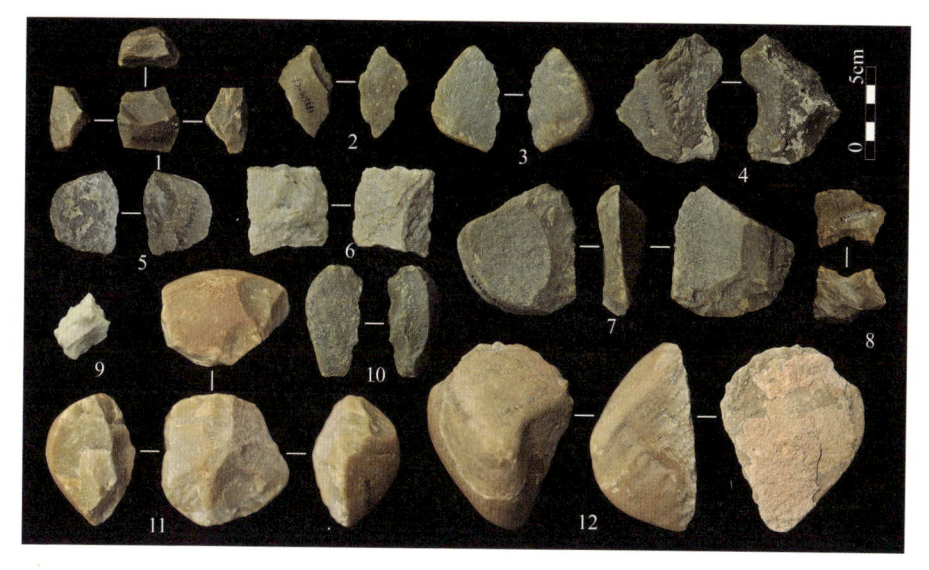

图38　准格尔旗黄河两岸采集的石制品
1、11、12.石核　2、9.尖状器　3~8、10.刮削器

经初步观察，调查所采集的88件石制品有以下特点：石制品以石英岩为主，原料应是就地取材，来自附近地层的砾石；剥片以锤击法为主；石制品以中型和小型为主；石制品类型以工具为主，还有石核、石片；工具类型有砍砸器、刮削器、凹缺器和锯齿刃器等；修理多采用锤击法；与之前张森水先生调查所采集的制作精美的石制品不同，此次采集多为制作简单且不够细致的工具；从石制品本身来看，多采集于山顶地表，材质与制作工艺基本一致，且与地层中的1件石制品也基本相同（虽1件孤品还不足以说明问题，但仍具有重要的指示意义）。

调查发现的四处有石制品存在的原生地层，总体上可分为两类：一类是发现在山坡上的坡积黄土，一类是发现在山坡顶部的黄河阶地地层。前者对比在乌兰木伦河流域"10号地点"发现的坡积黄土地层，推测它们应属于同期，均为晚更新世晚期即旧石器时代晚期；而黄河阶地地层，经北京师范大学从事地理、地貌工作的邱维理老师确认，应该是属于黄河老阶地地层，其时代应该属于中更新世中期或晚期，表明该地层中出土的石制品年代，要早于鄂尔多斯地区距今约 12 万～7 万年的萨拉乌苏遗址（图 39）。这样，我们就有了可能发现鄂尔多斯地区迄今所知最早的远古人类活动的新坐标，可谓意义非同寻常。

图 39　北京师范大学邱维理老师记录地层

贰

肇始农耕文明

  距今 7000 年左右，末次冰期后逐渐趋暖的大气候对这里产生了明显的影响，白雪皑皑冰冻数千年的大地逐渐复苏，曾经孕育了中国最古老猎人的鄂尔多斯大地，在经过长时期的万籁沉寂后，再次显现出郁郁葱葱的生机。

  由于环境因素制约了早期古人类活动范围向本地区的扩展，因此，目前在鄂尔多斯地区尚未发现属于新石器时代早期的古人类活动踪迹。进入新石器时代中期后，出于寻觅更广阔生存空间等的需要，部分原本生活在太行山东麓地区和关中地区的居民纷纷离开故土，沿桑干河西进或溯黄河河谷北上，大约在距今 6500 年的时候，相继踏上了鄂尔多斯这块水草丰美的土地。他们和已经生活在这里的一些以从事狩猎经济为主体的土著居民相遇，并和睦地结合在一起，翻开了鄂尔多斯地区原始定居农耕社会的新篇章。优越的自然环境和良好的发展氛围促进了当地社会发展进程的突飞猛进，创造了丝毫不逊色于中原地区的发展水平，而且很多方面甚至居于领先地位，为以炎黄民族为主体的中华文明的形成和发展做出了杰出的贡献。

一、鄂尔多斯最古老的农耕民

  大约 1.5 万年前，活动在鄂尔多斯的水洞沟人因末次冰期中最寒冷气候的驱使，恋恋不舍地离开了这块古老的土地。此后直至距今7000年左右，全球末次冰期后逐渐趋暖的大气候才对鄂尔多斯地区产生了明显的影响，白雪皑皑冰冻数千年的大地逐渐复苏，开始出现了绿的生机。曾经孕育了中国最古老猎人的神奇土地，在经过长时期的万籁沉寂后，又一次被人类的喧嚣声惊醒。

此时，距离水洞沟人离开鄂尔多斯大地已经过去了几千年的岁月，人类社会的发展阶段也由旧石器时代进入新石器时代。刀耕火种的原始农业经济的发展使得人们的物质生活有了最基本的保证，而生产力发展所导致的剩余产品的出现，催化了家畜驯养业的产生和发展。这些变化不仅扩大了生活必需品的来源，而且也改变了过去单一的采集、渔猎经济生产方式。人们开始了定居生活，营建规模较大的村落，建造坚固耐用的房舍，并从事制陶、制骨、纺织、木作等一些手工业生产。氏族集团日益扩大，人们的宗教信仰日渐发展，审美艺术等相应而生。伴随着私有制的产生、人口的膨胀，人们为了生存和占有而展开的掠夺时有发生。这就是考古学依据古遗址中陶器的出现、磨制石器的使用、定居及原始农业的产生等所划分的人类历史发展阶段中处于文明前夜的新石器时代。

再次出现在鄂尔多斯大地上的这些古人类，是些什么样的面孔呢？他们从哪里来？过着怎样的生活？从事着什么样的经济形态呢？他们与中原大地的古人类是什么关系？社会发展进程处于什么样的境地？……多少年来，以上问题一直萦绕在试图破译鄂尔多斯史前社会历史发展密码的人们的心头。1993年，在配合薛（家湾）—魏（家峁）公路建设的考古工作中，考古人员在鄂尔多斯准格尔旗哈岱高勒乡发现的鲁家坡遗址和阳湾遗址为研究鄂尔多斯史前社会历史提供了大量前所未有的珍贵信息。

鲁家坡遗址位于哈岱高勒乡马家塔行政村鲁家坡自然村北的山梁上。该遗址面积1万多平方米，而发掘面积800平方米。发现房址10座，灰坑19座，汉代斜坡墓道土洞墓1座。发现的遗存除汉代墓葬外，其余均为新石器时代，可分为三期。

鲁家坡遗址发现的房屋均为半地穴式建筑，平面多呈方形或间宽大于进深的横长方形，长条形门道位于前壁中部，室内中心靠门道处有一平面呈长方形或椭圆形的坑灶，大型房址居住面中部有四个对称分布的柱洞，中、小型房址居住面横轴线上分布两个柱洞。居住面及四壁均用草拌泥抹平并经火烧烤，平整、坚实。灶坑及灶面也用草拌泥抹就，烧结层坚硬。个别四壁壁面上有圆圈纹、戳印纹构成的图案。

居民使用的生产工具虽然和他们的祖先一样，还是以石器、骨器、木器为主，但这时的石器、骨器早已不是那种简单的被打制成一定形状就拿来使用的工具。他们凭经验精心拣选出那些质地坚硬又极具韧性的石料，先根据需要打制出工具的大体形状，然后通体精磨，这样制造出的石器不但形制规整，而且用起来非常得心应手。其中数量最多的就是石斧、石铲、石凿、石刀、石磨盘、石磨棒等，也有部分琢制的刮削器、石镞、石叶等。

最大量的生活器皿是陶器，夹砂陶略多于泥质陶。主要有用作炊器的敛口鼓腹夹砂罐和瓮，用作水具的小口折唇尖底瓶、鼓腹壶，用作食具的直口或敛口的圜底钵、平底钵、侈沿盆等。夹砂陶器表多拍印绳纹、弦纹，而泥质陶多为素面，器表多磨光，部分陶钵的口部外侧饰宽带红或黑彩的成组的条纹，亦有少量红顶钵、鼎、支脚、器盖、杯等。虽然器类比较简单，但不难看出，各器类间已具有明确的分工，且能根据不同的用途，选择不同的质地或制成不同的形态。这些陶器不但形制规整，而且烧造火候也较高，反映了制陶人高超、娴熟的制陶技术。

第一期、第二期遗存是鲁家坡遗址的主要文化内涵。属于第一期的F5，是鄂尔多斯地区发现的单间面积仅次于阳湾遗址的大房址（前壁宽8.5米、后壁宽9.4米、进深8.25米）。该遗址第一期、第二期遗存由于存在几组打破关系，科学揭示了彼此先后有序的承袭关系，为该类遗存的进一步深入研究提供了重要的依据。该遗址尽管三期遗存间衔接缺环较大，但仍是鄂尔多斯地区发现为数极少的仰韶文化早、中、晚期遗存延续发展的经典聚落遗址之一。鲁家坡遗址虽然发掘面积较小，但遗迹保存相对完整，出土遗迹、遗物较为丰富，是本地区仰韶时代考古学文化及古人类聚落形态研究的重要标尺。

阳湾遗址位于准格尔旗哈岱高勒乡靠近点岱沟沟掌处被当地老乡称为"阳湾"的山坡上，面积约2万平方米，发掘揭露面积约3000平方米，发现围沟一条，房址30座，灰坑9座（图1）。尽管遗址地表遭受自然侵蚀破坏严重，一些半地穴式房址的居住面已经露出地表，但仍然是鄂尔多斯地区发现并经过考古发掘的保存最完整的古人类聚落之一。

图1 阳湾遗址遗迹分布图

阳湾遗址发现的30座房址中，完整的21座，其中大型房址1座，面积近100平方米；中型房址8座，面积40～60平方米；小型房址12座，面积20～40平方米。大、中型房址平面均呈方形，小型房址平面呈间宽大于进深的横长方形。发现的房屋均为半地穴式建筑，平面多呈方形或间宽大于进深的横长方形，长条形门道位于前壁中部，室内中心靠门道处有一平面呈长方形或椭圆形的坑灶，大型房址居住面中部有四个对称分布的柱洞（图2），中、小型房址居住面横轴线上分布有两个柱洞。居住面及四壁均用草拌泥抹平并经火烧烤，平整、坚实。灶坑及灶面也用草拌泥抹就，烧结层坚硬。个别四壁壁面上有圆圈纹、戳印纹构成的图案（图3）。

图 2 阳湾遗址发现的大型房址

图 3 阳湾遗址房址内壁壁面上的圆圈纹

出土的石器有石斧、石铲、石凿、石刀、石磨盘、石磨棒等，也有部分琢制的刮削器、石镞、石叶等。

出土陶器中夹砂陶略多于泥质陶，夹砂陶器表面多拍印绳纹、弦纹，器类主要有用作炊器的夹砂陶敛口鼓腹罐、瓮、侈沿罐等，另有少量的鼎、支脚、器盖、火种炉等。泥质陶多为素面，器表多磨光，器类有用作水具的小口折唇尖底瓶、鼓腹壶，用作食具的直口或敛口的圜底钵、平底钵、侈沿盆等。部分陶钵的口部外侧饰宽带红或黑彩或成组的条纹，亦有少量红顶钵、杯等。形制规整，而且烧造火候也较高，反映了当时高超、娴熟的制陶技术。

遗存可以分为两期，时代、文化面貌分别与鲁家坡遗址第一、二期相当。主要遗存属于第一期，是鄂尔多斯地区迄今为止揭露最完整的一处新石器时代中期的古人类聚落遗址。居民们选择靠近水源、背风向阳的山谷坡地作为自己的营地。面积最大的房址位于遗址的中心部位，应该是德高望重的部族族长的住房。这里不仅是他们的居室，同时也是家族聚会、议事的场所。中型房址围绕在其周围，和成排分布的小型房址构成一个个家族。阳湾遗址便是由几个这样的家族共同构成的一个部族聚落，而聚落由围沟环绕护卫。

阳湾遗址第二期遗存虽然发现数量较少，也不系统，但通过对房址形制、建造技术及部分陶器形制特征等的分析，仍可看出它与第一期遗存有一定的承袭关系，为我们进一步深入开展系统的研究探索，提供了重要的佐证。

鄂尔多斯地区发现的相当于这一历史时期的重要遗址还有配合准格尔煤田建设工程发掘的官地遗址第一期遗存等。

鲁家坡遗址、阳湾遗址、官地遗址第一期遗存，时代相当于距今6500年左右的新石器时代中期，是属于仰韶文化大系统中具有地区特色的考古学文化遗存，与半坡文化时代相当，年代为公元前4800～前4200年。该类遗存过去在内蒙古中南部大青山南麓和南流黄河两岸也有发现，被称为"白泥窑子文化"或"白泥窑子第一种文化"。鲁家坡遗址发掘后，因其内涵丰富、特征鲜明，材料公布时间较阳湾遗址早，被称作仰韶文化的"鲁家坡类型"；第二期为"白泥窑子类型"遗存。

全国范围内新石器时代开启的时间有所不同，辽河流域距今8000年左右的兴隆洼文化，黄河流域距今7000多年的裴里岗文化、磁山文化、老官台文化和长江流域的河姆渡文化等，都是被学术界公认的各地区已相当成熟的新石器时代早期文化。环境考古的研究成果表明，鄂尔多斯地区冰后期气候趋暖的历程，整整比中原及东北辽河流域大约滞后了1000年。由于环境因素制约了早期从事原始农业定居生存的古人类在本地区的发展，因此，属于新石器时代早期的古人类遗存在鄂尔多斯地区尚未发现，而距今约6500年属于新石器时代中期阶段的鲁家坡、阳湾、官地等遗址，便是鄂尔多斯地区迄今所知时代最早的新石器时代古人类遗存。

通过对阳湾等遗址考古发掘资料的分析可知，6500多年前的鄂尔多斯，其自然环境是一种典型的森林草原景观，山顶上森林茂盛，山坡上灌木丛生。居住在阳湾遗址的人们以家族为单位，集中居住在一起，他们选择靠近水源、背风向阳的山谷坡地作为自己的营地。德高望重的家族族长的住房建在营地的中心部位。由于这里不仅是他们的居室，同时也是家族聚会、议事的场所，所以房子面积一般都比较大，而其他家族成员的住房面积都较小，分布在族长住房的周围。此时的古人类早已脱离了依靠自然山洞蛰居或只能建造简单的窝棚度日的阶段，他们首先清除周围的树木、杂草，平整出空地，然后娴熟地利用石铲、骨铲等掘土工具，在地上挖出平面呈方形或略呈长方形的地穴，在朝阳的一面开一个通向室外的斜坡门道。这样不仅可以最大限度地接收太阳光的照射，同时也避开了冬天寒冷的西北风的直接袭击。把地穴部分的四壁修理平整后再抹上一层泥，之后还要架上火烧烤，这样既可以增加壁面和地面的硬度，也能起到一定的防潮作用。他们把砍伐来的粗大圆木竖立在地穴内作为房子的主要承重柱，还要在地穴四壁的外围栽一周较细的木棍作为龙骨，然后内外都抹上一层泥巴，这就形成了所谓的"木骨泥墙"式的墙壁。房顶架上树枝和柴草。为了室内的通风和采光，他们要在屋顶开一个天窗。房子的门道处，他们也要用和建墙壁相同的方法建成一个尖顶的斜壁通道。这样的设施，雨雪天可以避免雨水直接进入室内，冬天还可以缓解冷空气的直接侵入。考古学上，把这种形式的房子称为"半地穴式建筑"。与他们早先营建的"地穴式建筑"相比，"半地穴式建筑"不但建造技术的难度大大提高，而且在房子的主体部分由地下逐渐向地上发展的过程中，房子内部的采光、通风、潮湿、出入等居住条件，都有了极大的改善（图4、图5）。

图4　阳湾遗址先民"半地穴式建筑"复原图

图 5　阳湾遗址古人类生活场景复原模型

　　阳湾等遗址的居民虽然和他们的祖先一样，所使用的生产工具还是以石器、骨器、木器为主，但这时的石器、骨器早已不是简单地大致打制出一定形状就拿来使用了。他们凭经验精心拣选那些质地坚硬又极具韧性的石料，先根据需要打制出工具的锥形，然后通体精磨。制造出的石器不但形制规整，而且用起来非常得心应手。其中数量最多的就是石斧、石铲、石凿、石刀、石磨盘和石磨棒等。

　　石斧是他们的主要砍斫工具，开垦荒地、砍伐树木、修整建造房子的梁、柱，包括砸击动物的肢骨等，都离不开它。这类石斧除直接拿在手中操作外，有的还安柄使用，它不仅是得力的生产工具，遇到狩猎或部落间的冲突时，也是很有杀伤力的武器（图 6）。

　　石刀是当时人们采集植物的主要工具，主要用于收割谷类植物的穗部（图 7）。石磨盘和石磨棒是用于农作物加工的工具（图 8）。石铲是常见的掘土工具（图 9）。该类遗址中还经常发现有细石器伴出，不但表明狩猎在其社会经济中仍占有相当的比重，而且这种北方草原地区固有的文化特性，在全国其他地方新石器时代遗址中是绝少见的。

　　阳湾等遗址的居民最常用的生活器皿就是陶器。主要有用作炊器的夹砂罐，用作水具的小口折唇壶，用作食具的敞口或敛口的圜底钵等。虽然器类还比较简单，但是从中不难看出，不但各器类间已具有明确的分工，

图6 磨光石斧

图7 穿孔石刀

图8 石磨盘、石磨棒

图9 磨光石铲

而且人们能根据用途的不同,选择不同的质地或将其制成不同的形态。譬如用作炊具的夹砂罐,由于要受到高温的烧烤,所以在制作时,要在陶土中掺入适量的砂粒(如同现在的砂锅),既要有足够的黏土量保证器皿的可塑性,又要有适度的砂粒保证在高温下不开裂(图10)。另外在形态上,采取小平底、大垂腹的形式,既能保证在使用时能够平稳放置到灶面上,又能最大限度地增大受火面积,接受热能。汲水工具小口折唇壶同样考虑得细致入微——整体形态略呈修长的筒状,腹部有两个对称的錾耳,这样的设置都是为了便于汲满水后人们长距离地搬运,而口部做得很小,则是为了最大限度地减少搬运过程中水的外溅(图11)。作为食具的陶钵、陶盆等,选取的都是经过淘洗的陶土来制作的,这样制作出来的器皿质地细腻,器壁光滑,形制规整,美观耐用。这些陶器不但形制规整,而且烧造火候也较高,反映了当时高超、娴熟的制陶技术。

新石器时代的人们,在制作陶器时都是采用一家一户、自产自给的方式。由于陶质的生活器皿可塑性强,因此也是最能体现人们智慧、个性的人工制品。保留在陶器上的不但有大的时代、地域特征,而且具有

图10　夹砂罐　　　　　　　　　　图11　小口折唇壶

不同人类群体间的细微特征。考古人员正是依据陶器的这些特性，发现在阳湾遗址的陶质生活器皿中，至少包含两大类渊源不同的文化因素，那就是以夹砂褐陶叠唇弦纹罐等为代表的来自关中地区的半坡文化和以泥质红陶折唇壶、红顶钵等为代表的来自太行山东麓的后岗文化。也就是说，由于人口快速繁衍，出于寻觅更广阔生存空间等初衷，原本居住在关中地区的部分半坡文化居民和生活在太行山东麓地区的一些后岗文化的居民，纷纷离开故土，相继溯黄河河谷北上或沿桑干河西进，大约于距今6500年前，踏上了鄂尔多斯这块水草丰美的土地。他们和已经生活在这里的一些以从事狩猎经济为主体的土著居民相遇，并和睦地结合在一起。良好的自然环境使他们如鱼得水，社会生产力快速发展，社会发展进程突飞猛进，很快在全国同时期的古人类群体中处于领先的地位。

在鲁家坡、阳湾遗址第一期遗存发现的单间面积近百米的大房址内发现室内中心有四个对称的柱洞分布，开启了中国古代梁柱土木建筑结构中以纵横对称的"间""架"单位为代表的"墙倒屋不塌"框架体系的先河。在阳湾遗址出土的大房址室内墙壁上，还发现了镶砌整齐的陶质装饰砖。如此大面积的单间建筑和构建技术及陶质内墙砖镶嵌技术的使用，不仅在内蒙古地区绝无仅有，就是在全国范围内同时期的古人类遗址中也十分罕见。这表明鄂尔多斯地区新石器时代中期古人类的社会、经济发展程度不仅丝毫不逊色于其他地区，反而在很多方面居于领先的位置。

综上所述不难看出，鄂尔多斯地区虽然以原始农耕文化为代表的新石器时代起步时间较中原和辽西等古文化发达区略晚，但是自新石器时代中期开始，它的发展程度却赶了上来，为雄踞于世界东方的古老中华文明的形成和发展做出了杰出的贡献。

二、大开发进程中对文化遗产保护的反思

人类对于自身史前社会历史的认识，都是基于对考古发现资料的解读。鄂尔多斯地区由于地处边陲，社会经济发展相对滞后，而国家科研机构鞭长莫及，以致本地工作起步较晚，所以在 20 世纪 80 年代之前，针对本地区史前社会历史研究的近代田野考古工作几乎没有开展，研究人员只能凭借少量的田野调查资料，粗略梳理这块古老高原史前社会的历史进程。自 20 世纪 80 年代始，伴随着全国第二次文物普查，为配合准格尔煤田建设工程等开展的田野考古调查、发掘，掀起了本地区史前社会探秘的新高潮。我们今天对于鄂尔多斯地区史前历史及文化的认识，就是建立在这些为配合基本建设而开展的考古发掘所获认识之上的。著名的鲁家坡文化（类型）、永兴店文化（类型）、白敖包类型、寨子圪旦远东"金字塔"等一大批在揭示鄂尔多斯古代文化在中华文明起源和发展历程中发挥了重大作用的考古发现，便是在历次配合基本建设而开展的考古发掘中逐一现身的。

尽管以上考古工作是值得一代文物工作者为之骄傲的得意之作，但由于当时国家社会经济发展水平还较为落后，各级部门经费十分紧张，加之人们对于文物保护法制法规的意识观念还相对淡薄，这就导致了文物部门在配合基本建设开展的文物保护工作难度变得极大，就是已开展的工作也存在诸多遗憾与不足。对此，我们有必要深刻反思并寻求对策。

1. 阳湾、鲁家坡遗址的抱憾

由于当时为配合基本建设开展的文物保护工作往往滞后于工程建设的推进速度，因此相关遗址保护工作往往会留下遗憾。阳湾、鲁家坡两处遗址可遇而不可求，在解读鄂尔多斯地区史前历史中的地位无可替代，在可视程度上足可与著名的陕西半坡遗址相媲美的珍贵文化遗产。最初考古调查时仅仅凭借地面暴露的迹象难以对遗址的全部内涵、保存状况等有更加

全面的掌握，而施工设计、建设又没有给文物部门预留更多的时间，当通过考古发掘认识到它的重要性时，公路两端的建设已经成型，一切已经成为难以更改的事实。当考古工作匆匆结束后，这一处历经6500余年历史浪潮洗涤和自然岁月侵蚀后保留下来的迄今为止本地区所发现保存最完整的原始社会时期的古人类居住遗址，在考古人员万般无奈的目光下，在推土机震耳欲聋的轰鸣声中，还是永远地消失了。

如果这一重要考古发现推迟到20世纪，我们鄂尔多斯人一定也会像对赤峰二道井子遗址的处置结果那样，为保护这一珍贵的历史文化遗产而让公路改道[①]。但在当时的社会经济发展水平背景下，这样的设想只能是奢谈。虽然值得庆幸的是，通过考古发掘获得了该遗址较为详细的考古学资料，为我们在学术上复原、再现这一历史时期古人类的社会、生活提供了科学依据，但无可挽回的是，世人再无法亲眼看到历史遗留下的真实容颜，亲手触摸岁月形成的坎坷蚀痕了。至于因当时考古发掘时受技术、设备所限而流失的那些无法弥补的珍贵信息，就更让人惋惜了。

现代社会建设中对土地的开发、利用，是造成古迹遗址等不可移动文物损毁的最直接原因。鄂尔多斯的不可移动文物资源不仅是鄂尔多斯历史悠久、文化底蕴敦厚的具体表征，也是我们揭示鄂尔多斯远古历史、文化，再现鄂尔多斯在中华文明历史长河中应有地位的最主要途径。由于鄂尔多斯高原地壳长期以来一直处于稳定抬升的趋势，地表的自然侵蚀十分严重，因此，鄂尔多斯境内的不可移动文物受自然破坏相对更甚，而且大多埋藏极浅，甚至干脆已经出露地表，稍稍的地表扰动都可能对这些历经岁月洗涤侥幸残存下来的珍贵文化遗产造成毁灭性的破坏。当前，鄂尔多斯正处于经济社会建设飞速发展的时期，对土地的急速开发利用，给地下文物资源的保护带来了严重挑战，而且数量众多的露天煤矿、大型经济建设开发区特殊的土地开发利用形式，更是给地下文物资源带来了毁灭性的威胁。以往我们配合大型基本建设开展的文物保护工作往往滞后于建设工程，且多数都是项目落实、开工在即，文物部门才得以匆匆组织实施，消

[①] 二道井子遗址是在配合赤峰到朝阳的高速公路建设中发现的，在发掘进程中认识到这处有"东方庞贝城"之誉的古人类居住遗址的重要性后，当地政府发扬"宁可赶着毛驴车进北京，也要保护这一珍贵文化遗产"的魄力，毅然决定改变公路设计方案，增加巨额投资，让公路穿地面过，就地保护遗址，建设遗址博物馆。

极应对，缺乏主动把控的能力，更谈不上宏观规划、科学利用，致使许多重要的遗址得不到有效保护、合理保护、应有保护，甚至带来无谓的损毁。如果不从根本上改变这种被动的局面，在不远的将来，作为中国古代北方文化圈核心的鄂尔多斯，不但文物大市的地位名存实亡，而且大量埋藏于地下的珍贵历史文化遗产，将在现代经济建设的滚滚洪流中消亡殆尽，大量蕴含在这些文化遗产中待解的密码，也将成为永远无法破译的谜团（图12）。

图12 水土流失、地貌侵蚀严重的鄂尔多斯东部地区

阳湾遗址的遗憾已经成为永远无法弥补的伤痛，对此，不能不引起我们的高度重视。

2. 亡羊补牢 未为迟也

如今我们对鄂尔多斯地区早期历史的复原，全仰仗20世纪八九十年代这些区域为配合基本建设开展的考古调查、发掘成果。由于时代的局限性，当时对这些遗址的发掘工作，无论是发掘规模，还是在工作的系统性、全面性、科学性等方面，都存在很大的问题，如几万平方米的遗址，揭露面积仅仅几百平方米，年代、孢粉分析采样几乎没有，且工作粗糙、不规范，标本拣选、报告编制草率，研究学科单一。鄂尔多斯古代文化在中华文明起源、发展历程中的地位，如今已是有目共睹，特别是陕西神木石峁古城遗址发现并确认后,包括鄂尔多斯、陕北、晋北地区在内的中国北方文化圈在中华文明形成与发展进程的重要地位,引起了世界学术界的关注,而地处中国北方文化圈北端的鄂尔多斯地区的古代文化,在其中的地位更是人们关注的焦点。限于以往工作的局限性,目前对鄂尔多斯地区远古文化的认识还很不到位,所搭建起来的考古学文化时空框架仅仅是一个基本框架,上未至顶,下不见地基。要想把这些代表一个个历史瞬间的幻灯片连缀成一个连贯的历史发展进程集锦,其缺环还很多,还急需大量的、长期的工作来填补空白、弥合缺环。目前对这一区域的地貌从根本上的人为破坏,或将使这类后续的研究工作彻底夭折,无以弥补(图13、图14)。

摸清家底、全面掌握鄂尔多斯的文化遗产分布情况,为文化遗产保护、事业发展提供科学、准确的依据,是今后文化遗产保护工作的一项首要之举。准确详查、科学记录、全面认识鄂尔多斯地下文物资源的真实状况迫在眉睫,是历史赋予一代文物工作者的使命,同时能够对这些珍贵的历史文化遗产做到科学统筹在先、价值评估在先、有效把控在先、合理保护在先,将为我们从根本上改变以往对地下文化遗产保护工作中的消极被动局面、最大限度地保护好珍稀的地下文物资源奠定坚实的基础。

建议全市利用5~10年的时间,由市文物部门统一组织、实施,集中抽调各旗区文管所年轻、有文化、愿意从事文物事业、有培养前途的人员,在有丰富工作经验、业务素质高的业务人员带领下,有计划、有目的、有针对性地对全市范围内实施一次地毯式的文物专项调查工作。首先从重点基本建设开发区、文物分布密集区、文物被盗多发区开始,逐步铺开,四面扩散,做到平面上不留死角,立面上没有断层。争取通过这样的文物专项调查,真正构建起科学、准确、翔实的鄂尔多斯不可移动文物资源的时空框架。这样不但可以使鄂尔多斯地区对文化遗产资源的掌控率达到全国一流水准,而且业务人员的职业素养和技能也将发生深刻的变化。鄂尔多斯文物事业目前拥有的是一支年轻的业务队伍,学历都不算低,但专业素养较弱,缺乏实践锻炼机会是制约其迅速成熟的关键所在。通过文物专题调查及数据库等的建设,可以使这一支业务队伍从遗址的田野调查、资料整理、数据库建设到调查报告的编写等方面,得到全程实践锻炼的机会,这对于迅速提高业务队伍的实力,进而推进鄂尔多斯整体文物事

图13 新崛起的神华准能中心区

图14 开采中的露天煤矿及排土场

业的发展，具有十分重要的意义。

三、同源共祖　华夏一族

据准格尔旗官地、鲁家坡、阳湾等遗址的考古发掘资料可知，继新石器时代中期仰韶文化鲁家坡类型居民之后，生活在鄂尔多斯地区史前社会的是以庙底沟文化白泥窑子类型为代表的古人类。

白泥窑子类型是以清水河县白泥窑子遗址F1为代表的遗存命名的，而王墓山下类型则是以发现于乌兰察布市凉城县王墓山坡下遗址的遗存命名的。两种遗存属于同一种考古学文化，白泥窑子遗址发现较早，故称谓已久，但鉴于王墓山坡下遗址发现遗存较丰富、揭露程度较完整，也有人将其称为王墓山下类型。白泥窑子类型的年代为公元前4200～前3500年，出土的夹砂侈沿鼓腹罐、双唇口尖底瓶、敛口陶钵、陶盆等，均与庙底沟文化相同，而火种炉等则是具有鲜明地区特色的器物，故学术界认为它是属于庙底沟文化大系统中具有地区特色的考古学文化遗存（图15）。

鄂尔多斯地区属于白泥窑子类型的遗存发现数量不多，遗存也较为破碎、不够系统，还难以对其文化面貌有更全面的了解。据官地二期、阳湾二期及鲁家坡二期等遗存可知，尽管鄂尔多斯地区目前发现的白泥窑子类型与鲁家坡类型在年代上还存在较大的缺环，但通过一些器物仍不难发现，两者间存在着一定的承袭关系。

庙底沟文化也称庙底沟类型（目前亦称西阴文化），是属于仰韶文化中期的一种考古学文化类型，因首先发现于河南陕县庙底沟而得名。仰韶文化庙底沟类型以豫、陕、晋三省为分布中心，时代约为公元前4000～前2800年，属于仰韶文化最繁盛的时代。庙底沟文化以人口扩张为驱动力，大量向周边地区尤其是西、北地区移民，具体表现上为西到甘青、东至海岱、东北达河套和辽宁、南抵江汉的广大地域内。因它富有特点的彩陶文化因素的强力传播，导致这一时期的考古学文化遗存都具有极大的一致性，而均被归入庙底沟文化范畴之中。庙底沟文化的彩陶图案规范，特征鲜明，覆盖面积辽阔，穿透力强劲，不仅掀起了中国史前社会一次最强烈、壮阔的艺术大潮，更重要的是这种传播已不仅仅

图15　白泥窑子类型（王墓山下类型）出土陶器
1. 火种炉　2. 双唇口尖底瓶　3. 夹砂侈沿鼓腹罐　4. 宽带彩陶钵

局限于一些纹饰题材的传播，而是包含在这些纹饰中的象征意义。仰韶文化的彩陶作为古礼的象征，应是中华民族最早的礼器之一，为后来的文明建立奠定了重要基础。我国考古学界泰斗苏秉琦先生认为：中国人之所以称自己为华人，根源就出自仰韶文化庙底沟类型的玫瑰花纹彩陶图案。玫瑰花是"花族"的图腾，"花族"就是华族，这也就是今天我们自称华夏民族的由来。

庙底沟文化的势力所及，在地理和文化上为夏商乃至秦汉以后的中国奠定了坚实的基础，昭示了中华民族的祖先从远古时代起经历仰韶文化、龙山文化直至商周，在黄河流域不断地发展并创造高度文明，为中国古代社会发展做出了巨大贡献。

鄂尔多斯地区白泥窑子类型（王墓山下类型）遗存的发现和确认，以及它在官地、鲁家坡、阳湾等遗址中展示的与本地区考古学文化的传承关系，对于我们全面认识鄂尔多斯地区史前居民在中华文明大家庭中的归属，以及在历史发展长河中所发挥的作用，提供了重要的作证：生活在鄂尔多斯高原上的远古农耕居民，至少从距今6500年前的新石器时代中期开始，便与中原地区的居民同源共祖，隶属华夏一族。

四、北疆奇葩怒放

自距今6500年前的新石器时代中期以降，生活在包括鄂尔多斯在内的内蒙古中南部的早期农耕居民，在经历了一千余年历史潮流的涤荡，特别是在受到来自华山脚下代表当时社会发展最高水平的庙底沟文化、来自太行山东麓的大司空文化和来自辽河流域的红山文化的强烈冲击后，至仰韶文化晚期，社会进程和文化面貌等均发生了剧烈的变化。如果说在此前这一地区史前文化的面貌更多带有的是一种迁徙文化色彩的话，那么自此时的海生不浪文化开始，在这块历史悠久、丰腴富足的土地上，便形成了既有浓郁的"炎黄血脉"色彩又具有鲜明自身特征的远古文化。它们虽然与中原文化区还保持着千丝万缕的联系，仍是华夏族浩荡洪流中的一支强劲支流，但更多的则是愈加浓厚的自身特征。

海生不浪文化以最早发现于南流黄河东岸内蒙古托克托县海生不浪遗址而得名，年代相当于公元前3500～前3000年的仰韶文化晚期阶段，是主要分布于内蒙古中南部地区的一种新石器时代中晚期的古人类文化遗存，因既具有仰韶文化的基本面貌，更具备鲜明的自身特征，发现之初多被称为仰韶文化海生不浪类型。20世纪80年代后期内蒙古乌兰察布市察右前旗庙子沟遗址发掘后，因出土遗存更为丰富、系统，学术界称之为庙子沟文化，下辖海生不浪类型、阿善类型及庙子沟类型等不同的地域性变体。鄂尔多斯地区这一阶段的古文化遗存则属于海生不浪类型。

海生不浪类型的居住遗址多有环壕围绕，房址多为平面呈方形或长方形的半地穴式建筑，门设在前壁中央，有斜坡门道，居住面用泥抹平后再经火烧烤，室内多设双灶。房址的周围分布有贮存物品、粮食的平面呈圆形、方形、长方形、椭圆形的直壁窖穴，有的室内也有口小底大的袋状窖穴。

生产工具以磨制石器为主，兼有打制石器和琢制的细石器。石器有斧、铲、刀、锛、凿、钻、球、磨盘、磨棒、砍砸器、磨石、纺轮等。细石器有刮削器、尖状器、镞、石叶、石核等。骨器有锥、针、镞、匕及骨柄嵌石刃刀、剑等复合工具。

主要生活用品为陶器，以泥质、夹砂褐陶为主。器表多饰绳纹，另有相当数量的彩陶，色彩有红、褐、黑、紫、赭等色。纹样有网格纹、鳞纹、曲线、弧线、直线、三角、锯齿、草叶纹等。器类有侈口鼓腹罐、大口平唇罐、筒形罐、小口双耳壶、喇叭口尖底瓶、侈沿曲腹盆、敛口曲腹钵、敛口折腹钵等（图16）。

图16 海生不浪类型陶器

海生不浪类型居民以从事原始的定居农耕经济为主,但狩猎、渔捞也是当时重要的辅助性经济活动。农业发展水平较高,除保证日常消费外,还有一定的储存。社会发展处于贫富差别不大、人们地位较为平等的父系氏族社会阶段。

相当于海生不浪类型阶段的遗存在鄂尔多斯地区分布较为普遍,无论是遗址的数量还是规模,都堪称鄂尔多斯原始社会之最。鄂尔多斯地区的海生不浪类型先民,不但创造了当地新石器时代中晚期历史的辉煌,而且开启了由此形成的以内蒙古中南部为主要分布区域的中国北方文化区的滥觞。时代依次位居其后、在中国北方地区早期历史发展史上具有重要影响力的新石器时代晚期的老虎山文化永兴店类型、早期青铜时代的朱开沟文化等,其主体文化因素都是在海生不浪文化的基础上一脉相承发展起来的。

五、见证文明——喇叭口尖底瓶（酉瓶）

图17 海生不浪文化居民使用的喇叭口尖底瓶（酉瓶）

走进鄂尔多斯博物馆"农耕 游牧·碰撞 交融——鄂尔多斯古代史陈列"展厅,那些令人目不暇接、饱经沧桑的展品上,无不深深镌刻着鄂尔多斯十几万年人类发展史的漫漫征程、五千年中华文明史的跌宕起伏、两千年北方草原文明史的恢宏印迹,不仅为我们展示了鄂尔多斯大量鲜为人知的历史表象,同时也为我们揭示出了它的历史地位和文脉精髓。其中,最能集中再现鄂尔多斯远古历史且蕴含鄂尔多斯远古文明信息最系统、最丰富并被誉为"镇馆之宝"的,当属一件陶制的喇叭口尖底瓶（酉瓶）（图17）。

1. 中国文字形成时间的刻度表

它是海生不浪文化时期生活在鄂尔多斯地区的古人类使用的一种器

皿。考古学家根据它的形态将其命名为喇叭口尖底瓶。由于它的整体形态与商代甲骨文"酉"字的形态十分接近,因此也把它称为"酉瓶"。这种器物最初只是单一的汲水用具,之所以把它制成这种形状,在于即使把它置于较浅的水里,在倾斜的姿态下也可以较为轻松地为容器注满水,而整体狭长和小口的设置则便于人们往回搬运并最大限度地减少搬运过程中水的外溅。由于其形态颇似一个硕大的乳房,出于生命对乳汁的依赖情结,人们又给予了其企盼人口兴旺、企盼五谷丰产等许多寄托。于是,这件日常生活用具越来越多地承载着人们的希冀,出现在祭祀、祈福等特殊的场合,成为地位非同寻常的祭器、神器。也正是因为它的这种神奇身份,古人类在最初渴求记录自己的意念时,就以它的造型赋予一个特定的寓意,中国最早的文字——象形文字由此而产生。因此,通过这件器物的形态与甲骨文"酉"字的关系可以证明,我国成熟的象形文字形成的时间,至少不晚于人类使用这件器物的年代,这就是它透露给人们的第一个信息(图18)。另外,据目前已知的考古发现可以看出,这种形态的喇叭口尖底瓶以鄂尔多斯地区发现的数量最多,形态也最接近于甲骨文。由此可见,生活在鄂尔多斯地区的古人类在中国文字的产生和中华文明的起源和发展历程中所发挥的巨大作用。

2. 鄂尔多斯早期农耕文明与中原文明同源共祖的见证

以往谈起鄂尔多斯的古代历史,绝大多数人都会联想到一部草原文化

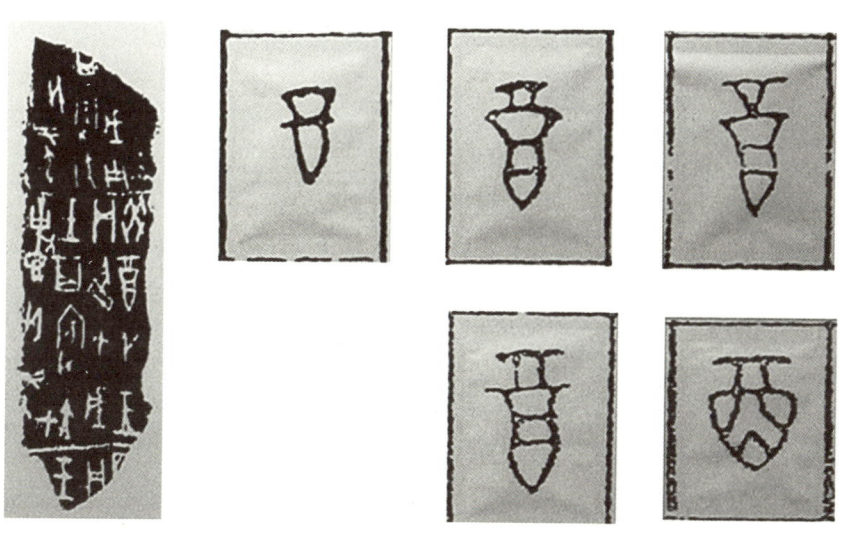

图18 甲骨文、金文和大篆"酉"字发展示意图

史，一部畜牧、游牧民族发展史。如果有人告诉你，其实最早活动在鄂尔多斯大地的是以从事原始农耕经济为主的先民；甚至告诉你，鄂尔多斯的远古文化，实际上与中华文明同源共祖，你或许会感到难以置信，但这确实是现代考古学揭示的鄂尔多斯远古文化的历史真相，而这件喇叭口尖底瓶，就是见证这段历史的化石。

最早的尖底瓶出现在距今6500年前，它是主要活动在陕西渭河流域仰韶文化早期半坡类型、从事原始农耕经济的古代先民使用的汲水用具，考古学称之为杯形口尖底瓶（图19）。到距今6000年前，形制演变为双唇口尖底瓶，成为以陕西华山为活动中心的仰韶文化中期庙底沟类型的古代先民使用的标志性器物，并辐射中国大部分地区。至距今5500年左右，发展为喇叭口尖底瓶，成为黄河中、上游地区仰韶文化晚期众多古人类集团使用的器物。延绵千余年，尖底瓶发展序列

图19　半坡居民使用的杯形口尖底瓶

清晰，成为中华文化发展一脉相承的标志之一。喇叭口尖底瓶在鄂尔多斯地区经历了与中原地区同样的发展历程，因而这里早期人类的社会面貌及与中原文明的关系自然不言而喻。

3. 梳理中华文明发展历程的重要节点

中国考古学界泰斗苏秉琦先生曾热情洋溢地写过这样一首诗："华山玫瑰燕山龙，大青山下斝与瓮，汾水弯旁磬与鼓，夏商周及晋文公。"诗中的"大青山"指阴山山脉，"斝""瓮"指的就是鄂尔多斯地区古代先民率先发明并使用的斝式鬲和三足瓮这两种器物。苏秉琦先生通过这首诗，不但高屋建瓴地点明了北方地区在中国古代社会中所处的重要地位，高度概括了北方古代文化在中华文明起源、发展历程中所做出的巨大贡献，而且首次利用考古资料揭示了构建中华文明的核心因素和文明起源与发展的具体历程。而最终决定苏秉琦先生这个真知灼见落地生根的，便是这件喇

叭口尖底瓶和它的发展型——喇叭口圜底瓶，以及斝式鬲、三足瓮等发展自成一系的有着独特制作工艺的器形。

六、石城耸立 ——文明前夜的喧嚣

分布在内蒙古中南部地区、相当于仰韶文化向龙山文化过渡时期的考古学文化，被称为"阿善文化"。

阿善文化以包头市阿善遗址的最先发现而命名。阿善遗址位于内蒙古包头市东郊大青山南麓台地上，1979年由包头市文物管理所发现并进行了试掘，1981年进行了发掘，揭露面积为1170平方米。发掘出土房址24座，窖穴220个，墓葬3座，出土遗物总计1600多件。其文化遗存可分为四期，以前三期为主。阿善一期文化属于白泥窑子文化；阿善二期文化属于庙子沟文化阿善类型；阿善三期文化因具有鲜明的自身特征，也被称为"阿善文化"；阿善四期文化则属于青铜时代的文化。

阿善文化处于新石器时代晚期仰韶文化向龙山文化的过渡阶段，时间为公元前3000～前2500年，是一种主要分布在东流黄河北岸的大青山南麓山前地带和南流黄河两岸区域内的考古学文化遗存。一般认为它是在庙子沟文化的基础上沿袭发展起来的，也是本地区龙山时代考古学文化的主要源头所在。

阿善文化最大的特点，就是遗址多有环绕村落建筑的有着防御性质的石筑围墙，有些聚落内并有祭坛等遗迹，是目前我国北方地区发现时代最早的石筑围墙聚落遗址。聚落都选择在地势险要之处，石筑围墙平面形制都不大规整，随地形起伏，以石块叠错垒砌，缝隙间塞碎石及胶泥黏固。聚落也并不都以石墙环绕，而是充分利用自然悬崖为屏障，在难以攀爬之处则不再设防。石墙宽度为1～3米，高度由内部看一般并不太高，但由于建在陡坡上，因此从外观看则很雄伟。

阿善文化早段的房屋仍以平面呈方形或长方形的半地穴式或地面建筑为主，居住面由草拌泥铺成，再略经烧烤。窖穴比前期数量增多。生产工具有石斧、石铲、石刀、石锛、石杵及刮削器、石镞、石叶等细石器，锥、凿等角骨器。生活用具主要有泥质灰陶喇叭口圜底瓶、豆、折沿曲腹盆、甑、钵、器盖，夹砂灰陶敛口鼓腹篮纹罐、口部外侧带附加堆纹的直壁瓮、小口鼓腹瓮等（图20）。晚期阶段居住形态最大的变化，就是建于地面上的石筑房屋数量明显增多。

图20　寨子圪旦遗址出土的阿善文化陶器

阿善文化阶段的社会生产仍以农耕经济为主，但由于在阿善文化各遗址中，都曾出土了许多狗、猪、羊、牛的骨骼，人们所使用的石器中，不但细石器所占比例加大，而且都有大量的石镞发现。这一方面表明狩猎或动物畜养在当时生业中占有相当的比重，另一方面也反映出当时人们的农业对动物资源的倚重与以往有所不同，并且有向更依赖于动物资源发展的趋势。而聚落增设防卫性石筑围墙的现象则表明，此时人群间的资源竞争趋于激烈，社会动荡已较以前明显加剧，处于人类文明社会将要发生剧变前夜。

鄂尔多斯地区发现的著名的寨子塔、寨子圪旦、小沙湾等聚落遗址群，是目前国内发现的时代最早的由石筑围墙环绕的聚落遗址。它们应该是同属于阿善文化范畴下的一个大的部落联盟。这些遗址都是充分利用黄河西岸绝壁，并构筑石墙护卫体系，构成具有浓郁军事防御色彩的城堡类遗址。它们集中分布在黄河西岸的鄂尔多斯地区，彼此既相互独立，又遥相呼应，成为本地区最具特色的文化现象之一，是文明前夜社会激烈动荡的见证,特别是其中的寨子塔遗址,无论是规模,还是内部构成等,都显现出其核心聚落的独特地位;而寨子圪旦遗址则无疑是宗教祭祀的核心区。分布于鄂尔多斯准格尔旗南流黄河西岸的阿善文化聚落群,不仅是研究鄂尔多斯地区原始社会末期社会结构、形态、发展进程的珍贵资料,同时也开启了我国北方地区以夏家店下层文化石城聚落、石峁古城聚落群等骤然崛起为文明前夜"满天星斗,群星闪耀"社会新格局的滥觞。

七、探秘寨子圪旦遗址——解析远东金字塔

说到金字塔人们并不陌生,它是人类文明早期阶段用巨大石块修砌成的方锥体大型建筑物,因其形态类似于中国汉字中的"金"字,故被我国翻译为"金字塔"。金字塔是人类文明发展进程中重要的标志性建筑,迄今所知主要流行于古埃及文明、古印第安文明分布区。

埃及迄今已发现大大小小近百座金字塔,大多建于埃及古王朝时期,最有名的是位于开罗西南吉萨高地的祖孙三代金字塔,即胡夫金字塔、海夫拉金字塔和门卡乌拉金字塔,与周围众多的小金字塔构成了金字塔群,为埃及金字塔建筑艺术的顶峰,也是埃及文明的象征(图21)。

图21 阶梯金字塔——左塞尔陵墓

埃及金字塔是古埃及奴隶制国王（法老）的陵寝。之所以要建成巨大锥体的形式，源自灵魂升天的观念。在后来发现的金字塔铭文中有"为他（法老）建造起上天的天梯，以便他可由此上到天上"的记载，便是最好的证明。另外，金字塔的造型又如刺向青天的太阳光芒，因此，金字塔呈锥体的形式又是对太阳神崇拜的表现。

中美洲地区的玛雅人也曾经建造过多座大大小小的金字塔，其结构通常是两层或多层的覆斗形四方台，例如位于墨西哥的太阳金字塔、月亮金字塔、库库尔坎金字塔，危地马拉的巨豹金字塔等，其规模均不亚于埃及的金字塔。学术界对太阳金字塔和月亮金字塔的用途迄今也没有得出一致性的结论，但主流观点认为，与埃及金字塔不同，特奥蒂瓦坎的金字塔不是陵寝，而是一个祭神的场所。

金字塔除作为帝王陵墓、祭祀场所外，还具有天文观测的功能。

在世人的传统观念里，金字塔只是古埃及文明、玛雅文明的特有标志和象征，中国，作为地处远东的世界四大文明古国之一，历史上有过与其形制、性质类似的建筑吗？据目前所知，确实有学者根据文献记载推测，中国历史上同样拥有"金字塔"建筑，并提出"寻找中国金字塔"的倡议。

倡议者的文献依据是《山海经》。《山海经》是中华民族的一部千古奇书，过去人们普遍认为书中所记述的仅仅是古老的神话传说而已，但现在许多学者经过长期深入的研究后指出，《山海经》并非凭空杜撰的神话，而是远古人类文明与文化信息、自然环境信息的真实记录，许多记载都是真实可信的。在《山海经》的《五藏山经》《海外四经》《大荒四经》《海内五经》等篇中，都记述了大禹治水时，曾经建造了多座四方台型建筑，被称为帝尧台、帝喾台、帝丹朱台、帝舜台等，而且"各二台，台四方，在昆仑东北"。有学者指出，这里所谓的"各二台"的"台"字，极有可能是"重"字之误，本意为众帝之台均为上下两层的重叠结构，即类似于埃及早期金字塔和美洲金字塔造型的建筑。那么众帝之台所在的"在昆仑东北"其具体地望究竟在哪里呢？由于我国自古就有"河出昆仑"的说法，而"河"在古代文献中，几乎毫无例外地均为"黄河"的确指，因此，多数人站在现代地理学知识的基础上，认为这里所指的"昆仑"，应该是如今的青藏高原。其实，这里很可能存在着一种误解。人们对黄河源头的认识，经历了一个漫长的、循序渐进的过程，在《五藏山经》等书成书的时期，人们所说的河（即黄河）

的源头"昆仑",其实指的是"黝泽",而我国著名学者徐旭生先生等都曾推测"黝泽"就在今日黄河河套地区。也就是说,《山海经》中所记载的昆仑丘,其实就是今日黄河河套以南的鄂尔多斯高原,而"在昆仑东北"的"众帝之台",就应该位于鄂尔多斯市准格尔旗的北部地区。

作为一名鄂尔多斯的文物工作者,看到这样的学术倡议确实为之心头一震。因为本地区的一个重大考古发现,或许能为这项目前还鲜为人知的探索远东地区"金字塔"的研究工作提供难得的线索。

1998年盛夏,位于山西省偏关县与内蒙古准格尔旗接壤处的万家寨水利枢纽拦河大坝建设工程正夜以继日地紧张进行,库区内的移民搬迁等工作也在同步进行中。内蒙古自治区文物考古研究所、鄂尔多斯博物馆、呼和浩特市文物事业管理处等单位的考古工作者们为配合该基本建设工程的顺利进展,保证在大坝合龙水位上升前将淹没区内的文物古迹全部搬迁、发掘完毕(已经在库区的黄河两岸辛勤工作了一年有余)。这天,由鄂尔多斯博物馆组成的考古队,结束了位于准格尔旗窑沟乡小鱼沟隧道北口汉代冶铁遗址的清理发掘工作,准备移师他处,但望着远处那个位于黄河西岸陡峭绝壁的顶部被当地老乡称为"寨子圪旦"的高高山包,出于职业意识而不肯就此离去。据多年的田野考古调查经验可知,但凡与"寨子"沾边的地名,肯定与人类活动有关,但眼前这个位于高高的山顶部,地表基岩裸露,既不利于出行,也无任何遮挡,任凭狂风侵袭的"寨子",无论哪方面都与大家勘察了无数次的黄河沿岸的古人类居住遗址均不相似,且让人绝难想象古人会把活动的居所选在这样的地方。因此,疲惫不堪的考古队员们,实在是下不了决心,究竟要不要冒着酷暑爬上去查看一番。正在大家左右为难、举棋不定的时候,一个本地的羊倌路过此地。他看着考古队员们提着的一袋袋"宝物",执意要看看这些整天顶着烈日朝出夕归比农田里的农民还要守时的城里人,究竟找到了什么样的宝物。为了满足牧羊人的好奇心,大家解开了一袋装陶片的编织袋。看到这些碎瓦片,放羊老汉笑弯了腰:"辛苦了这么多天,就挖出来这么些宝贝?"老汉一指山顶:"这些东西山顶子上有的是。"老人的话,坚定了大家的信心,队员们一个接一个气喘吁吁地爬上了山顶。在山顶的地表上,果然散布着许多破碎的印有篮纹的灰陶片,另外队员们还采集到了部分石斧、石刀、骨锥等遗物。经验丰富的考古队员们马上判定,这是一处距今大约5000年、属于新石器时代晚期的古人类活动遗址。又发现一处

差点与之失之交臂的原始社会古遗址的喜悦还没来得及仔细回味,在这样一个地方的新发现马上让大家陷入了迷雾。考古工作者没有就此停步,他们在古遗址内爬上爬下,仔细观察,而接下来的新发现又让大家狂喜不已——一座在地下沉寂了五千余年的古城堡遗址,终于揭开了神秘面纱,展现在人们的面前(图22)。

图22 寨子圪旦遗址全景

　　这是一座以石筑围墙环绕的石城遗址,位于鄂尔多斯东北部准格尔旗窑沟乡百草塔行政村荒地自然村东北约1.5千米的黄河岸边山头的顶部,地处南流黄河西岸的一处制高点,东部濒临黄河陡峭的绝壁,南、北分别被小鱼沟及另一条大沟环绕,仅有西部由陡峭的斜坡与外界相连,地势十分险要(图23)。石城依山顶的自然地形走势而建,平面形制不甚规整,略呈椭圆形,南北最长径处约160米,东西最长径处约110米,面积约1.5万平方米。石砌围墙底宽4.5米,顶部残宽0.5~3.5米,残高约1.5米。在围墙内的中心地带,有一底边长约30米的人工垒砌成的覆斗形高台基址。靠下,利用自然坡度采取周边垒起叠加的办法,又形成一周台基,使主体形成双层叠收的覆斗形状(图24)。

　　寨子圪旦遗址是中国北方地区迄今为止发现的时代最早的具有石筑围墙的遗址。在当时的社会生产力发展水平下,仅凭一个家族或部族的力量是很难修建起这样一座宏伟建筑的。由于在寨子圪旦遗址南北同属于南流黄河西岸的区域内,还发现了包括小沙湾等遗址在内的数个同时期的古人类活动遗址,因此,它们应该属于这些部落共同拥有。居住在这里的主人,拥有代表人类和天、神沟通的神奇能力,拥有凌驾于其他部落之上的超常特权。据考古学和民族学等多学科的研究证明,该遗址的性质应该属于以中心祭坛为主体、主要履行宗教事务的祭祀遗址。

　　当时的古人类为什么要花费这么大的力气修建一座如此浩大的工程

图 23　寨子圪旦石围墙

图 24　石围墙局部

呢？原来，当时的社会正处在一个飞速变革的时期，传统、安定的原始氏族公社制度正在被新型、激荡的军事民主制所取代。在私有制及强烈的占有欲的刺激下，为了争夺生产资料、财产的血腥冲突时有发生。要想在无休止的战争中取胜，除依靠自己部落的实力外，借助上天的神力,也是制胜的一大法宝。祭祀与战争,是关系到一个部落或部族生死存亡的头等大事,因此古代文献中才有"国之大事,在祀与戎"的记载(图25)。

图25 寨子圪旦遗址鸟瞰

寨子圪旦遗址的时代,属于距今约5000年前后的仰韶文化向龙山文化的过渡阶段,与古埃及最早金字塔的建造时代大体相仿,也与古史传说中的三皇五帝的时代相当;寨子圪旦遗址中心主体建筑祭坛的性质、形制,同样与古埃及、玛雅文化的金字塔及《山海经》中记述的"众帝之台"相同,而所在地望也恰好在学者们推测的区域内。因此,尽管由于对该遗址开展的工作仅仅局限在地面调查和局部解剖阶段,并没有对整个遗址进行大规模的考古发掘,还难以据此就确定它是否就是中国古史记载中的"众帝之台",但毫无疑问的是,寨子圪旦遗址所具有的特性,所秉承的人与神沟通、人与天衔接的神奇能力,无论是与古史记载中的"众帝之台",还是与古埃及文明、古玛雅文明中的金字塔均如出一辙。从这个意义上讲,"寨子圪旦遗址"当无愧于迄今为止发现的首例"远东金字塔"之称谓。

站在黄河边上抬头仰望,陡峭的岩壁与寨子圪旦遗址浑然融为一体。巍峨挺拔、坚固雄伟的石筑围墙,高高在上的祭坛,虽经历了五千年历史岁月的无情侵蚀,却依然生动地再现了鄂尔多斯地区人类文明社会前夜的动荡、激昂、神秘与惨烈。牢固的围墙,已奠定了中国文明社会坚实的根基;祭祀神灵的牺牲摆放在高大祭坛上的祭器里;神秘的特权人物——王者或巫师,挥舞着手里的法器,口中念念有词,传递着人与上天的对话。祭坛下的山谷间,人头攒动,呐喊声声,一场为了生存与发展的战争剑拔弩张,一触即发……人类社会就是在这样的喧嚣声中,一步步由新石器时代迈向青铜时代的门槛,并不断向更高的社会发展阶段迈进,而鄂尔多斯的古代人类自新石器时代中期开始,便一直处在这个势不可挡的历史发展洪流的潮头,奋勇向前。这就是我们透过这个在地下湮没了五千余年的古人类文化遗址,对鄂尔多斯地区的远古文化在中华文明形成和发展过程中的核心地位、在中西文化交融中所发挥的独到作用的新认识(图26)。

图26 寨子圪旦遗址远眺

八、鬲瓮溯源 文明寻踪

前文所述苏秉琦先生一首诗中的"斝""瓮"指的就是鄂尔多斯地区古代先民率先发明并使用的斝式鬲和三足瓮这两种器物。在距今7000~5000年间,发源于陕西华山脚下以仰韶文化庙底沟类型为代表的古人类集团,沿着黄河、汾河和太行山山麓北溯扩张,在推进至今天山西、河北北部桑干河上游至以鄂尔多斯为中心区域的内蒙古河曲地带,同东部发源于燕山北侧大凌河流域的红山文化碰撞，实现了"花"（即庙底沟类型的代表性装饰图案玫瑰花）与"龙"（即红山文化代表性器物玉猪龙）的结合后，又同河曲地区的海生不浪文化结合产生了三袋足器。这一系列新的文化因素在距今5000～4000年间又沿汾河南下，在晋南地区同来自四方（主要是东方、东南方）的其他文化再次结合，诞生了以陶寺文化为代表的中国早期文明，正式掀开了中国文明社会的历史帷幕。正是这一历程，引发了由中华远古文化中最为发达的原始农业为基础且最具中华民族文化特色的诸多"火花"相互碰撞，最终燃起了中华文明的熊熊烈火，不但影响面最广、最为深远——大致波及中国远古时代所谓"中国"的全境，而且从某种意义上讲，也影响了中华五千年文明史的全过程。通过这首诗，苏秉琦先生不但高屋建瓴地点明了北方地区在中国古代社会中所处的重要地位，高度概括了北方古代文化在中华文明起源、发展历程中所做出的巨大贡献，而且还首次利用考古资料，揭示了构建中华文明的核心因素和文明起源、发展的具体历程。而最终奠定苏秉琦先生这个真知灼见落地生根的，同样是由于属于海生不浪文化的喇叭口尖底瓶（西瓶）和它的发展型——属于阿善文化的喇叭口圜底瓶（图27），以及属于老虎山文化的斝式鬲、三足瓮等自成一系的独特制作工艺在鄂尔多斯地区发展、发生的全过程。

图27 喇叭口圜底瓶

在构成中华早期文明的核心成分中，有一种生活器皿至关重要，即陶鬲，它不但是当时人们日常生活中所使用的最主要的炊具，而且是祭祀等重大社会活动中所使用的最重要的器皿之一，最终构成了中国夏、商、周奴隶社会至高无上的礼制核心。鬲是距今4600～4300年前生活在鄂尔多斯地区永兴店类型的居民率先发明并广泛使用的一种炊器。随着人类熟食程度的不断提高，早年的夹砂罐炊具已经越来越满足不了人们日常的生活所需了。永兴店类型的居民们受来自中原地区的炊器——釜形斝的启发，将喇叭口圜底瓶的制作工艺和夹砂罐有机结合，形成了一种新的、具有三个袋足的炊器——斝式鬲，并进一步扩大袋足的容积，使之演化为鬲，同时衍生出敛口直腹甗、三足瓮等，构成特色鲜明的三袋足器系列。鬲的使用，最大限度地增大了炊器的受火面积，充分利用了热能源，是炊器发展史上的一次革命，成为影响整个黄河流域纵贯铜石并用时代、青铜时代近三千年的主流炊具。另外，鬲并不仅仅因是与人们日常生活关联最密切的炊具而备受关注，它那具有三个硕大垂乳状袋足的特殊形态，或许早在发明之初，就被赋予了人们深深的寄托情结——使之成为祭祀等重大社会活动使用的神圣器皿，并最终成为以鼎、鬲为代表的古代中华文明的重要核心（图28）。

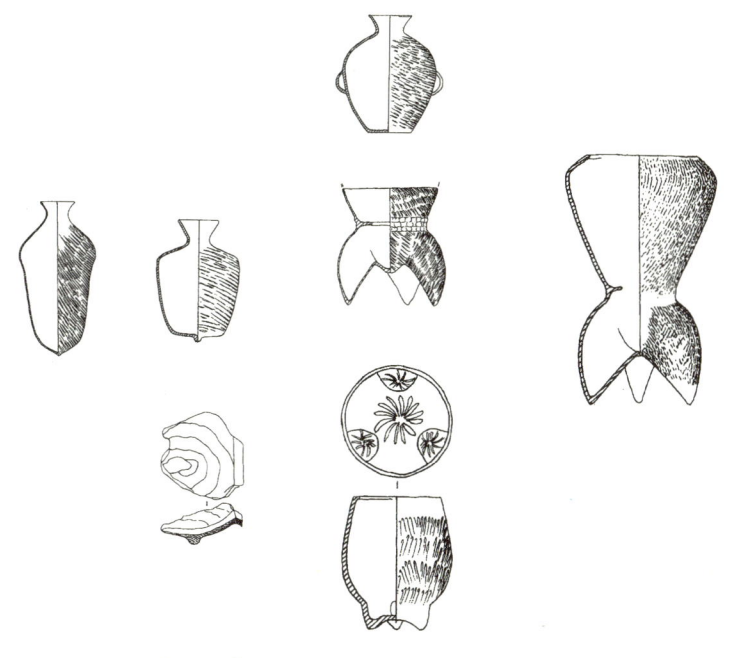

图28　永兴店文化（类型）部分陶器形象

目前人们对于包括鄂尔多斯地区在内的中国正北方（内蒙古中南部）原始社会末期的历史，以及该地区在中华文明形成与发展历程中应处地位等的认识，主要是基于老虎山文化、永兴店文化（类型）等一系列考古发现与研究成果。

老虎山文化以内蒙古乌兰察布市凉城县老虎山遗址的发现而命名，主要分布于内蒙古中南部地区，年代距今约5000~4000年。

老虎山遗址位于乌兰察布市凉城县永兴镇北5千米的老虎山南坡，自

1982年起，由内蒙古自治区文物工作队著名考古专家田广金带队，在这里进行了系统的田野考古调查和发掘工作。遗址四周有石砌围墙环绕，平面形制不大规整，略呈三角形，总面积约13万平方米。经发掘和铲探查明，遗址内的遗迹分布在高低不等的几级台地上，每个台地上的房子以二三间为一组排列，门多向东南。在石墙外西南方发现有大片窑址。清理房址70座、灰坑38座、窑址6座、墓葬8座。出土陶器481件，石器214件，骨、牙、角器共16件。根据地层堆积和文化特征，该遗存可分为早、晚两期，早期时代比庙底沟二期文化稍早，晚期与之相当，早晚两期发展一脉相承，因具有鲜明的文化特征而被命名为老虎山文化。

从1986年开始，考古工作者又陆续在老虎山遗址周边，调查发现了西白玉、狐子山、板城、园子沟、合用窑等与老虎山文化时代、面貌、性质相同的遗址。

老虎山城址是一处保存完整、布局清楚、功能齐全的聚落遗址，对于探讨该地区原始社会末期的社会形态、文化性质等，提供了全新的重要资料。老虎山遗址发现的石筑墙垣，系当时全国考古发现时代最早的城垣建筑之一，虽然它还不具备正规城市建筑的特色，但是已经具备了城市的雏形，堪称城市建筑的发源地之一，为探讨我国城市的起源提供了新的资料。我国著名考古学家苏秉琦先生认为，老虎山遗址中石头垒的城堡、祭祀台，烧制的白灰敷壁、形制规范的火塘等种种遗迹表明，当时的社会组织已迈入"古国文明"阶段，其发展程度与其他文化地区相比，处于领先的地位。老虎山文化的另一重要之处，便是在此发现了当时全国唯一完整的斝—鬲体系文物的发展环节，从尖底斝至圆底斝及斝式鬲无一缺少，这为探讨鬲的起源及发展提供了极其珍贵的标本。老虎山文化的石城聚落群和斝式鬲诞生后，积极向南和向东发展，促进了这些地区方国的形成和发展。具体表现为：向南沿汾河谷地南下，首先占据晋中盆地以北地区，再向南直接影响了陶寺古国文明的出现，北方鬲在陶寺遗址中占有的重要位置便很好地说明了这一点。向东，老虎山文化的石城聚落群及伴随的鬲形器，经张家口地区影响到夏家店下层文化，对于推进夏家店下层文化石城聚落的迅速崛起，发挥了巨大的作用。

老虎山文化的发现和确认，开启了内蒙古中南部史前社会考古的新纪元，为我们认识和理解北方地区文明前夜的社会状况提供了珍贵资料。

20世纪80年代后期鄂尔多斯地区陆续发现的以准格尔旗铁孟沟、寨子塔、二里半、永兴店、白草塔等遗址为代表的遗存，与老虎山文化具有许多相似之处。学术界有人把它们归属于老虎山文化，称之为"老虎山—永兴店文化"或"永兴店类型"。但也有学者认为两地的这类遗存异性大于共性，应该分属于不同的考古学文化谱系，故有"永兴店文化"的命名。

永兴店文化（类型）以准格尔旗哈岱高勒乡永兴店遗址的发现命名。永兴店遗址位于准格尔旗哈岱高勒乡张家圪旦行政村永兴店自然村西南的山梁上。1990年为配合准格尔煤田建设工程进行了考古发掘。遗址面积约1.5万平方米，发掘面积1300平方米，文化堆积厚约1米。发现居住房址4座，倾倒垃圾的灰坑（多为废弃的贮存粮食、物品的窖穴）74个，灰沟3条，墓葬5座。房址均为平面呈圆角方形或长方形的半地穴式建筑。墓葬为长方形竖穴土坑墓，单人葬，仰身直肢，头向西北。出土遗物有泥质灰陶斝、篮纹高领罐、双耳罐、豆、尊，夹砂灰陶绳纹鬲、甗、盉，石斧、石刀、石铲、骨锥、骨凿、骨簪、骨针，陶刀、陶纺轮、陶抹子等，还发现有非常少见的玉环、有烧灼痕的卜骨。

永兴店遗址是一处文化面貌比较单纯，属于距今约4500年新石器时代晚期龙山文化早中期的古人类聚落遗址。由于其时代、文化面貌与老虎山文化有较多相似性，但自身又有一定特殊性，因此被称为老虎山文化"永兴店类型"或"永兴店文化"。

白草塔遗址位于准格尔旗窑沟乡白草塔行政村荒地自然村东南约1千米的黄河岸边。1990年7~8月，为配合丰（镇）—准（格尔）铁路建设工程，由内蒙古自治区考古研究所进行了考古发掘。发掘清理面积约700平方米。该遗址包含海生不浪类型、阿善文化（阿善三期类型）晚期、永兴店类型及战国四个历史时期的文化遗存，以前三个历史时期为主，是鄂尔多斯地区一处十分重要的延续时间长、遗存内涵丰富、保存程度较好、具有完整聚落形态的新石器时代晚期古人类活动遗址。

永兴店文化（类型）遗存是白草塔遗址发掘的主要收获。在该遗址中，单把斝和单把鬲共存，带领大袋足正装錾手鬲的形态也不同，具有明确的进一步分期的依据，而且由于出土完整器物比较多，敛口瓮和敛口甗、单把斝和单把鬲、正装錾手大袋足鬲、夹砂陶五花大绑附加堆纹直口缸（平口瓮）等器物的发展序列在该遗址展现最为完美（图29、图30）。因此它不但在时

图29 双錾手大袋足鬲　　　　　　图30 斝

代上填补了永兴店遗址的上限与凉城老虎山文化上限的缺环，与永兴店形成互补，进一步完善了鄂尔多斯地区永兴店文化（类型）的时空序列，而且也是本地区永兴店文化（类型）遗存类型学研究的重要标杆。

二里半遗址位于准格尔旗哈岱高勒乡二里半村南，地处哈岱高勒乡北岸一道呈南北走向、长约1千米的山梁上，被东西走向的古城梁沟隔为两部分，面积分别约4万和2万平方米。该遗址分别于1978年、1986年和1987年，由内蒙古自治区文物考古研究所进行了三次发掘。二里半遗址在鄂尔多斯地区属于较为少见的规模较大、文化层堆积厚、遗迹丰富且保存较好的遗址，也是鄂尔多斯地区历年来发掘规模最大的考古发掘项目之一。

二里半遗址主要文化内涵为阿善文化和永兴店文化（类型）遗存，尤其是永兴店文化（类型）的遗存不但时代较为单一，器物组合较完整，矮领錾手斝（鬲）、单把斝、甗、盉、侈沿花边口夹砂罐、大口夹砂罐、敛口瓮、直壁缸、高领罐、单耳罐、浅盘镂空高柄豆、敞口盘等属于永兴店文化（类型）基本组合的器物一应俱全，而且部分器物在阿善文化阶段遗存中可以找到祖型器（图31、图32）。该遗存不仅搭建了永兴店文化（类型）早期与阿善文化过渡的桥梁，还极大丰富了自身内涵和发展脉络，在研究该文化的起源、发展历程中，和永兴店、白草塔遗址等形成了很好的互补。特别是在该遗址中发现的数量较多并可复原的单把斝，从宽分裆到近似连裆，自成体系、一脉相承，对于探讨该地区单把鬲的起源和发展，具有十分重要的意义。

图31 三足陶瓮　　　　图32 花边陶鬲

二里半遗址 M1 出土的红铜环，是内蒙古中南部地区迄今所见时代最早的铜器。该遗址出土的永兴店文化（类型）的带有前后套间的半地穴房址（局部白灰面），是本地区所见时代最早者。该类型的房址在岱海地区老虎山文化和宁夏海原菜园等遗址都有发现。

另外，遗址被名叫"古城梁沟"的冲沟隔断。"古城梁"因何得名，该遗址是否有城墙，虽然考古发掘简报对此未予说明，但鄂尔多斯市文物考古研究院在后期实地调查时，于遗址Ⅰ区北部制高点发现有残存的夯土墙遗迹，在Ⅲ区制高点发现有圆柱状夯土建筑。这些夯土墙遗迹与该遗址是否有或有怎样的必然联系，还有待今后的工作来解答。

洪水沟遗址位于准格尔旗哈岱高勒乡城坡行政村洪水沟自然村黄河岸边的台地上，面积约 2 万平方米，1998 年由内蒙古自治区文物考古研究所进行发掘，发掘面积约 850 平方米。

该遗址的主要遗存属于永兴店文化（类型），是一处面积较大、文化内涵较为丰富、保存较好的原始社会末期聚落遗址。其中出土的矮领大袋足鋬手宽裆鬲（斝式鬲）属于分裆鬲阶段。另外，斝、盉、甗等的形态也比较早，明显属于永兴店文化（类型）的早期阶段（图33）。该遗址同一器类存在较多的形式，揭示其延续时间较长，具有较大的分期空间。特别值得注意的是，这里出土的矮领大袋足鋬手鬲，属于侧装双鋬手鬲，与永兴店遗址出土的正装双鋬手鬲不同。按照张忠培先生的观点，鄂尔多斯地区永兴店类型所使用的矮领大袋足正装双鋬手鬲不可能源自时代与之衔接的官地四期遗存，而是来自晋中杏花矮领大袋足侧装双鋬手鬲系统，是杏花文化移植于鄂尔多斯地区后演变出来的硕果。该遗址龙山阶段遗存出土的陶器绝大多数与以永兴店、白草塔等遗址为代表的永兴店类型无异，属于典型的该文化系统。如此，该遗址出土的矮领大袋足侧装双鋬手鬲，就成了揭秘永兴店、白草塔等遗址正装双鋬手鬲来源的关键所在。因此，洪水沟遗址在全面解读永兴店类型的面貌、构成等研究领域，具有十分重要的地位，应给予高度关注。

图33 陶甗

主要发现于鄂尔多斯南流黄河西岸的永兴店（文化）遗存，上承当地具有鲜明特征的阿善文化，与相当于夏商时期的朱开沟文化有着大量的亲缘关系，其承袭、延续发展脉络清晰可辨，在研究整个内蒙古中南部地区原始社会晚期及青铜时代早期历史领域具有十分重要的地位。该文化的居民不但开辟了本地区社会发展的新纪元，正在或者已经迈向了文明社会的门槛，而且对周边地区也产生了巨大、深远的影响。

石峁遗址位于陕西省榆林市神木市，曾因采集到大量龙山时代玉器而享誉学界。2011年，陕西省考古研究院首次通过地毯式考古调查，确定该遗址是一座面积超过400万平方米的由外城、内城、宫城三重构成的龙山时代超大型石城聚落遗址。2012年以来的发掘资料进一步表明，石峁遗址的文化面貌便属于永兴店文化（类型），年代为距今4300~3700年，沿用了约600年。石峁遗址的外城、内城和宫城东面各有一座结构复杂、体量宏伟的大型城门。城防设施包括石墙、墩台、马面、门塾、瓮城等建筑遗迹，而核心区的皇城台城门外更有规整的大型广场。出土了大量具有早期礼制色彩的遗物，包括礼玉、陶鹰、壁画、石范、石雕像和铜器等，并出土了一批龙山时代不同规格的篮纹筒瓦。这些因素足以证明石峁城址在中国北方地区的核心地位，对研究中国文明起源和社会复杂化进程具有不可估量的价值。

九、问道朱开沟

在鄂尔多斯市伊金霍洛旗纳林陶亥乡东北，有一个由寥寥3户农家组成的自然小村——朱开沟村。这里地处鄂尔多斯中东部，丘陵起伏、沟壑纵横、交通闭塞、人烟稀少，自然环境极为恶劣——水土流失严重，土地荒芜贫瘠、植被稀少。居住在这里的人们，祖祖辈辈外出都是靠步行或骑小毛驴。然而，就是这样一个鲜为人知的深山幽僻小村，在1984年的夏季，却被频繁进出的各类大小车辆及熙熙攘攘的人群打破了常年的静寂。朱开沟，这个既寻常又陌生的字眼，以及以这个名不见经传的小山沟命名的崭新的考古学文化——"朱开沟文化"也随即登上了各类媒体的舞台，并引起了国内外专家学者的浓厚兴趣和广泛关注。枝头栖息的鸟儿在喧嚣的嘈杂声中直飞云天，疑惑地望着这片古老、熟悉的土地，因为这里从来没有出现过如此众多的人流；汽车引擎的轰鸣声惊得离穴外出觅食的野兔一阵狂奔，惊魂未定地回头张望那些来来往往奔跑的、不知打何处钻出来的神奇怪物。是什么打破了这里往日的宁静？又是什么吸引了人们纷纷踏上这块默默无闻的、表面看上去与周围荒瘠的土地毫无异样的大地？原来，这一切变化都源于在这个普普通通的小山沟里发现的一处被历史湮没了4000多年的古人类居住遗址。它的发现，不但填补了鄂尔多斯地区夏商阶段考古学文化的空白，破译了一段延续800年的、鲜为人知的鄂尔多斯古代历史，而且开启了现代人与朱开沟人对话的窗口，古老的朱开沟人正是通过这个时空隧道，一步步走入我们的视野（图34）。

朱开沟遗址位于内蒙古自治区鄂尔多斯市伊金霍洛旗纳林陶亥乡朱开沟村（朱开，蒙语"心脏"的音译名，亦写作珠儿开或朱日很），地处鄂尔多斯高原东部。朱开沟水自东北向西南流，至纳林塔注入书会川，再向南流进牸牛川、窟野河，后汇入黄河。遗址分布在沟壑纵横的朱开沟沟掌处，在东西长约2千米、南北宽约1千米的范围内，都有遗迹分布。

朱开沟遗址于1974年被发现，1977年首次被发掘。随着对朱开沟遗

图 34　朱开沟遗址地貌

址研究工作的不断深入，以及沿北纬 40° 的内蒙古、晋北、冀北、辽西等中国北方长城沿线地带夏商考古工作的逐步开展，朱开沟遗址的重要性愈显重要。为了进一步深入探索内蒙古中南部，尤其是鄂尔多斯地区龙山时代至青铜时代考古学文化的性质和发展序列，以及朱开沟遗址大量出土的三足瓮、蛇纹鬲等器物与鄂尔多斯青铜器的关系等问题，分别于 1980 年、1983 年和 1984 年，又对朱开沟遗址进行了三次发掘。特别是在 1983 年的发掘过程中，获得了梦寐以求的惊喜发现，即在遗址晚期的墓葬中，发现了时代最早的鄂尔多斯式青铜短剑、青铜刀及随身佩戴的青铜装饰品等。这些重要发现，驱散了笼罩在探讨中国北方游牧经济的起源及鄂尔多斯青铜器起源等重大研究课题上的团团迷雾，使这一领域的研究工作向前迈出了坚实的一大步。

四次发掘面积共约 4000 平方米，共发现居住房址 83 座、灰坑（或窖穴）207 个、墓葬 348 座（含瓮棺葬 19 座），出土可复原陶器 510 余件、石器 270 余件、骨器 420 余件、铜器 50 余件（图 35、图 36）。另外，还采集了大量陶器标本和可供鉴定种属的动物骨骼标本等。根据对出土遗迹、遗物的综合分析可知，朱开沟遗址的时代上限约相当于距今 4200 年的龙山

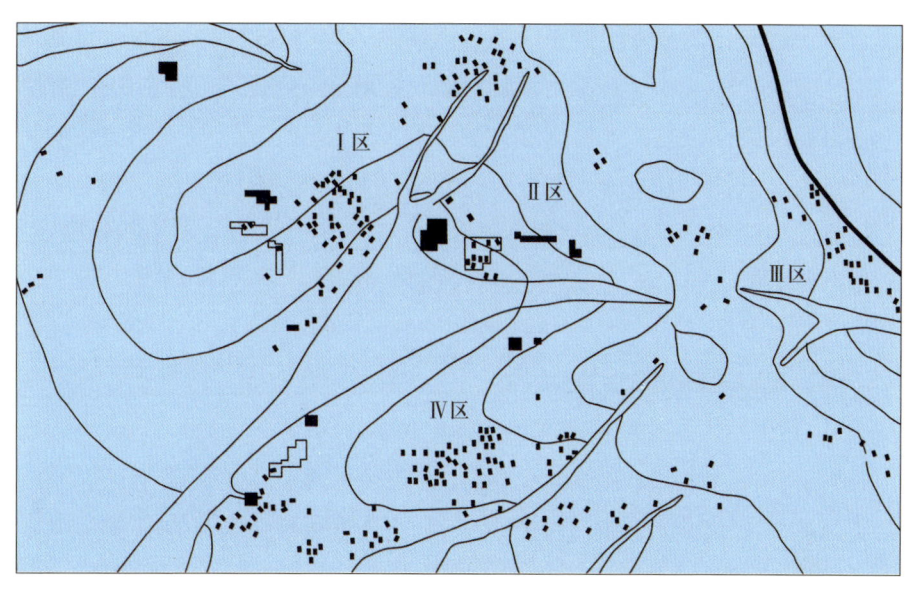

图35 朱开沟遗址遗迹分布图

图36 朱开沟遗址出土的房址

时代晚期,下限约相当于距今3500年的商代前期,整个遗址前后延续了约800年。朱开沟遗址延续时间长,内涵丰富,特征鲜明,为探讨内蒙古中南部地区的古代历史提供了珍贵的实物史料。由于朱开沟遗存的重要性和特殊性,学术界将以朱开沟遗址为代表的遗存,命名为"朱开沟文化"。

朱开沟文化的分布地域是以鄂尔多斯地区为中心的内蒙古中南部地区为主，向南大体分布至吕梁山至晋中以北和陕北地区，向北到阴山山脉脚下，东界可能在张家口地区附近，往西可至贺兰山东麓。朱开沟文化的集中分布地区虽然不算十分广阔，但向四周地区的渗透力却极强，显示了该文化强大的生命力。至商代晚期，活跃在整个中国北方长城沿线地带的，便是由以该文化的主体因素构成的众多文化集团。

十、解读朱开沟文化

朱开沟文化的发现和确认，极大地推动了内蒙古中南部地区原始社会史和中国古代北方民族史的研究工作，其重要性主要体现在如下几个方面。

（1）4200年前，在以鄂尔多斯地区为中心的广大区域内，一支以仰韶时代晚期（大约距今4500年）以来在本地区延续生存、发展下来的人群为主体，同时也吸收、结合了部分来自周邻地区人类群体的文化因素共同构成的人类集团——朱开沟人，创造了包括鄂尔多斯在内的中国北方地区原始社会末期的辉煌历史篇章，在中华文明的构建和发展史上，产生过极为深远的影响。他们的社会经济主要以发达的农业经济为主，同时拥有家畜养殖业、手工制造业、酿酒业等，晚期已掌握青铜铸造技术。当时社会的私有制已经产生，贫富分化已较为显著，男性对女性行使的权力，已远远超出了夫权的范畴。种种迹象表明，朱开沟人的社会发展阶段，应处于父权制高度发达的军事民主制的后期阶段，绝不逊色于中原地区同时期人类集团的发展进程，已跨入文明社会的门槛。商代甲骨卜辞中经常出现的位于北方的诸方国，就包括以朱开沟人为代表的人类集团。这就是朱开沟文化揭示给我们的鄂尔多斯地区原始社会末期鲜为人知的历史内幕。

（2）随着公元前2000年前后西部干冷气候的东侵，在广袤的中国北方大地上生活、繁衍的古代原始农耕民族，又一次经历了严酷的自然灾难。众多的部族只能依照世世代代沿袭下来的传统方式，忍痛放弃赖以生存的土地，无可奈何地踏上漫漫迁徙之路，去寻求新的生存空间，而以朱开沟人为代表的人类集团，则凭借着他们以原始农业、家畜养殖业、制陶、制骨等手工业为代表的雄厚的社会经济实力，以及这种先进的社会发展进程下营造的聪明才智和顽强的顺应自然环境的能力，在越来越不适宜农业生产发展的自然条件面前，适时转变土地利用方式和经济形态，与大自然顽强抗衡。在传统的依赖原始农业为主导的社会经济基础上，不断加大家畜养殖，特别是牛、羊等食草动物的饲养程度，经济形态由单纯的农耕经济向半农半牧转变，其最终结果虽然未能使社会进程像中原地区的华夏诸族一样共同迈入文明社会的门槛，却率先完成了人类历史上的这一次社会大分工。这也是通过朱开沟文化告知世人的鄂尔多斯地区的古代文明为人类社会的发展做出的杰出贡献。

（3）经济形态的转变，必然导致人们生活习俗的改变，自然也导致了代表当时人类集团文化载体的考古学文化面貌的改变。这一改变的标识物便是最具北方游牧民族文化特征的鄂尔多斯青铜短剑、青铜刀、蛇纹鬲、砂质带纽罐等器物的出现（图37）。也正是由于这些变化，才引出了中原华夏诸族与北方民族的分野，以畜牧业为社会主导经济的中国北方民族，从此正式登

图37 朱开沟遗址出土的蛇纹鬲

上了世界历史的大舞台。这又是首次透过朱开沟文化折射出的、以鄂尔多斯青铜器为代表的中国北方畜牧—游牧民族起源、发展的历程。

朱开沟，一个貌似平常、名不见经传的小山沟，无人料到这里竟孕育出了中国北方地区原始社会末期最兴旺、发达的古代文化。朱开沟，一个延绵起伏、崎岖坎坷的小山沟，谁人知晓这里居然铺垫出了中国北方游牧民族登上中国乃至世界历史舞台的平坦大道，点燃了北方游牧民族征战历史的星火之源。这就是朱开沟文化在中华文明发展历史中鲜为人知的独特地位，也是朱开沟的神奇所在，更是朱开沟独具震撼力的根源所在。

四千多年前，在朱开沟编织出这样一番轰轰烈烈场景的人，究竟是些什么样的人？他们从哪里来？他们的社会发展什么程度如何？他们在鄂尔多斯的人类历史上创造了怎样的辉煌？是什么原因令风光无限的朱开沟人

突然之间销声匿迹？他们的子孙又到哪里去了呢？

（一）朱开沟部落的人员构成

中国社会科学院考古研究所体质人类学专家潘其风先生在《朱开沟墓地人骨的研究》报告中称："据形态观察和测量统计分析的结果，朱开沟遗址古居民的体质特征属单一的蒙古人种，与东亚（远东）蒙古人种最接近，同时扁平的面部等特征也含有某些北亚蒙古人种的因素。"[1] 这样就对朱开沟人所属的大的人种进行了准确的界定。另外，潘先生特选择了华北和内蒙古地区发现的14组古代居民的体质特征进行了比较，结果是："朱开沟古居民的体质特征与同时期华北地区以农业为主的各考古学文化的古居民的关系较亲近，而与代表游牧文化的古居民关系较疏远。"[2] 另外潘先生还指出，通过对朱开沟人颅骨的种族特征观察可以看出，"朱开沟人的组成并非单纯的，可能为多人种类型的复合特征"，尽管在朱开沟文化的不同阶段，居民的体质特征存在一定的差异，甚至有些差异还比较大，但这些差异并没有超出同种系的变异范围。

朱开沟遗址拥有一个由近40类约90种陶器组成的庞大的器物群，绝大多数陶器的自身发展脉络都较为清晰。考古学家们在对这些器物进行类型学分析的基础上，就每一种器物的发生、发展轨迹进行纵向和横向的剖析与研究，将朱开沟遗址陶器群中的主要器物划分为渊源不同的四组，分别为承袭于内蒙古中南部地区龙山时代的文化因素，来源于陕西关中、宁夏、甘肃东部地区的文化因素，来源于晋中、晋南、豫西等地区的文化因素和源于豫北等地区的文化因素。通过对这四组文化因素在朱开沟陶器群中自身的发展脉络及所占比重，最终确定朱开沟人的主体成分是由生活在本地区龙山时代的古人类集团分化而成的。他们在组成朱开沟人的早期阶段，曾融入了部分来自太行山、吕梁山地区的古人类成员，并共同构成了稳定的朱开沟部落。在以后漫长的发展进程中，朱开沟部落还受到了来自宁夏、甘肃东部地区、晋中、晋南、豫西等地区同时期古人类的影响。这

---

[1] 潘其风：《朱开沟墓地人骨的研究》，《朱开沟——青铜时代早期遗址发掘报告》，文物出版社，2000年。
[2] 潘其风：《朱开沟墓地人骨的研究》，《朱开沟——青铜时代早期遗址发掘报告》，文物出版社，2000年。

种影响有的是人员的直接介入，有的是文化上的吸纳，有的则是通过互市交往或战争等活动的传播。尽管这种传播影响的成分很多，有的时候还比较强烈，但都没有对朱开沟人的主体文化特征造成太大的影响。

通过对朱开沟遗址出土的器物进行的类型学文化因素分析，其结果不仅验证了体质人类学研究的结论，而且进一步勾勒出了朱开沟人800余年间不同历史时段的人员构成情况及发展进程。朱开沟人在漫长的发展过程中，和周邻地区的古人类集团不间断地发生着不同程度的交往。这种长期的交往，不仅沟通了各部落集团之间的联系，增强了相互间的信息传递与反馈，丰富了各自的文化内涵，同时，由于新鲜血液的不断输入，也使得各自的生命力更加旺盛，加速了自身的发展进程。另外，鄂尔多斯特殊的地理位置，又导致了生活在这里的古代居民，较其他地区的古代先民保持了较多的独立性，形成了自己的鲜明特色，特别是对于一些传统文化习俗的固守方面，表现得尤为明显。但正是这样的一些固守，才使得我们对于他们最古老的原貌窥探得更仔细，对于他们的发展进程剖析得更具体。

（二）朱开沟人的社会经济

朱开沟人的祖先，一直从事的是以农业为主的社会经济。因此，他们一踏上这块新的土地，便开始了他们驾轻就熟的农业生产。娴熟的生产技艺，良好的生态环境，使他们的农业生产经济很快就发展到一个崭新的境地。这从朱开沟遗址发现的生产工具中以石斧、石刀、石镰、石铲、石磨盘、石磨棒、骨铲等适宜于农业生产和农作物加工的工具数量最多，以及制作的精美的鹿角锄等中耕农具上可以得到直接的验证。随着农耕经验的积累和技术的改进，朱开沟人已懂得如果对土地进行适当的松土和锄草，则可以改善通风和透光条件，使农作物更利于吸收水分和养料，促进农作物生长，达到提高产量的目的。于是便开始定期进行中耕，鹿角锄等正是伴随中耕技术的出现而应运产生的农具。据遗址中发现的粮食作物碳化物的检测可知，当时北方地区农作物的种类主要是粟、黍、稷等，也就是今天的小米、糜子米等旱作作物。

通过对朱开沟遗址发现的农业生产、农作物加工等工具的种类及数量，位于人们居住的房屋之间的数量众多、形制规整的贮存粮食的窖穴，以及家猪养殖业、酿酒业的发展程度和规模等的综合分析可知，朱开沟人的农业生产应处于相当高的发展阶段，其产品不但可以满足当时人们的日常食用并有相当规模的储存以备不测，而且还可以拿出一部分剩余产品用于家猪养殖、酿酒和交换。也正是由于农耕技术的提高，农业经济的高度发展，使每个人（家庭）的劳动除了能够满足自己的最低生活需求外，还能提供一定的剩余产品，从而促进了社会分工和商品交换，进一步推动了制陶、家畜养殖、酿酒、青铜铸造等手工业生产部门的兴起和发展，不但极大地提高了人们的物质生活水平，而且促使了社会物质交换、商品意识等的加速产生，进而推动了社会生产力水平的整体进步。

家畜养殖业的出现，也是社会生产力发展、生产资料有所剩余后的产物，它的发展与兴盛从另一个角度直接反映了当时社会经济的发展程度。在朱开沟遗址的发掘工作中，考古工作者提取了大量的动物骨骼。经北京大学考古系鉴定，这些动物以家畜为主，约占动物总数的85%，种类主要有猪、羊、牛。由此可见，朱开沟人的家畜饲养在当时社会中仅次于农业的另一大社会产业部门——养殖、狩猎业中，已占据绝对的主导地位。

猪是一种适于圈养的杂食动物，家猪养殖业的发展程度如何，很大程度上取决于当时农业生产发展水平的制约。朱开沟遗址发现的猪的数量，占各种动物数量之首，而且从当时盛行殉葬猪下颌骨作为墓主人生前拥有财富的象征，亦足可见猪在当时社会经济中的重要地位及家猪养殖业的发展程度和规模。由此也不难揣测家猪养殖业赖以生存的农业生产的发展水平如何。

朱开沟遗址发现的羊骨，据鉴定绝大多数为绵羊，它的上、下齿列和肢骨的大小，都与河南安阳殷墟发现的商代的羊或现代的家养绵羊相似，羊的死亡年龄以1～2.5岁的青壮年羊为多数，约占77%，老年羊仅占13%。朱开沟遗址发现的牛的肢骨特征与商代的短角牛及现代的黄牛相似，而与更新世晚期的原始牛差距甚远。另外，在发现的牛骨中，小于2岁的幼年个体数约占总数的41%，幼年个体所占比例之大，也与自然界中野生动物年龄组和比率明显不同。因此，朱开沟遗址发现的羊和牛，据骨骼特征和死亡年龄等综合分析，也都属于当时的人类饲养的家畜。牛和羊是一种适宜于放养的动物，要放养这些动物需要有专人照管。据统计，牛和羊的个体数约占动物总数的50%，这个统计数据不仅反映了当时牛、羊的养殖在家畜养殖业中所占的比重，表明此时的畜牧业已发展到相当的程度，进而亦可推测，在朱开沟人生活的阶段畜牧业和农业可能已经产生了一定的分工，这对丰富和发展社会经济无疑具有较大的推进作用。特别是到了朱开沟人的后期阶段，牛和羊的个体数已经大大超越了猪的个体数，表明此时朱开沟人传统的农业经济已受到新型的畜牧业经济的强烈冲击，以牛、羊为代表的畜牧经济正逐步取代以猪为代表的农业经济在社会中的主导地位，半农半牧的经济格局正在形成。这一点通过遗址内房址和灰坑的数量、分布密度，墓葬中的埋葬习俗及生产工具的种类、日用生活器皿种类的变化等方面，都有所反映。

由于在朱开沟遗址发现的动物骨骼中，野生动物的数量约占近12%，可知狩猎业在当时的社会经济中，仍占有相当的地位。朱开沟人狩猎的武器主要是弓箭，在发现的箭头中有两件带有明显的烧灼痕，有可能就是射入猎物体内的箭头在烧烤兽肉时留下的痕迹。当时狩猎的主要对象是马鹿、双峰驼、狍、青羊等食草动物及鸟类，偶尔也能猎获到一些凶猛的野兽，如豹子、熊等。

朱开沟文化的制陶业十分发达，已成为社会经济中的一个重要的部门，这不但表现在陶器数量众多、种类齐全，炊、饮、食、盛贮等器类应有尽有等方面，而且陶器的形制复杂、制作工艺高超，为前人所远远不及。另外，从朱开沟遗址发现的一些形制十分规整划一的陶器（如部分高领罐、方格纹单把鬲等）也可以看出，朱开沟人正在逐步走出传统的一家一户、自产自给的陶器制作的范畴，已经存在着部分专门制作陶器的工匠或作坊（图38）。专业陶工的崛起，不但意味着社会分工已经出现，而且也是社会发展到一个新的历史阶段的产物。

酿酒业的兴起和发展，应该建立在农业生产高度发达的基础之上。朱开沟遗址不但发现了数量众多的盉、长颈壶、四足方杯、三角杯、小圆杯等应该作为酒具的器物，而且从这些酒器已成为墓葬随葬品中的重要组成部分来看，饮酒已经成为朱开沟人日常消费活动中的一项不可缺少的内容（图39）。由此可见，朱开沟人的酿酒业即使尚未分化成独立的产业部门，其发展程度也已达到了相当的规模。

青铜器的铸造和使用，既是社会生产力高度发展的结果，也是社会进入新的历史阶段的标志。从朱开沟文化的中期开始，便出现了一定数量的耳环、指环、臂钏、针、锥等青铜质地的装饰品和小型工具。到晚期时，除了

图38 朱开沟遗址出土的方格纹单把鬲　　图39 朱开沟遗址出土的陶盉、陶杯

上面的青铜制品外，还出现了戈、短剑、刀、镞、鍪、护牌等青铜兵器、工具、饰牌及鼎、爵等青铜容器（图40、图41）。从目前发现的情况来看，这些青铜器中，除了鼎、爵等青铜容器具有浓郁的中原商代二里岗文化的特征，应该是属于通过战争、商品交换等手段得来的"舶来品"外，其他青铜器均具有浓郁的地方特征，应该是在本地铸造的。尽管到目前为止，在朱开沟遗址还没有发现有关冶炼、铸造青铜器的直接证据，但是从遗址内发现有铸造青铜器的石范、青铜短剑、青铜刀等的形状与遗址中发现的同类骨器风格相同等方面不难推测，朱开沟遗址发现的青铜器理应出产自本地区。

尽管朱开沟文化发现的青铜器的数量还不是很多，种类也较为单一，还远无法取代石、骨器等在社会生产活动中的主导地位。但是，作为生产力高度发展基础上产生的一个新型的产业部门，它的出现无疑对于社会的发展进程具有极大的推进作用。此外，鼎、爵等青铜礼器的使用，也从另一个侧面反映了当时的社会制度较以前所发生的变革。

图40 朱开沟遗址出土的虎头内青铜戈

图41　朱开沟遗址出土的青铜短剑、青铜刀

由于农业生产的高度发展促进了制陶、制骨、家畜养殖、酿酒、青铜制造等行业的兴起和发展，不仅丰富和提高了人们物质消费的项目和水平，同时也激发了人们的商品意识，加速了社会的物质交换、商品交换及与周邻地区社会集团的交往等——朱开沟遗址发现的海贝等，就应该是这一方面的反映。而所有这些又反过来促进了社会生产力整体发展水平的提高，变革了人们的意识观念，推动了社会的发展进程。

（三）朱开沟人的社会组织

朱开沟遗址发现的房屋，多数面积在6~12平方米，这样的面积最适宜4~8个人居住使用。房屋的周围，大多发现有存贮物品的窖穴。在废弃的房址内，既发现有用于消费的生活用具，同时也发现有各类生产工具。因此，这些房屋所代表的家庭，应该是一个自产自给的个体家庭。考虑到房屋的面积，加之墓葬中以男性为本位的异性双人合葬墓的主宰地位，可以肯定这样的家庭应该是一个以男性为主导的，由妻子、子女共同组成的父系氏族社会一夫一妻制下的个体家庭。

通过对墓葬分布、排列情况的分析我们也可以看到，朱开沟遗址发现的绝大多数墓葬都集中分布在数个墓区内，同一墓区内的墓葬大多数排列有序。墓葬以单人葬为主，有一定数量的以男性为本位的异性双人、多人合葬墓。不同等级、不同规模的诸墓葬错落分布在各墓区或墓排内。

这种在墓穴的排位上，严格实行以血缘为纽带的"定穴安葬"制度，也是父系氏族社会常见的埋葬习俗，充分表明朱开沟人的社会组织总体上应处在血缘纽带十分牢固的父权制阶段。如果借用民族学的概念，整个朱开沟遗址代表的是一个社会的一级组织——氏族的话，那么遗址内属于相同的历史时期但分布于不同区域的一个个墓区，代表的就是这个社会的次一级组织——家族，而每一个墓排，则代表的是当时社会的最基本组织——家庭。

（四）朱开沟人的社会发展阶段

通过对朱开沟遗址考古发掘资料的研究、分析可知，朱开沟文化阶段的社会生产力高度发展，拥有发达的种植业、养殖业、制陶业、制骨业，出现了酿酒业和青铜制造业。社会生产力的发展，使产品出现剩余的可能，而剩余产品的出现，促进了社会分工和商品交换的产生，最终导致私有制出现并迅速发展。社会学、民族学、考古学等学科的研究成果都表明，财产的私有是以占有生产工具、生活用具和牲畜等动产开始的，继而才占有奴隶和房屋。

在朱开沟遗址发现的329座墓葬中，伴出日用随葬品的墓葬共115座，随葬率约为35%；随葬日用品和财富象征的动物头骨的墓葬共142座，约占墓葬总数的43%；同时拥有日用品和动物头骨的墓葬仅14座，只占墓葬总数的4.3%。另外，不同墓区与不同墓区间的墓葬及同一墓区内的不同墓葬之间，在墓穴的规模、是否拥有棺木及随葬品的种类、数量等方面，都存在较大的差异。所有这些都表明，虽然都是一个生死与共的部族内的成员，虽然死者仍能严格实行以血缘为纽带的、以父系家族为单位的"定穴安葬"制度，但他们生前所拥有的财富和各自在社会中的地位，实际上是很不相同的。约占半数以上的人死后一无所有，就是那些约占半数的能够享受随葬品的部族成员中，多数也只是随葬少数几件生活必需品，而少数人为了在另一个世界继续他的荣华富贵，不但可以享受棺木，拥有生前使用的包括酒具在内的奢侈日用品，带走自己身前炫耀财富的动物头骨，而且还要强迫活生生的女性殉葬（图42）。由此可见，由于私有制的发展，朱开沟人的部族内早已打破了原先的那种人人平等的格局，家族与家族间，家族内的不同家庭间的贫富分化已十分严重，人们的社会地位也因为各自所拥有财富的不同而发生了变化，尤其是异性合葬墓、异型多人合葬墓中反映的男女间社会地位的差别更是明显——男性对女性所拥有的权力，早已超出了夫权所能承载的范围。这些被用于殉葬的女性和儿童，有的可能是妻妾殉葬制下的牺牲，而更多的则可能是被当作妾或家童，以及被俘获的失去自由的外族人。这些人既然可以被强迫用来殉葬，自然也可以被强迫用来服役，这就为奴隶制的产生创造

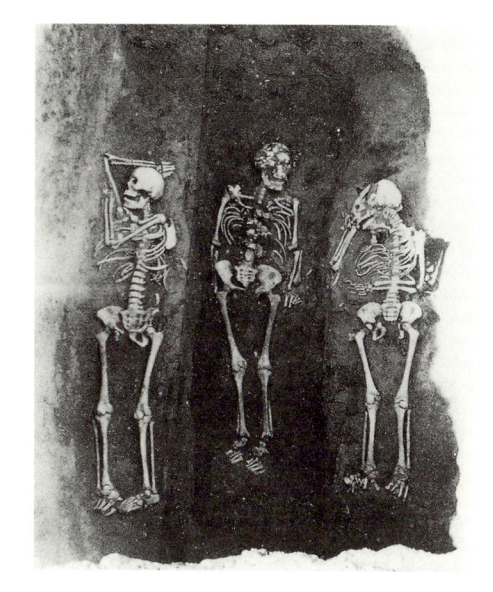

图42　异性三人合葬墓

了条件。另外，部族内的财富和权力正逐渐向少数人的手里集中。

　　同样也是伴随着私有制的不断发展和扩大，人们在对财富的占有欲的驱使下，原来的血亲复仇演变成为为获得财产和奴隶的掠夺战争。氏族、部落间为保卫和掠夺劳动果实而进行的战争不断加剧，部分墓葬中出现的"猎头"、残肢等现象及墓葬中随葬的兵器等，便应是当时战事频繁，人们崇尚武力的具体展现。

　　两者相遇强者生，得胜者不但可以获得大量的财富，而且可以得到人们的崇拜，势力急剧膨胀；失败者不但失去了辛勤劳动得来的果实，而且成年男性被宰杀，女性则被掠走成为任人处置的奴隶，元气大伤。富者愈富，贫者愈贫，两极分化愈演愈烈。在各自利益的驱使下，一些部落结成联盟，并设有主管行政、军事的首领。他们对内保护本部落联盟的利益，对外进行掠夺战争，在频繁的战争中，一些首领变成了贵族。正是频繁的掠夺战争，不但加速了原始社会的瓦解，而且一些新的特权阶层开始涌现。攻守双方为了求得战争的胜利，都要举行祭祀活动祈求祖神的帮助和上天的保佑，还要进行占卜活动以预卜吉凶。于是，专门用于祭祀活动的礼器相应而生，用于占卜活动的卜骨大量涌现（图43）。

　　朱开沟遗址发现的大量的陶鬲、陶斝等器物，不仅是日程生活中最常用的炊器，还是他们举行礼仪、祭祀等重大活动时使用的重要器皿，此方

面从这些器物超出其他日常用品的精美制作程度上有充分的体现，而且从后来的青铜时代鬲、斝等器物一直都是重要的礼器而得到进一步的证实。

朱开沟遗址发现的最大的敛口直腹瓮，器高近一米，形体这样庞大的炊器，如果被视为普通家庭的日常生活用品，显然很不适宜。那么，这件形体与一般家庭使用的炊器反差如此之大的炊器，究竟是干什么的呢？它只能是部族或家族在举行重大活动时使用的特殊器皿。也就是说，它应该是朱开沟人在举行重大礼仪宴会时使用的炊具或举行神圣的祭祀活动时盛放祭品（牲）的"神器"。在它的身上，已经超出了普通日常生活器皿敦厚、浑大的形体，具备了高贵、神圣的身份。它就是后来中国进入奴隶社会后，在举行重大典礼活动时广泛使用的、具有森严等级、地位、身份象征的礼器的前身。

同样的，在朱开沟发现的其他一些制作精美的器物，像盉、折腹壶、长颈壶、高柄豆等，也是各有用途，与鬲、斝、瓮等共同构成了朱开沟人的礼器群。

这些不同于一般生活用具的成组的礼器的大量出现，一方面说明了作为中国古代社会的"国之大事，在祀与戎"中的祭祀活动，在朱开沟人社会活动中的重要地位，同时也说明，在朱开沟人的阶段，这种在当时社会视为头等大事的重要典礼仪式，从活动的主持人，到活动的项目、所使用器皿的种类、数量、活动的程序等，已经形成了一套较为完整的体系。影响中国几千年的礼制就是在这样的社会进程中，逐步趋于完善的。另外，礼仪习俗并不单是人们的凭空想象，而是建立在社会日常生活基础之上的高度概括。因此，这套豪华、严谨、规范的礼仪之俗，也是朱开沟人日常生活的折射。当然，这绝非朱开沟人类集团中普通人家的生活折射，凭此我们也不难想象朱开沟社会的贫富分化和社会进程。

大量修制规范、使用技艺娴熟的卜骨的发现，说明朱开沟人的社会

图43　朱开沟遗址出土的卜骨

群体中，专业从事占卜活动的巫师已经出现。在原始社会，巫觋是部落中集军事权力和宗教权力于一身的特权人物，具有沟通天地、连接人神的奇异本领。他不但参与部落的重大事务，而且由于所从事巫术在包含迷信成分的同时，还涉及许多一般人无意了解、无法了解的自然、天文、地理等各个方面的奇异现象。他不仅要解释这些现象，总结自然规律，还要记录他所从事的各项活动及结果，这样，他又是当时先进文化的保持者和传播者，在人类文明的起源中发挥着重要的作用。

另外，我们通过墓葬资料也可看到，尽管墓葬的随葬率等表明朱开沟人所处的社会贫富分化已十分严重，人们的社会地位差距明显，但是能够享受棺木、随葬品、殉牲的墓葬仍然占到墓葬总数的近50%，而且，这些墓葬间随葬品、殉牲的种类和数量虽然也有较大的差异，但是还没有形成明显的反差，随葬品、殉牲的有无和墓穴规模的大小、棺木的有无并不是成绝对的正比关系的。随葬及殉葬品的种类绝大多数都是日常生活用品和展示财富的动物下颌骨，还没有发现其他显示墓主人权力、地位和特殊身份的成组的礼乐器等，居住遗址中也没有发现文明社会常见的大型建筑基址。因此，朱开沟人阶段的社会财富虽然已逐渐集中到少部分人的手中，但拥有者和占有量的整体比例，还没有达到阶级社会那种呈"金字塔型结构"的程度。社会中的特权阶层虽已形成，但集政治、军事、宗教、财富于一身的显要阶层，羽翼尚未丰满。人们的社会地位虽差别明显，但还没有达到十分尖锐对立的程度。

通过上面的综合分析，结合社会学、民族学等学科的研究成果可知，朱开沟人的社会组织应处在原始社会末期父权制高度发达的军事民主制阶段，即恩格斯所说的罗马式的父权制阶段。此时的社会处处闪烁着人类文明的曙光。因此，当地处中原地区的夏人率先进入中国奴隶制社会的同时，活动在北疆的朱开沟人，也已经完成了由铜石并用时代向青铜时代的过渡，跨入了人类文明社会的门槛。

（五）由顺应环境到利用环境的飞跃

大约从距今4000年前开始，受干冷气候的影响，鄂尔多斯的生态环境逐渐向草原环境转变。在越来越恶劣的自然环境下，传统的以农业为主导的经济形态，已无法保证社会发展的正常需求，而家畜饲养经济则愈来愈表现出了在新的自然环境下顽强的生命力和极大的优越性。为了求得生存和发展，朱开沟人没有像祖先及周邻的其他古人类群体那样，简单地逐气候而去，而是顺应环境的变化，适时调整土地的利用方式和传统的经济结构，开始了由农业经济为主向半农半牧经济发展的历程。朱开沟人之所以能率先做到这一点，一方面是他们主动顺应、利用大自然的结果，同时也要归功于本地区所处的农、牧接触地带的独特地理位置。

虽然环境的恶化与社会经济形态的转变，直接导致意识形态、上层建筑的变更，也最终制约朱开沟人的社会结构向文明社会的迈进，但是，中国北方地区的畜牧业文化，就这样在鄂尔多斯地区首先从原始农业文化中分离出来，完成了人类历史上的第一次社会大分工，这在中国古代社会发展史上具有划时代的意义，同样具有不可磨灭的功勋。

至距今3500年左右，环境进一步向冷干转变，朱开沟人被迫南下，最终离开了这块深深眷恋了800余年的土地，至此，北方民族与中原农业民族才有了正式的分野。朱开沟人虽然退出了历史舞台，但是朱开沟文化的根却深深地移植了下来。一部分人被迫南下，在晋、陕北部的黄河南岸，发展出李家崖文化，继续从事半农半牧的社会经济，不仅成为商周时期对中原地区构成强大威胁的方国文明，甚至对关中西部的先周文化，也产生了一定的影响。一部分人则携蛇纹鬲、带纽罐等，守护着自己赖以生存的牛、羊，随气候的变化，漂泊在长城南北的广大区域内，最后发展成为真正的游牧民族。还有一部分人东迁，进入气候条件较此时的西部要好得多的辽西地区，融入那里的夏家店下层居民的后裔——魏营子类型人群，重操半农半牧经济，最后在气候进一步干冷后，也发展成了以夏家店上层文化为代表的牧业居民。因此，从商周时期起，活跃在中国北方长城地带的相当一部分居民，便是由朱开沟人的主体因素分化成的若干个方国文化集团。

（六）打造鄂尔多斯青铜器的首家作坊

从19世纪末叶开始，在我国北方长城沿线地带陆续出土了大量以装饰动物纹为特征，具有浓郁草原游牧文化风格的青铜及金、银制品，因以鄂尔多斯地区发现数量最多、分布最集中、最具特征而被称作"鄂尔多斯青铜器"。

鄂尔多斯青铜器是广泛分布于中国北方草原地区的早期畜牧民族的物质文化遗存，以其独特的文化面貌和与欧亚草原文化所表现出的亲密关系，从发现之日起便引起了世界学术界的高度重视，特别是对于鄂尔多斯青铜器究竟起源于何地的说法，更是出现了旷日持久的论争。如今朱开沟遗址的发现，在复原中国北方早期畜牧文化起源历程的同时，不但发现了迄今为止时代最早的鄂尔多斯青铜器，而且发现了众多与鄂尔多斯青铜器有直接渊源关系的文化因素，这就为这一论争持久的谜团的破译找到了一把金钥匙。

十一、鄂尔多斯远古第一村

朱开沟遗址发现已经四十多年了，尽管自发现以来，学术界对于朱开沟遗址及其文化就一直存在质疑，如朱开沟遗址居住址和墓葬的遗存是不是属于同一群人所有；朱开沟遗址的遗存是自成体系的一种考古学文化，还是南来、西往的多种文化的混合体；广义"朱开沟文化"与典型"朱开沟文化"之辨……但是迄今为止，还没有哪一种观点有足够的证据撼动"朱开沟文化"的存在，而朱开沟遗址作为"鄂尔多斯远古第一村"的独特历史地位，更是无以比肩。

1. 朱开沟遗址是鄂尔多斯地区唯一经主动考古发掘并有完整考古发掘报告问世的遗址

鄂尔多斯地区经过科学田野考古发掘的遗址数量较多，但基于学术研究的目的且由国家主动开展考古发掘的，则寥寥无几，而经过大面积系统、科学发掘，同时推出完整考古发掘报告可为学界提供研究资料的，朱开沟遗址是唯一的一个（图44）。

2. 朱开沟文化是鄂尔多斯地区唯一以村名命名的考古学文化

由于朱开沟遗址的文化内涵具备了"具有一定的分布地域、一定的延续时间、一组具有独居特征的器物群"的考古学文化命名条件，所以学术界把以朱开沟遗址出土遗迹、遗物为代表的考古学遗存，命名为"朱开沟文化"。成为继"河套（萨拉乌苏）文化""鄂尔多斯青铜器"之后，又一个以鄂尔多斯地区首先发现而命名的考古学文化，同时也是鄂尔多斯地区唯一一个以乡村名命名的考古学文化。

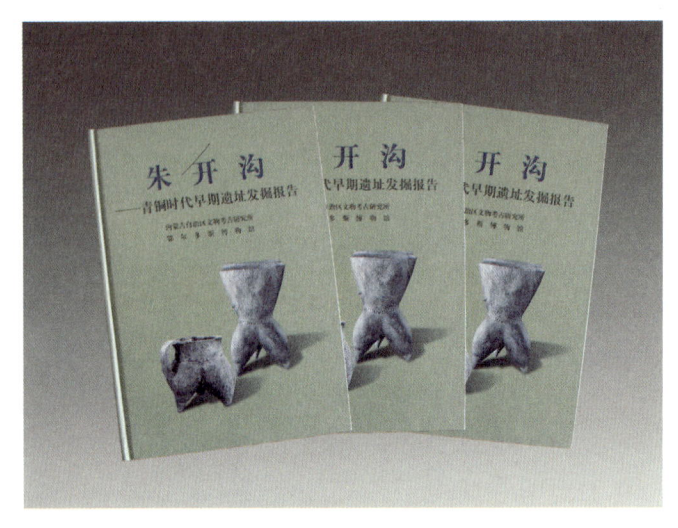

图44 《朱开沟——青铜时代早期遗址发掘报告》书影

3. 朱开沟遗址居民是本地区原始社会末期最辉煌历史的开拓者

朱开沟遗址的考古发现表明，朱开沟遗址的人类集团，其社会经济主要以发达的农业经济为主，同时拥有家畜养殖业、手工制造业、酿酒业等，晚期已掌握青铜铸造技术。朱开沟遗址的贫富分化已较为显著，私有制已产生，男性对女性的权力，已远远超出了夫权的范畴。种种迹象表明，此时的社会发展阶段，处于父权制高度发达的军事民主制后期阶段，绝不逊色于中原地区同时期人类集团的发展程度，已深深迈进文明社会的门槛。朱开沟遗址是目前所知鄂尔多斯乃至内蒙古中南部地区原始社会末期社会发展程度最高的古人类活动遗址，而朱开沟遗址的居民则是本地区农耕社会文明前夜最辉煌历史篇章的开拓者。

4. 朱开沟遗址是见证中国北方畜牧文明由农耕文明逐步演进的最经典遗址

朱开沟遗址首次向人们揭示了这样一段鲜为人知的历史进程：高度发达的朱开沟文化之所以未能像中原地区的夏、商族人一样，率先完成由原始社会向文明社会的升华，主要是由于逐渐恶化的自然环境制约造成的。但在这次自然灾害面前，植根于传统农业经济基础上的、以朱开沟文化为代表的人类集团，并没有像祖先那样，简单地逐气候而迁徙，而是适时改变土地的利用方式及经济结构，社会经济由农转牧或半农半牧。由此，中国北方畜牧文化的雏形，首先在鄂尔多斯地区从原始农业文化中分离出来，完成了人类历史上的第一次社会大分工，这对于中国古代社会发展具有划时代的意义。朱开沟遗址是我国迄今为止考古发现的揭示这一历史进程最经典的遗址，这也是在探索中国北方畜牧经济起源与发展进程领域朱开沟遗址的独特地位所在（图45）。

图45　朱开沟遗址保护标志碑

5. 朱开沟遗址是以鄂尔多斯青铜器为代表的我国北方游牧民族的摇篮

从19世纪末叶开始，在我国北方长城沿线地带陆续出土了大量以装饰动物纹为特征，具有浓郁的游牧民族文化特征的青铜及金、银制品，因以鄂尔多斯地区发现最早、分布数量最多、最具特征而被称作"鄂尔多斯青铜器"。它是相当于春秋至西汉时期中国北方草原民族的物质文化遗存。由于其文化面貌与欧亚草原民族文化有着十分密切的关系，因此，自鄂尔多斯青铜器被发现时起，对它的研究就成为世界性的热门学术课题。朱开沟遗址出土的青铜短剑、青铜刀等，是迄今为止所见时代最早的鄂尔多斯青铜器。朱开沟遗址的发现，为解密鄂尔多斯青铜器奠定了坚实的基础，而朱开沟也以中国北方畜牧民族摇篮的地位而引起世人瞩目。

6. 朱开沟遗址出土的青铜短剑是当之无愧的"中华第一剑""北方民族第一苏勒德"

鄂尔多斯青铜器是博大精深的中国青铜文明的重要组成部分。以鄂尔多斯青铜器为代表的早期北方民族，不但拉开了北方游牧民族在中国乃至世界历史大舞台上活动的帷幕，而且对中华文明及北方草原文明的形成和发展都产生了深远的影响。

剑在中华文明中的地位非同一般，但无论从语言学的角度考虑，还是从现有考古发现都不难看出，中原地区青铜短剑的兴起，应该是受到了相当程度早期北方民族的影响。而影响中国延绵数千年的剑文化的形成，最初则与北方早期畜牧民族对"径路刀""径路神"的古老情结具有直接的关联。正是这种对"法"与"神"的无上的崇拜情结，才使得剑这种兴起于北方草原的神奇兵器，融汇了后人无尽的渴盼与希冀。成吉思汗的苏勒德，既是长生天赐予成吉思汗佑助事业成功的神物，也是蒙古军队的战旗，还是蒙古民族的守护神，战无不胜的象征。从有关苏勒德形成的传说不难揣测，在早于蒙古民族一千余年的早期北方民族中，鄂尔多斯青铜短剑在北方民族心目中的地位已经得到了淋漓尽致的预演。因此，朱开沟遗址出土的青铜短剑，不仅是迄今所见时代最早的鄂尔多斯青铜短剑，也是当之无愧的是"中华第一剑""北方民族第一苏勒德"。

7. 朱开沟遗址是鄂尔多斯乃至内蒙古中南部地区迄今所见保存最完整、揭示最全面的原始社会末期村落遗址

朱开沟遗址总发掘面积约4000平方米，共发现居住房址83座、灰坑（或窖穴）207个、墓葬348座（含瓮棺葬19座），出土可复原陶器510余件、石器270余件、骨器420余件、铜器50余件（图46、图47）。另外，还采集了大量陶器标本和可供鉴定种属的动物骨骼标本等。此为鄂尔多斯乃至内蒙古中南部地区史前考古发现之最。朱开沟遗址的这些重要发现，不但填补了鄂尔多斯乃至内蒙古中南部地区夏商阶段考古学文化的空白，破译了一段延续800年、鲜为人知的鄂尔多斯古代历史，而且也开启了现代人与先民对话的窗口，古老的朱开沟人正是通过这个时空隧道，一步步进入人们的视野。

图46 朱开沟遗址出土的瓮棺葬

8. 朱开沟遗址揭示了迄今所见鄂尔多斯地区最完整的原始社会氏族（部落）墓地

朱开沟遗址发现的300多座墓葬，大多分布在相对集中的几个小区内，多有一定的排列顺序可寻，反映了当时居民逝去后大多集中埋葬在属于本氏族的墓区内，而不同的聚合形式，又反映了不同历史时期的社会组织形态。墓葬中的葬式及随葬品的有无、多寡、器物种类、形态、组合形式等更是解读当时社会集团人群构成、社会经济形态、生产力发展水平、贫富分化程度、社会发展进程等最直接的证据。其数量之众、保存之完整、形制之复杂、内涵之丰富均为鄂尔多斯乃至内蒙古中南部地区史前考古发现之最。

图47　朱开沟遗址发掘现场

9. 朱开沟考古遗址公园展望

（1）朱开沟考古遗址公园

考古遗址公园是国家近些年在大遗址保护实践进程中推出的新生事物，是文物保护进程中的一项创新。国家考古遗址公园是指以重要考古遗址及其背景环境为主体，具有科研、教育、游憩等功能，在考古遗址保护和展示方面具有全国性示范意义的特定公共空间。考古遗址公园的实施，将打破重要考古遗址单纯性保护的瓶颈，旨在充分发挥文物的社会功能，让文物活起来并融入现代生活，为文物保护事业开拓了更加宽广的空间。朱开沟遗址不但具有重要的学术地位，在国内外都享有很高的知名度，而且发掘面积大，揭示内涵全面，出土遗迹遗物众多，可供展示的内容丰富、特色鲜明，可视性极强。朱开沟遗址还拥有便利的交通条件和广阔、多样的地域空间，且可提供参观及参与互动的项目多、空间大。朱开沟遗址还具有较好的区位优势，附近有纳林塔战国秦长城、准格尔召、大松树墕等著名文物古迹。另外，附近的露天煤矿、农家乐等都是很好的可待开发的旅游资源。

目前，内蒙古自治区文物局公布的考古遗址公园有10处，乌兰木伦考古遗址公园位列其中。预备项目10处，准格尔旗城壕古城榜上有名。

乌兰木伦遗址自2010年发现以来，一直在开展不间断的发掘工作，虽然新发现接连不断，但是由于它属于旧石器时代的遗址，老百姓难以看明白，因而可视性一般。城壕古城从未开展过考古发掘工作，地面仅存依稀可辨的两侧城垣，可视性也无从谈起。朱开沟遗址的历史、文化、学术地位极为重要，而在观赏性、参与性、互动性方面更是远远优于上述两遗址。因此，只要运作得当，朱开沟考古遗址公园无疑将是自治区最优选项目，同时对于进一步提高朱开沟遗址的知名度、切实加大遗址的保护力度，推进地区旅游业的发展等，都将具有重大的现实意义。

（2）朱开沟考古遗址公园主要内涵

1）展示区展示

利用遗址博物馆系统展示朱开沟遗址的发现、发掘历程、出土的房址、灰坑、窖穴、陶窑、墓葬等遗迹，陶器、石器、骨器、青铜器等遗物，以及对朱开沟文化的学术、历史地位等的研究成果。

2）遗址区展示

按照考古遗址公园的惯例，采用实景再现的方式，对重要发掘区、地下发掘出土的重要遗迹等，依照发掘报告进行科学的地面复原再现，让人们对于朱开沟遗址的发掘、发现有更为直观的感悟与体验。

3）朱开沟考古工作历程展示

20世纪七八十年代的朱开沟是一个仅有四户人家的自然小村，在这里开展考古发掘工作，工作人员常常面临着一般人难以想象的困难。没有现成的住房，工作队员只能住在紧傍沟畔临时掘土搭建的简易土窑洞内，晴天日晒似蒸炉，雨天漏水满屋泥。与蚊蝇共餐，和鼠虫同枕。朱开沟当地不产蔬菜、副食，工地也没有贮藏这些生活必需品的条件，几十人的伙食供应，全凭从几十千米以外的地区往里输送。朱开沟与外界唯一的车辆通道，就是这条弯弯曲曲的小河沟，夏季雨后洪水滚滚，不能通行，洪水退后又乱石成堆，举步维艰。因此，发掘工地常因道路阻塞而缺粮断菜。村子里没电，工作记录只能晚上在蜡烛下进行，而由于经费紧张，蜡烛还不能满足需求，几个人凑在一支蜡烛前，就这样已颇感满足。缺水，自己开凿的旱井水永远都是那样的浑浊、苦涩，虽远远不符合卫生标准，还唯恐遇到天旱，就连这样的水资源也得不到保证。田广金先生带领其他工作人员，就是在这样恶劣的工作、生活环境下，与恶劣的自然环境抗衡，与艰苦的工作条件斗争，在抛洒下比常人多出数倍的辛酸苦辣后，终于换来了丰硕的劳动果实。凡是来这里参观的各级领导和专家学者，在惊叹现今如此荒凉、闭塞的穷山沟如何能孕育出当时那样辉煌发达的古代文化的同时，无不为发掘者们对事业的执着和无私的奉献精神所感动。可以实景再现的形式，反映这一历史时期考古工作者的发掘工作、生活进程。

4）民俗村展示

在朱开沟遗址开展调查、发掘工作的20世纪七八十年代，这里居住着刘家、吴家、云家、陈家共四户人家，特别是刘家和吴家，都为参与发掘工作的人员提供了住宿并给予了极大的帮助。随着鄂尔多斯社会经济的飞速发展，城乡面貌的日新月异，对于这里的乡村生活，人们已经记忆淡漠。民俗村展示将以原来刘家、吴家等旧宅地为基础，重新搭建分别代表20世纪六七十年代和八九十年代风貌的房屋建筑、鸡舍、羊圈、猪圈、牛、马棚、粮窖、山药窖，以及与人们生产、生活相配套的农具、家具、生活用具等，让人们在了解朱开沟遗址发掘工作之时农村生活情景的同时，感受鄂尔多斯改革开放以来乡村面貌的巨大变化。

5）实践互动

A. 考古实践互动

依托朱开沟遗址丰富的文物资源、宽敞的地域空间和便捷的交通条件，既可以采取和学校联合开展"考古夏令营"的形式，也可以接纳社会兴趣爱好者，举办"考古人的一天"活动。在专业人员的指导下，从历史遗存的埋藏、考古发掘基本原理、发掘技能的常识培训开始，进而到特定的发掘工地，开始布方、发掘、清理、绘图、测量、拍照、记录，尝试出土器物粘对、修复、绘图、拍照，模拟制造陶器、石器、骨器等，参与到全过程的体验中去。在考古人当年居住的半地穴式窝棚内午餐，品味当年的"美食"。夕阳西下，劳累了一天的"准考古队员"们在沟边的小溪中嬉戏，篝火燃起，映红了大家兴奋的面庞，歌声、笑声与冉冉上升的青烟中裹挟的浓郁的烤羊肉、烤玉米、烤土豆的香气四处弥漫。夜幕深沉，大家在昏暗的煤油灯下，记录着一天的收获，回味着不同的感受。

B. 民俗体验互动

与农家乐相结合，人们不仅可以在这里品味到农家美食，更重要的是可以亲身参与到农家的生活中，春天赶牛扶犁耕地、耙地、点山药、抓黑豆、驱骡马摇耧种糜谷；夏天"锄禾日当午，汗滴禾下土"；秋天挥镰收割、掰玉米、起山药，胶车拉"格子"，碌碡旋转、连枷翻飞喜打场；冬天扛油梁现炸胡油、磨豆腐、漏粉条、溜酒、杀猪、卧羊、编箩头、扎扫帚，挖坯子烧砖，当一回铁匠、银匠、皮匠、擀毡匠等。这些在本地区延绵传承了几千年，但在现代化大潮的冲击下几十年就悄然绝技的传统农耕技艺，都可以在这里让人亲眼看见、亲身体验，让这些传统文化重新走入现代人的生活。

朱开沟遗址发现迄今已有四十五个年头，喧躁一时的朱开沟虽早已恢复了它往日的宁静，但"朱开沟"三个辉煌的大字，如同朱开沟文化在中国古代历史上留下的永不磨灭的印迹一样，将永远镌刻在中国考古学的丰碑上，也应铭刻在世人的心目中。

叁

淬炼草原青铜

青铜即古代文献中的"金",是人类冶金史上最早生成的合金,由于其氧化后生成的锈呈青灰色,后人因之称其为"青铜"。考古学上,把人类使用青铜制品的时代称为"青铜时代"。

青铜器是伴随着社会生产力的发展而产生的,在人类社会的物质文明和精神文明体系中占据着独特的地位。青铜器与青铜工艺的发展演化,反映的不仅仅是当时社会的物质进化史,更多展现的是社会的综合发展史。当中原农耕民族携青铜礼器步入文明社会时,在中国北方广袤的土地上,早期北方民族面对不断干冷化的生态环境,适时改变土地利用方式,在传统农业经济的基础上一步步走向畜牧、游牧经济,最终完成了和中原农耕文明的分野,走入了别样的草原青铜世界。

从19世纪末叶开始,在中国北方长城沿线地带陆续出土了大量具有浓郁草原特色的以装饰动物纹为特征的青铜及金、银制品。由于以鄂尔多斯及其周边地区发现的数量最多,分布最集中,也最具典型性,因此,这群青铜器被称作"鄂尔多斯青铜器""绥远式青铜器""北方系青铜器"。

鄂尔多斯青铜器风格独特,造型精美,特别是其表现出的与欧亚草原游牧民族青铜文化的共性,使其具有重要的考古学、历史学、民族学研究的价值。在许多著名的博物馆中,均可见到这种独具特色的古代东方草原游牧民族的文化遗存。鄂尔多斯这块古老、神奇的土地,也因鄂尔多斯青铜器而首次享誉世界。

一、金冠出世问鼎游牧文明

1972年的冬天,一场连绵数日、昏天蔽野的狂风过后,在内蒙古鄂尔多斯高原杭锦旗阿鲁柴登的茫茫沙海深处,晨出的牧民偶然发现远处的沙丘中,有一片黄灿灿的东西在初升阳光的映照下熠熠生辉。牧民走近一看,原来是一具被狂风吹出的人骨。在人骨的头、颈、胸、腰等部位散布着200余件金、银文物;在人骨的四周,还发现有大量的马、羊等食草动物的头骨。这些文物绝大多数都装饰有各种动物形图案,表现出一种浓郁的草原文化气息。其中,最罕见的是一套由黄金制成的冠饰(图1)。这套金冠饰重约1400克,由上部的鹰形冠饰和下部的冠带两部分组成。上部的鹰形冠饰全高约8厘米,重192克,为一只站立在半球形底座上昂首傲立、展翅欲翔的雄鹰。鹰身由薄金片锤打而成,中空,整体造型生动,羽翼线条流畅。鹰的头部和颈部分别用绿松石制成,由金丝串联与鹰身相

图1 鹰形金冠

接。鹰的尾部也是另行制作后插入体内。整个鹰形冠饰金碧辉煌，当略加摇晃或轻风抚动时，雄鹰便会摆动头尾，显示出展翅欲翔的神姿。雄鹰脚下的半圆形球体上浮雕一周狼噬咬盘角羊的精美图案。下部冠带由三条半圆形图案带组成，主体部分为绳索纹，而相互连接部的两端则分别铸造浮雕的虎、马、羊。其中，虎龇牙咧嘴，造型凶猛强悍，而马和羊则低头伏卧，作温顺之态。整套冠饰气势磅礴，显示出一派威猛的雄鹰高高在上、鸟瞰草原上虎狼咬噬马羊、弱肉强食的生动景象，造型逼真，栩栩如生。寓意佩戴者翔游太空、俯视草原、统领大地的豪迈气概。

考古人员根据现场勘察，推测这批珍贵文物出自一座墓葬，属于20世纪初便闻名于世的鄂尔多斯青铜器。通过对人骨的性别鉴定及随葬品的规格来推测，墓主人是战国时期生活在鄂尔多斯大地上的一位驰骋疆场、地位显赫的部落首领（部落王），而他所佩戴的这套黄金冠饰，则是迄今为止发现的唯一一套稀世罕见、弥足珍贵的"胡冠"实物。鄂尔多斯高原"胡冠"的出世，再次引发了人们对鄂尔多斯青铜器的密切关注和浓厚兴趣。

"鄂尔多斯青铜器"或者"北方系青铜器"的称谓有两层含义：一方面旨在强调它们有别于中原地区代表农耕民族文化的青铜器；另一方面旨在强调它们与欧亚草原地区代表畜牧经济的北方民族青铜器的联系。

鄂尔多斯青铜器的种类主要有柄部装饰各种动物造型的短剑、刀子，侧面如鹤头形的战斧，带管銎的扁刃斧，球体表面有许多瘤状凸起的流星锤、棍棒头、锥子，浮雕、透雕、圆雕的各种动物造型的饰件，以及马衔、节约、马面饰等（图2）。从器物的类别上讲，它们与以大型食器、酒器等为代表的中原青铜器截然不同，都是些代表"马上行国"畜牧、游牧文化的小型工具和随身佩戴的装饰品及马具。就器物的用途而言，中原青铜器在具有实用功能的同时，更侧重于代表身份、地位等的礼器功能，而鄂尔多斯青铜器展现的则主要是日常生活中的实用功能。在器物的装饰作风上，中原青铜器以写意的或抽象的装饰图案为主，而鄂尔多斯青铜器则以写实的各种动物造型最具特征。总体上讲，鄂尔多斯青铜器虽然折射出一定成分的中原农耕民族青铜文化的痕迹，但更多的则是表现出一种与欧亚草原畜牧民族青铜文化的共性，而且与远在南西伯利亚叶尼塞河流域米努辛斯克盆地的卡拉苏克文化，甚至更遥远的位于黑海北岸的斯基泰文化

1

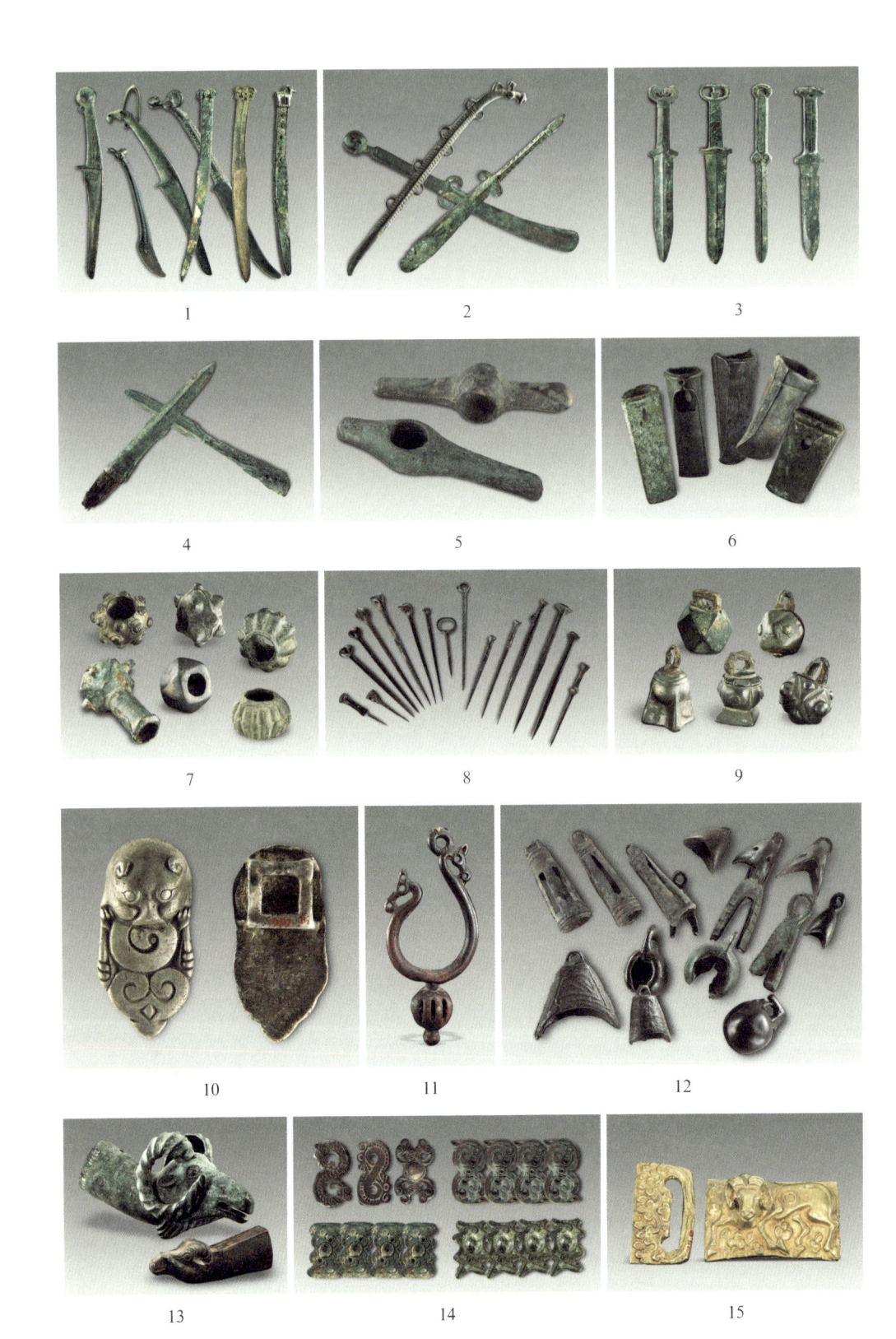

2

3

4

5

6

7

8

9

10

11

12

13

14

15

图 2　部分鄂尔多斯青铜器

1. 铃首、动物纹柄首青铜刀　2. 青铜龙首、蛇首、铃首匕首　3. 青铜环首短剑　4. 青铜矛
5. 青铜鹤嘴斧　6. 青铜斧　7. 青铜棍棒头　8. 青铜锥　9. 青铜流星锤　10. 虎头形银节约
11. 青铜挂缰钩　12. 青铜銮铃　13. 青铜辕头饰　14. 青铜带饰　15. 包金卧羊带具
16. 青铜鸟形带扣　17. 青铜双豹噬鹿纹带扣　18. 青铜团豹饰件　19. 青铜圆雕动物

等欧亚草原牧人文化具有相当多的亲密感。

由于鄂尔多斯青铜器风格独特，造型精美，又与欧亚草原地带游牧民族文化的代表性器物具有许多相似特征，不仅具有重要的考古学、历史学、民族学研究的价值，同时也有极高的观赏性，是难得的古代艺术珍品，因此不但引起了国内外考古学家和历史学家的普遍关注，而且受到了各国古董商、古物收藏家的青睐。鄂尔多斯这块古老、神奇的土地，也因鄂尔多斯青铜器而首次享誉现代世界（图3）。

图3 鄂尔多斯青铜器博物馆

二、璀璨艺术绝唱草原青铜

特征鲜明、风格独特的鄂尔多斯青铜器，既是与当时人们的社会生产、生活息息相关的必需品，同时也是饱含他们智慧、思想、艺术的物质载体。特殊的自然生态环境造就了早期北方民族独特的胸襟和情操，而特定的生产方式和生活习俗则培育了这类器物特有的类别和形态。因此，早期北方民族在打造这些赖以提高自己生存质量的金属制品的同时，也注入了自己的思想意识和艺术灵感，不经意间为后人留下了难得的艺术品。鄂尔多斯青铜器上记载着北方大草原上的柔风微雨，也铭刻着这块土地上的征战厮杀，既洋溢着祥和安宁的温馨愉悦，又透露着弱肉强食的血雨腥风。展现在我们面前的这些锈迹斑斑的鄂尔多斯青铜器，穿越几千年的时空隧道，向世人昭示着中国早期北方民族的漫漫发展历程，以及他们对物质审美的追求和对艺术再现的拓新。

鄂尔多斯青铜器中绝大多数是青铜制品，但同时还有相当数量的黄金、白银制品，这应该和早期北方民族崇拜大自然，崇拜日、月的习俗有关。《史记·匈奴列传》载"单于朝出营，拜日之始生，夕拜月"[1]，在匈奴人的心目中，单于就如同初升的太阳，是人们心目中的金人、金神（太阳神）——他的恩泽将会遍及每一个草原之子，令自己的部落兴旺强大。在中国北方地区岩画中发现的大量太阳神图案，也应该是这个寓意的具体表现（图4）。

图4　草原日出、太阳神、鹰形金冠

早期北方民族特殊的生活环境和生产方式决定了他们日常生活中很大程度上依靠个人的能力与智慧去面对大自然无情的肆虐，虎、狼等凶猛动

---

[1] （西汉）司马迁：《史记》，中华书局，1959年。

物的袭击，以及邻人的劫掠。这样的生存环境，不仅锻炼出他们强壮的体魄、剽悍的性格和独立不羁的品质，还造就了比农耕民族对于弱肉强食、优胜劣汰这一自然法则更为深刻的理解和极致的崇尚。鄂尔多斯青铜器中各类猛兽捕食食草动物造型图案的大量出现，便是最好的例证。

虎衔羊纹青铜P形饰牌，塑造的是一只刚刚经过一番奔波后捕获到猎物的猛虎形象（图5）。猛虎口衔羊的脖子，而整只羊被甩到背上。虎虽略显疲态，但露出一副胜利者洋洋自得的神情。此件饰牌再现了草原上的猛虎捕食到猎物后的精彩瞬间，不但布局合理，而且刻画细致入微，充满生活气息，充分展现了制作者张扬、豪放的个性和独步草原的气概。

虎噬鹿纹银饰牌，整体造型是一只高浮雕的伫立猛虎，威风凛凛，圆耳直立，瞪目张嘴，吻部抵在一只呈匍匐状的鹿的头顶部，前肢踩踏在鹿的背上（图6）。鹿的两前肢向前平伸，在虎的踩踏下，头部与前肢紧紧挤压在一起，面部表现出一种恐惧、无奈的垂死神情。此件饰牌生动再现了大草原上弱肉强食的悲烈气氛。

图5 虎衔羊纹青铜P形饰牌

图6 虎噬鹿纹银饰牌

虎豕咬斗纹金饰牌，整体呈长方形，周边饰一周绳索纹，图案为浅浮雕的猛虎与野猪缠绕咬斗的场面（图7）。猛虎在下，腹部着地，前肢极力撑起上躯，昂头张口，狠狠咬住野猪的后大腿根，后肢翻转朝天蹬踏野猪，尾巴下垂经裆部由后向前弯卷至背部。野猪在上，虽处于劣势，但仍死死咬着猛虎的

图7 虎豕咬斗纹金饰牌

一条后肢，奋力反抗，双方厮杀得难解难分。饰牌造型生动，神态栩栩如

生，后肢翻转的造型定格于动物搏斗翻滚时的精彩瞬间，是艺术境界较高、堪称草原文化艺术的精华之作。

虎禽咬斗纹青铜饰牌，主体图案采取浮雕、镂空的表现手法（图8）。右侧为伫立的老虎张开大口咬着一只猛禽粗硕的大腿，而左侧振动双翼、展翅欲飞的猛禽则曲颈衔住老虎的脖子。在这件貌似夸张的饰牌背后，隐藏着令人浮想联翩的信息。它有可能再现的是在三千多年前的鄂尔多斯草原上，确实存在着能与猛虎较量的雄鹰；也可能暗喻着以虎为图腾的民族和以鸟为图腾的民族为争夺生存空间而展开的殊死搏斗；或许还可能是在告诉后人，这件饰牌的持有者是由崇拜这两种动物的祖先交融而成的。

鄂尔多斯青铜器中形态各异的老虎造型，除了再现游牧民族崇尚勇敢和以能征善战为荣的豪爽性格外，还有其他的寓意。《史记·天官书》载："昴，胡星耶。"[1]这里的"胡"，即中原地区人们概念中的以狄—匈奴民族为代表的北方草原民族。由此可见，狄—匈奴民族应该是以天象中的昴星团为自己的族星的。《说文解字》也解释道："昴，白虎之中星。"[2]昴星，也就是人们常说的白虎星。因此，北方游牧民族以猛虎来寄寓自己的族星——昴星，这也是鄂尔多斯青铜器中老虎造型大量出现的另一个重要原因。

虎牛咬斗纹金饰牌，中央浮雕一只呈匍匐状、四肢平伸的牛，而上下两侧各有两只头部相向的猛虎（图9）。两只猛虎分别死死噬咬着牛的颈部和腰部，而牛虽然完全受制于猛虎，但仍在拼死抗争——尖利的犄角分别穿透了两侧猛虎的耳朵。饰牌直观上反映的是大草原上司空见惯的猛虎

图8　虎禽咬斗纹青铜饰牌

图9　虎牛咬斗纹金饰牌

---

[1] （西汉）司马迁：《史记》，中华书局，1959年。
[2] （东汉）许慎：《说文解字》，中华书局，1963年。

捕杀野牛的生动情景,但透过这个画面,此件饰牌可能还寄予着更加深远的含义。饰牌中的虎,应取意于天上的昴星团,而牛则取意于黄道十二宫的金牛宫。由于昴星团位于金牛宫中,因此,虎群(四虎)噬牛所要展现的,应当是匈奴单于称雄草原、独步天下的宏伟愿望。

镶宝石虎鸟纹金饰牌,一套12件(图10)。主体图案为一只作匍匐状的猛虎。由虎头至虎尾装饰鹿角状的火焰纹。饰牌的两端和上边,环绕八只鸟的图案——鸟已经简化为只突出头部特征的形态。虎的身上镶嵌七颗红绿宝石。这件饰牌造型美观,富丽堂皇。虎代表天空中的昴星团,由于昴星团由七颗星组成,因此虎身上镶嵌七颗红绿宝石。星辰是发光体,故在虎上方以鹿角状的火焰纹来表示。饰牌周围环绕八只鸟,而同样的饰牌以12件为一组伴出,则可能意寓着狄—匈奴民族以自己的族星—昴星团周而复始地运行来安排每年四时八节十二月的生产与生活。

除了上述这些表现草原上残酷场景的青铜饰牌外,还有一些动物造型的饰牌是反映当时人们企盼和平、安宁、丰产、富裕等心愿的。

三兽纹青铜饰牌,画面中的两只幼兽,分别咬着母兽的前后肢,而威严、凶猛的母兽眼中流露出的则是慈祥的舐犊之情(图11)。

图10 镶宝石虎鸟纹金饰牌

图11 三兽纹青铜饰牌

图12 双禽交颈纹青铜饰牌

双禽交颈纹青铜饰牌,在宁静的湖面上,两只天鹅交颈相偎,尽情享受着太阳的温暖,品味着对方的绵绵爱意(图12)。这充满温馨、浪漫情调的传神之作,让人们忘记了大草原上弱肉强食的腥风血雨和北方戈壁的风雪严寒,抒发着人们热爱生活的情怀。

　　双虎、双鹿交媾纹青铜饰件和羊哺乳纹青铜饰件，造型优美、栩栩如生，它们既是草原自然景观的真实再现，更是游牧民族生殖崇拜、祖先崇拜、祈盼牲畜兴旺及反哺情结的深深寄托（图13）。

图13　双虎、双鹿交媾纹青铜饰件与羊哺乳纹青铜饰件

　　双牛纹青铜饰牌，画面为透雕的双牛图案（图14）。双牛左右对称分布，牛头相对，低头屈颈，双目前视，四肢直立，牛尾上卷于背部，构图巧妙，犹如一幅剪纸画，生动而富于想象力。

　　双马撕咬纹青铜饰牌，精彩再现了两匹马相互撕咬时的造

图14　双牛纹青铜饰牌

型，布局合理、比例适中、动感十足（图15）。两匹咬斗正酣的烈马，仿佛一蹴即可从饰牌中跃出，奔向辽阔的大草原。

　　双虎咬斗纹银饰件，采用高浮雕的表现手法，塑造了两只呈匍匐状面对面相拥在一起的幼虎形象（图16）。两虎头左右偎依，张大口噬咬着对方的肩部，前肢相互搂抱，后肢略侧卧前伸，后爪则在撩拨着对方的前爪，尾巴悠闲地卷曲上扬。两只虎的背部各有一椭圆形孔，当初可能曾镶嵌有其他饰物。该饰牌凝固了两只幼虎相互撕咬嬉戏时的精彩瞬间，造型生动，情趣盎然、憨态可掬。虎身线条流畅，刚柔并济，再现了中国早期北方草原民族高超的艺术水平和金属铸造工艺。

　　叠鸟纹青铜饰件，上部的鸟（水禽）均呈卧姿，下部仅采取连续折线

图15 双马撕咬纹青铜饰牌　　　　　　　图16 双虎咬斗纹银饰件

图17 叠鸟纹青铜饰件

或连续扁菱形图案等简单的处理手法，就把水禽静浮水面时形成的倒影之态，栩栩如生地表现了出来（图17）。或风平浪静，或微波粼粼，其表现手法虽简练，但表现的意境却极为丰富。

鄂尔多斯青铜器中的动物纹线条简练、质朴，造型生动、自然，布局巧妙、和谐，反映了制作者丰富的社会阅历、敏锐的观察能力和高超的艺术再现技巧。特别是在平面与立面关系的处理技艺上，更是有着独到之处，使得浮雕的图案能最大限度地展现出立体的效果（图18）。

另外，鄂尔多斯青铜器中的各类饰牌，不但主题突出，而且图案的组合及填充技艺也十分高超，常常在动物的身上及四周填充树叶纹、旋涡纹、动物头像纹等，做到华丽而不显多余，夸张而不失和谐（图19）。

三、文明使者沟通中西交融

公元前139年，汉武帝派张骞出使西域，开通了由长安（今西安）经河西走廊至中亚、西亚的商道，即举世闻名的丝绸之路。丝绸之路的开通，在中西方文化的交流史上具有划时代的意义。但是，在丝绸之路尚未开通的距今2400多年的我国战国时期，古希腊已经称中国为塞利斯

图 18　鄂尔多斯青铜器动物纹牌饰

图 19　鄂尔多斯青铜器动物纹牌饰

(Seres)，意为"丝绸之国"。那时中国的丝绸是怎样进入欧洲的？西方世界又是通过什么渠道了解到这个东方文明古国的呢？经考古发现证实，在丝绸之路开通之前的公元前2000年左右，西亚、中亚、东亚之间早已存在着一条沟通东西方文化交流的天然大道，那就是途经欧亚草原的"草原丝绸之路"，也有人称之为"青铜之路"。

考古发现证实，东起辽河，沿燕山北麓、阴山北麓、天山北麓的广阔草原、戈壁，均是北方早期游牧民族纵马驰骋的地方。食草类牲畜是游牧民族最基本的生产、生活资源，而逐水草而迁徙的生活习性则注定了他们把凡有泉源、沟谷、湖泊且水草丰美的地区，均视为理想的驻足之地。另外，由于经济形态较为单一，一些生活日用品必须通过以物易物的形式和外界交换。这样，相对于农业民族而言，他们也就有了更加开阔的视野，更大的活动范围，更多的与外界接触的机会，因之，他们自然而然就充当了东西文化交流的使者，而东西方文化的交流就在这种为生存、发展的迁徙中，不经意间绵延发展起来。

车兵是中原地区自商周以来军队作战的主要兵种之一，但由于用以驾车的马是生长在草原地区的动物，在中原地区出现较晚，这就导致马这种动物不可能由中原农耕民族首先驯化。因此，中原地区在商代殷墟时期突然出现的大量驾二马或四马的单辕双轮战车，应该是由欧亚草原传入的（图20）。在传播的途径上，除由西亚经新疆传入的可能性外，经由中国正北方地区传入中原的可能性最大。商代小盂鼎铭文中记载的被商王征伐的鬼方拥有马车的事实，便很好地例证了活动在北方长城地带中段的早期北方民族在这种传播过程中首当其冲，而商代对北方早期民族的屡次用兵，则加速了这种传播的进程。

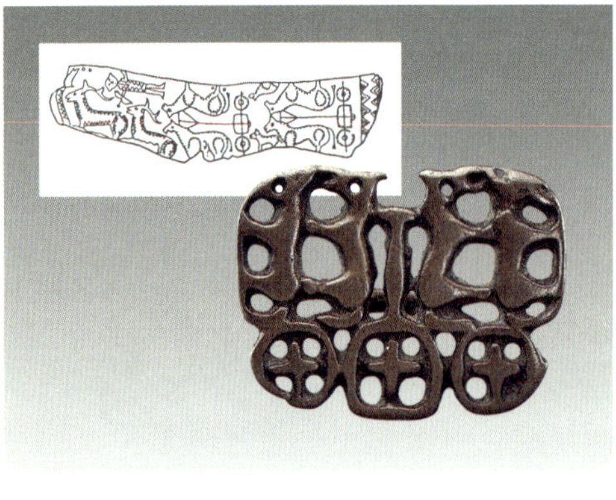

继商周时期中原地区引入马拉战车之后，到战国时期北方马背民族兴起的凶猛的骑兵群冲击力量则又激起了与之有接触的部族和国家的重大军事改革。赵武灵王率先倡导"胡服骑射"而发展起来的大规模骑兵武装和商代后期商人引入

图20　驸马驭车纹青铜饰件

马拉战车一样，是中原农耕民族针对北方民族这一具有强大威力的军事技术所作出的积极反应。骑马术在中原农耕民族中的迅速普及，不但在对付北方民族的入侵和拓展生存空间方面发挥了巨大的作用，而且在结束中原混战，达成统一伟业方面也大显身手（图21）。

马拉战车和骑马术等源于北方草原民族的技术，在中原农耕民族的社会发展进程中发挥了巨大的推动作用，而中原地区发达的青铜器等制作技术等，同样对于北方畜牧民族社会的发展具有不可估量的功绩。活动在"草原丝绸之路"上的早期北方民族，为这些技术的传播和引入发挥了极其重要的中介作用。

图21　马具

在蒙古国诺颜乌拉发现的匈奴墓中，出土的有流云、鸟兽、神仙乘鹿等形象图案的锦绣织物，毫无疑问为中原途经长城地带传入北方草原地区的丝织品。同时还出土有伊斯兰式的植物纹、鸟兽纹和人物纹的毛织品，来源地为安息（伊朗高原上的古代国家，中国史籍称之为"安息"或"安息国"，西方称作"帕提亚"）、大夏（中亚古国，也译作"吐火罗"或"吐火罗斯坦"）等地区。以上出土物都说明了"草原丝绸之路"在沟通中原与西方文化的交流中发挥了巨大的作用。

在蒙古高原发现的许多青铜器（即俄、蒙考古学家通常所说的"卡拉苏克式青铜器"），与中国北方长城地带的鄂尔多斯青铜器较一致，常见的有短剑、管銎战斧和啄戈、刀子等。其中的许多因素已被考古研究证实，是由南向北传播过去的。例如，管銎啄戈显然是受中原青铜戈的影响而产生的（图22）。卡拉苏克短剑普遍流行凹格的特点，而凹格的短剑在朱开沟第五段已出现于鄂尔多斯地区，其时代远远早于卡拉苏克文化（图23），这些文化因素都是从北方长城地带向北经过蒙古高原再传到外贝加尔和米努辛斯克盆地的。

除受中原文化因素影响外，鄂尔多斯青铜器也表现出了大量东西方文化交融的特点。

这是一类用薄金片锤揲而成的卧兽纹金饰片，出土于鄂尔多斯市准

图 22　直内戈、管銎啄戈　　　　　图 23　朱开沟短剑、卡拉苏克短剑

格尔旗布尔陶亥乡西沟畔汉代匈奴墓葬。卧状怪兽纹金饰件平面呈梯形，主体图案为一只卧状怪兽，前后两端还各锤揲出一竖向的麦穗纹条带（图24）。卧兽为鹿首，双目圆睁，而鹰喙则奇大且前端勾回，火焰状大鹿角由头部向后蔓延至尾端，躯体似鹿又似马，虎尾上翘、尾端回卷，前肢屈回，蹄掌面向上，后肢呈蹲卧状。在怪兽的背上，还有一头部形状与之相似的小怪兽与其背向相处，仅现头部和细长的颈部。伫立怪兽纹金饰件，主体图案为直立怪兽，鹿首，双目圆睁，鹰喙，颈部鬃毛长披，火焰回旋状大鹿角由头部向后蔓延至尾端（图25）。躯体同样似鹿又似马，虎尾上翘与背部平行、尾端回卷，四肢直立。这类饰件中的动物形象怪异，表现内容不同于鄂尔多斯青铜器中传统的多在现实生活中存在的动物种类，而与古希腊文明中较常见的"格律芬"、阿尔泰地区斯基泰文化、巴泽雷克文化墓葬等发现的神兽造型十分相似，具有浓郁的欧亚草原文化风格。因此，这类饰牌的图案造型显而易见不属于中国北方地区传统文化的固有因素，而是来自欧亚草原文明的影响。

图 24　卧状怪兽纹金饰件　　　　　图 25　伫立怪兽纹金饰件

金冠饰与耳饰也很有特色（图26）。金冠饰由云形金花片，椭圆形、五边形嵌蚌金饰件，数周长条形云纹金片等组成。一副耳坠由金耳环、长方形鹿纹金饰牌、方形嵌蚌金串饰、包金边玉佩等组成。另外还有由水晶珠、玛瑙珠、琉璃珠、琥珀珠串成的项饰。这套装饰的主流文化因素应来自中原地区，但鹿纹金饰牌则是典型的草原文化的装饰，琉璃珠、琥珀珠等是盛产于中亚地区的物品，而嵌蚌金饰牌、镶嵌绿松石的鹿纹金饰牌、包金边玉佩等镶嵌技术及器物周边的连珠纹工艺等却是波斯及古希腊、古罗马等西方古文明特有的作风。

图26　金冠饰和耳饰

另外，与鄂尔多斯青铜器中的鸟形带扣、S形构图的带饰、鹤嘴锄（斧、锤）、双触角首短剑（即所谓的斯基泰式短剑）、蕈首短剑、环首短剑、刀等作风相同或相似的器物及动物后肢翻转的造型艺术等，在蒙古、南西伯利亚的图瓦、阿尔泰、米努辛斯克盆地、外贝加尔等地区均有大量发现，集中再现了生活在长城地带的早期北方民族与欧亚草原畜牧民族的密切往来（图27）。

所有这些文化上的交流和影响，很难用单向传播和简单的相互间的双向影响解释得清。因此，有学者形象地把这种发生在欧亚大草原上的文化交流，称为"漩涡式"的发展进程。

辽阔、浑厚的鄂尔多斯高原，自远古以来就是连接、贯通中西方文化、中原与北方地区文化交流的桥梁。以鄂尔多斯青铜器为代表的、以动物纹为特征的早期北方民族文化不仅对中原农耕文化产生了深远的影响，同时对于沟通与加强中西文化间的交往与影响，推动北抵南西伯利亚，西至多瑙河的整个欧亚草原古代社会的发展，做出了不可磨灭的贡献。鄂尔多斯在丰富多彩的文化氛围中，汲取了各种营养，使自己的文化在保持本

挂缰钩

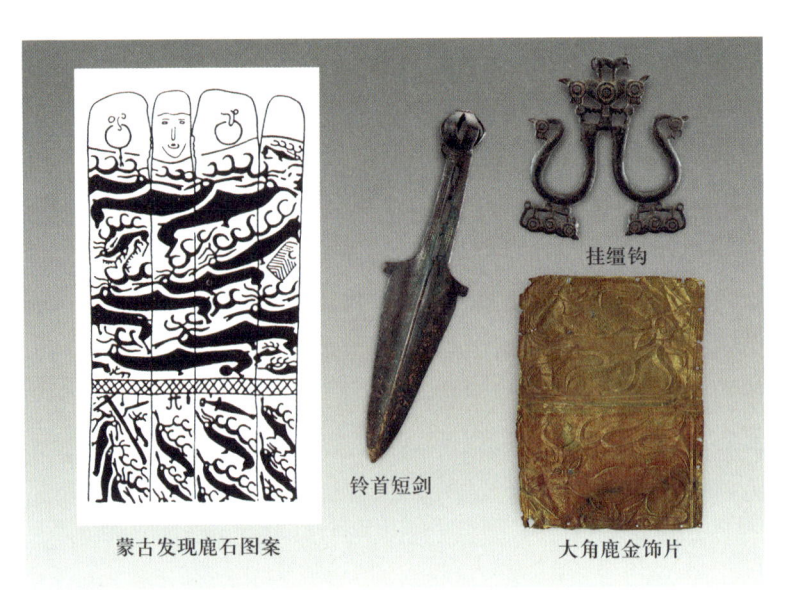

铃首短剑

蒙古发现鹿石图案

大角鹿金饰片

图27　蒙古国发现鹿石图案与鄂尔多斯青铜器对比图

地区、本民族传统文化特色的基础上，不断得以升华，谱写出更加光彩夺目的新篇章。而这种民族文化的融合，又进一步成为推动社会发展的更加强劲的动力，中华民族就是在这样的一次次民族融合大浪潮的推动下，一步步走向更高的发展阶段。

四、薪火传承延绵中华文明

鄂尔多斯青铜器属于博大精深的中国青铜文明的重要组成部分，是中华文明百花园中独树一帜的奇葩。以鄂尔多斯青铜器为载体的早期北方民族，对中国畜牧—游牧业经济的产生和发展起到决定性的作用，拉开了北方游牧民族在中国历史大舞台上活动的帷幕，在中华文明及北方草原文化的形成与发展历程中，都产生了深远的影响。

（一）鄂尔多斯青铜短剑在中华剑文化形成中的作用

青铜短剑是鄂尔多斯青铜器中最常见、最具特色的器物之一。仔细观察鄂尔多斯青铜短剑可以发现，一部分短剑不但制作精美、装饰华丽，而且剑刃锋利、剑柄厚重，便于握持，实用性极强，但也有相当一部分短剑明显存在着装饰性远远大于实用性的缺陷。譬如这件双豹对卧纹柄青铜短剑，剑柄的造型是两只面部相对、身体修长的豹子（图28）。这柄短剑虽剑刃锋利，其实用性毋庸置疑，但纤细的豹身剑柄，却明显难以承受实战格斗中兵器相触所产生的撞击力。在手中兵器的适用性直接关系到持有者生死存亡的冷兵器时代，是什么原因促使制作者竟无视血腥杀场的残酷现实，置持有者的性命于不顾，忽略这些青铜短剑的实用性，而过分追求华丽的外观呢？唯一较为合理的解释，就是它的主要功用并不在于血刃较量，而在于其他特殊用途。

图28　双豹对卧纹柄青铜短剑

北方草原民族有歃血盟誓的习俗，《汉书·匈奴传下》有单于以"径路刀、金留犁挠酒"的记载。通过文献记载，结合对鄂尔多斯青铜短剑的发现与研究，匈奴人在举行庄重的盟誓仪式时使用的径路刀，就应该是鄂尔多斯青铜器中那些柄部装饰华丽的青铜短剑。因此，在这些场合中主祭人手中所持有的青铜短剑（径路刀），无疑侧重的是法器的功用。

另外，文献中还记载，匈奴人还有将"径路"奉为崇拜和祭祀对象的习俗，曾立有"径路神祠"。早期北方畜牧民族多以自然物为神灵依附物，结合欧亚草原上的斯基泰人祭祀军神的习俗，推测鄂尔多斯青铜短剑剑柄上装饰的各种动物实际上早已被早期北方民族寄予了超自然的神威，而锋利的短剑，又蕴含着他们无坚不摧、无往不胜的希冀。因此，他们将"径路"视为军神、战神，借此依仗祖先、神灵的庇佑。将青铜短剑竖立起来，恭敬地加以奉祀，就成了他们与祖先、天、神沟通的手段。那么这些青铜短剑（径路刀），无疑具有了"神祇"的功用（图29）。

图29　铃首、兽首青铜短剑

由此可见，前面我们介

绍的这件双豹对卧纹柄青铜短剑，既可能是一位早期北方民族首领或以主持仪式为生的神职人员（萨满）手中所持有的法器（径路刀），也可能是伫立在祭坛上的神器（径路神）。青铜短剑剑柄的双豹图案，或许显示着持剑者本人的威猛庄严，或许昭示短剑自身所蕴含的像猎豹那样凶猛、强悍的神奇威力，会庇佑人们在即将进行的狩猎或战事中，所向披靡，大获而归。

在中国古代众多的金属短兵器中，以刀和剑的历史最为久远。据目前已知的考古发现来看，青铜刀应以属于仰韶时代晚期甘肃马家窑文化和马厂文化发现者时代最早，距今已有五千多年的历史。而青铜短剑迄今发现时代最早的，则当属内蒙古鄂尔多斯市伊金霍洛旗朱开沟遗址出土者，时代约相当于商代前期，距今已有约三千五百年的历史。青铜短剑在中原地区虽然出现的时间要比青铜刀晚得多，但自西周特别是东周以来却异军突起，不但成为短兵器类中的一个重要门类，而且在制造技术、加工工艺等方面更是达到了完美的境界，特别是佩剑还作为中国古代社会的一项重要的礼仪制度，被牢固地传承了下来。

为什么原本仅是一件血刃护身的兵器，后来却发展成为镶金嵌玉，精雕细琢，绮丽华美，价值连城的艺术珍宝和身份、地位的象征，特别是如"世间大不平，非剑不能消也"等诗云所言，还秉承着独特的正义使命，占据着其他兵器不能望其项背的神圣地位？通过对鄂尔多斯青铜短剑的探索，我们得到了启迪。剑在中华文明中的地位非同一般，但无论是从语言学还是从现有考古发现角度都不难看出，中原地区青铜短剑的兴起，应该相当程度地受到了早期北方民族的影响，而延绵数千年的中国剑文化的形成则与北方早期畜牧民族对径路刀、径路神的古老情结具有直接的关联。正是这种对法与神的无上崇拜情结，才使得剑这种兴起于北方草原的神奇兵器，寄予了后人如此无尽的希冀。

（二）由鹤头形青铜杖首看中国传统敬老习俗的形成

在鄂尔多斯青铜器中，有一定数量的圆雕青铜饰件，种类有伫立的羚羊、卧马、狻猊等，造型生动，制作精美，其共同的特点是动物脚下都设有或圆或方的管状銎，用于纳杆。这类器物一般被称为"杆头饰"，但实际上其中的一部分应该为杖首（图30）。据民族学的研究成果可知：崇拜大自然中的生物，将它们视为图腾，依仗它的神力保佑族群的平安，这是许多原始民族共同的习俗。而将崇拜物形象装饰于杆顶或杖端，则是早期北方民族图腾崇拜的另一种表现形式。一方面，它是由图腾柱古俗衍生出的一种更适宜于游牧民族的习俗，代表当时社会集团中不同人群的崇拜物和标识物。另一方面，它又将祖先崇拜、神灵崇拜与地位、身份相结合，成为权力的象征。这类鹤头形青铜杖首，应该是杖首中的一个特殊门类（图31）。它整体呈鹤首形，长喙，或直，或钩，或曲，圆眼，中空，鹤颈处形成圆筒状銎口，以纳柲。在我国古代有一种被称为"鸠杖"的器物，据文献记载，周人即有献鸠敬老的风俗。《后汉书·礼仪志》载："年始七十者，授之以王杖……端以鸠鸟为饰。鸠者，不噎之鸟也，欲老人不噎。"[1] 也就是说，王杖是朝廷授予七十岁以上老人的一种权力性的凭证。因鸠鸟有特殊功能，吃任何食物皆不会被噎死，故送鸠杖引申预祝老人健康长寿。这种遗俗一直延续到明清，在给老人做寿送寿联时，有"坐看溪云忘岁月，笑扶鸠杖话桑麻"的佳话，即是很好的说明。从"鸠者不噎之鸟"的角度考虑，鸠为鹤类水禽是再恰当不过的了。因此，鄂尔多斯青铜器中的鹤头形杖首，应该和汉代以来流行的鸠杖具有密切的亲缘关系。它的发展过程，同样来源于由图腾崇拜而衍生出的部落首领及氏族长、家族长等手持的权杖与"欲老人不噎"的鸠鸟形象相结合而演化为老者手扶的拐杖，成为尊老重孝的标识物。

图30　青铜杆头饰、杖首　　　　　图31　鹤头形青铜杖首

[1] （宋）范晔撰，（唐）李贤等注：《后汉书》，中华书局，1965年。

（三）鄂尔多斯青铜器中的祭祀文化在草原文化中的传承

成吉思汗"苏勒德祭祀"的圣物"苏勒德"，是长生天赐予成吉思汗佑助事业成功的神物（图32）。据草原上口碑传述和有关书籍记载，成吉思汗某次率军在草原上与对手交战失利，军队士气非常低落。成吉思汗于是召集所有将士进行动员，他用朴素的语言、真诚的感情、透彻的分析，鼓舞了军队的士气，赢得了将士们的阵阵喝彩。当成吉思汗讲到"军心似铁，感召日月"时，其声音洪亮如钟，传播到空旷的远方。突然，天空划过一道闪光，一把矛状兵器悬在众军头顶。在众人的惊呼声中，成吉思汗感悟到这是苍天赐予自己的神物。于是，他卸下自己坐骑上的雕花马鞍，跪于其上，双手垫着乌黑的马鬃，伸手接了下来。刹那间，万民同呼，群情激愤，斗志倍增。此后，这柄苏勒德就成为成吉思汗统率的蒙古军队的战旗、蒙古民族的守护神与战无不胜的象征。这则有关苏勒德的传说，在早于蒙古民族一千余年前的早期北方民族中，通过我们前面对鄂尔多斯青铜短剑的分析，已经得到了淋漓尽致的预演。

图32 成吉思汗苏勒德祭坛及苏勒德

形制各异的青铜匙,也是鄂尔多斯青铜器中造型特殊的一种器皿,它与今天人们使用的金属汤匙十分接近,柄部多装饰缠绕状的绚纹或锯齿形花边,柄端多有孔,便于随身佩带,充分体现了游牧民族的生活特性(图33)。这类器皿中部分形体较大的,应该具有食具的实用价值,而部分形态较小,整体长度仅在5厘米左右,形制特别精美,柄部装饰繁缛。对柄部装饰图案左右成双配对者的用途的推测,或许可以通过今天成吉思汗祭祀活动中所使用的一种祭器带给我们有益的启迪。

图33 青铜匙

成吉思汗祭祀一年"四时大典"(亦称"四时大祭")之首是春季的"查干苏鲁克大典"(亦称"鲜奶祭")。在蒙语中,"查干苏鲁克"意为"洁白的畜群"。祭祀的内容为:用九十九匹白母马的乳汁向九十九天祭洒,以祈求上天和祖先保佑人畜兴旺、大地平安。祭祀活动使用的祭器蒙语称谓"楚楚格"(汉意为"撒祭勺")(图34)。形如长柄勺,银或木质,整体长约七寸,窄长条形柄,方形扁平勺头,勺头上排列九个浅窝。祭祀仪式中,主祭人手执"楚楚格"从斟满鲜奶的"宝日温都尔"(汉语译为"圣奶桶")中舀出鲜奶频频祭洒。蒙古族视"九"为大,所以"楚楚格"的前端(勺头部位)做成九个浅窝状,既寓意承载着数量最多的鲜奶,以表对神圣受祭者的最高礼待及最崇敬的心意,又反映了草原民族崇尚节约、务实的精神。成吉思汗祭祀保留了13世纪蒙古王朝的宫廷文化、帝王祭祀文化习俗,承袭着蒙古民族古老、原始、神秘的传统文化。成吉思汗祭祀活动中最重要的"四时大典"形成于成吉思汗时期,而源于以萨满教习俗为基础的祭祀庆典活动,最终在元朝忽必烈时期由皇帝钦定了其举行的日期、程序、内容等,并作为一项制度世代相传。在漫长的历史岁月

图 34 祭祀用具——楚楚格

中,不但成吉思汗祭奠的主要内容贯穿于"四时大典"之中,而且北方草原民族传统的祭天、祭地、祭祖的仪式也渗透其中。通过"楚楚格"这种特殊的祭器,我们或许可以判定鄂尔多斯青铜器中的那些器形纤小、装饰繁缛的勺形器,应是巫师(萨满)一类的神职人员在类似于成吉思汗"查干苏鲁克大典"中"鲜奶祭"等特殊场合下才使用的专用器皿。

在鄂尔多斯青铜器中诸如此类性质的器皿还有很多,这里不一一枚举。尽管只是列举了其中一小部分,但以鄂尔多斯青铜器为代表的我国早期北方畜牧、游牧文化,在中华文明和北方草原文化的形成与发展进程中所发挥的作用已足见一斑。

五、由鄂尔多斯青铜器动物纹看中华十二生肖观

(一)中华民族十二生肖纪年

中国农历使用传统的天干地支来作为计算年、月、日、时的方法。所谓"天干""地支"的称谓来源于中国古老的阴阳八卦观,认为天为阳,地为阴,天乾而地坤。天有十位,谓之"天干",又称十母,即甲、乙、丙、丁、戊、己、庚、辛、壬、癸;地有十二位,谓之"地支",又称十二子,即子、丑、寅、卯、辰、巳、午、未、申、酉、戌、亥。用天干的10个字符依次与地支的12个字符两两相配组合的计数方式,即为"干支法"。据文献记载,我国至少从距今4000多年前的帝舜时代起,就开始使用这种方法了,而近代发现的商代甲骨卜辞则确切证明,至迟在殷商时

期，干支纪日已应用得相当普遍了。虽然干支纪年在西汉时期已经十分通行，但它仍和其他纪年法时有混用，直至东汉章帝元和二年（85年）经朝廷正式下令在全国推行，干支纪年才由此固定下来并一直延续至今。由于10个天干字符依次与12个地支字符组合的最小公倍数为60，故"干支纪年法"以60年为一轮回，循环往复，周而复始。

用十二种动物来匹配十二地支进行纪年，即子鼠、丑牛、寅虎、卯兔、辰龙、巳蛇、午马、未羊、申猴、酉鸡、戌狗、亥猪，便是中华传统文化中的生肖纪年法。生肖纪年法起源于何时，目前还不能完全确定。在《诗经·小雅·吉日》里即有"吉日庚午，即差我马"的诗句，大意为吉日庚午时辰，是跃马出猎的好日子。这应该是我国历史文献记载中，最早将地支与动物，或者更准确地说是将地支中的午与马相对应的例子。《诗经》的成书年代，学术界一般认为最早的篇章完成于西周时期，最晚的篇章完成于春秋中期，可见至迟在公元前7世纪的春秋时期，地支与动物的对应关系已经确立并开始流传，但是否与后来的十二生肖动物完全对应，则不可一概而全。

和今天十二生肖说法完全一致的，当首推东汉王充的记载。王充在《论衡·物势》中说："寅，木也，其禽，虎也。戌，土也，其禽，犬也……午，马也。子，鼠也。酉，鸡也。卯，兔也……亥，豕也。未，羊也。丑，牛也……巳，蛇也。申，猴也。"[1]虽然这里十二生肖动物仅谈到了十一种，还缺辰龙，但该书的《言毒》篇有"辰为龙，巳为蛇。辰、巳之位在东南"的记载，因此可以断定，中国古代关于十二生肖的概念，至迟在东汉时期已经与现今的说法完全相同。

（二）十二生肖观溯源

纵观中华传统的十二生肖，古人选择的都是在本民族心目中具有特殊地位、与自己最亲近的动物，而这些动物大致可归为三类：第一类是与人们日常生活息息相关的"六畜"，即牛、羊、马、猪、狗、鸡，它们是人类为了生存而首先驯化饲养的动物，占十二生肖动物的一半；第二类是人们耳熟能详的几种动物，有虎、兔、猴、鼠、蛇，这其中既有为人们所

---

[1] （东汉）王充：《论衡》，上海古籍出版社，1990年。

敬畏的凶猛动物虎、蛇，也有为人们所喜爱的动物兔、猴，还有虽因常常侵扰人类而令人厌恶却与人类接触密切的鼠；第三类则是中华民族的图腾——龙。作为中华民族的传统文化，尽管历代学者对于十二生肖的起源众说纷纭，但主流观点多认为，它是基于原始社会生产力低下、认识自然能力极其有限的情况下，古人或出于对与自己生活息息相关动物的依赖情结（如猪、马、羊、牛、鸡、狗等），或出于对危害自身安全动物的恐惧、敬畏感（如虎、蛇等）而产生的动物崇拜、图腾崇拜意识。

中国地域辽阔、历史悠久、民族众多，十二生肖观作为中华民族共有的传统文化，它的起源不仅经历了漫长的历程，而且各民族都在其中发挥着各自的积极作用。传统观念中，"六畜"是中国农耕文化的重要组成部分，不但与人类相伴生的历史悠久，而且与人类日常生活息息相关，是仅次于农业种植的社会经济支柱，故"六畜兴旺"的祝语除本意外，还昭示着家族人丁兴旺、生活美好吉祥、社会蒸蒸日上的意念。因此，中华十二生肖观的形成，应该主要植根于中原农耕文明的沃土。其实，据现代考古学研究成果可知，"六畜"中仅有猪和鸡是原始农耕居民首先驯养的动物，狗是原始农耕居民与狩猎、畜牧居民共同驯养的动物，而羊、牛、马则毫无疑问是由畜牧民族率先驯养并逐步传播至农业居民中的。除六畜外，虎、蛇等动物在北方草原民族心目中，有着比中原农耕民族更加别样的情怀。因此可以说，在中华传统的十二生肖观形成的过程中，位于北方草原地带的早期北方民族，发挥了巨大的推进作用。

（三）鄂尔多斯青铜器中的动物崇拜与十二生肖

从19世纪末叶开始，在我国北方长城沿线地带陆续出土了大量具有浓郁游牧民族文化特征的青铜及金、银制品，引起了世人的关注，因以鄂尔多斯地区发现数量最多、分布最集中、最具特征而被称作"鄂尔多斯青铜器"。鄂尔多斯青铜器是中国古代文化的重要组成部分，是中华文明大花园中一枝独放异彩的奇葩。它是相当于春秋至西汉时期中国北方草原民族的代表性器物之一，是以狄—匈奴为代表的中国早期畜牧民族的物质遗存。鄂尔多斯青铜器多为实用器，按用途可分为兵器和工具、装饰品、生活用具及车马器四大类，以采用圆雕、浮雕、透雕等工艺和手法，大量装饰各种动物纹最具特征，内容丰富，造型生动。鄂尔多斯青铜器以其复杂巧妙的图案构思、独特的艺术风格和优美的造型而享誉海内外，尤以装饰动物纹为其最显著的特征。在这些动物纹中，就包括十二生肖中的龙、虎、羊、马、牛、兔、蛇、猪、狗等。

据民族学和考古学的研究成果可知，崇拜大自然中的生物，将它们视为图腾，依仗它的神力保佑族群的平安，是许多原始民族共同的习俗，而将崇拜物形象装饰于杆顶或杖端，则是早期北方民族图腾崇拜的另一种表现形式。一方面，它是由图腾柱古俗衍生出的一种更适宜于游牧民族的生活习俗，代表当时社会集团中不同血源人群的崇拜物和标识物。另一方面，它又将祖先崇拜、神灵崇拜与地位、身份相结合，成为权力的象征。如羊这种草原上最常见的动物与人们有着密不可分的亲缘关系，导致了它在人类心目中的崇高地位。鄂尔多斯青铜器中有许多圆雕的伫立羚羊形饰件，它们应该是具备神权、宗族权或地位标示功能的权杖的杖首（图35）。

图35　伫立羚羊青铜杖首

鄂尔多斯青铜器动物图案中的主角，多为虎和包含有虎特征的异兽。纵观鄂尔多斯青铜器中与虎密切相关的装饰因素，主要可分为如下两大类。

（1）短剑、刀、勺等兵器或者工具类器皿柄部的造型装饰。或整个柄部由圆雕或透雕的对卧双虎、四虎造型构成，或在柄首、柄部浮雕虎的造型。青铜短剑和青铜刀、勺等是鄂尔多斯青铜器中最常见、最具特色的器物之一，尤以柄部极具装饰性而著称。对于这些制作精美、装饰华丽的兵器、工具和器皿，笔者曾撰文进行分析，认为它们既可能是早期北方民族首领所执具有身份、地位象征的权杖，又可能是神职人员（萨满）在举行法事活动时所用的法器。如此，这些装饰有老虎形象的青铜短剑、青铜刀、勺等，冥冥之中或为持有者增添了兽中之王般的威慑力，或蕴藏着猛虎般强悍的神奇威力，以庇佑人们在即将进行的狩猎或战事中，所向披靡，大获而归。

（2）形态各异的虎图案饰件及虎兽咬斗纹饰牌。前者多做圆雕、透雕、浮雕的虎头造型或呈卧姿、蹲踞姿势的全虎造型，或威风凛凛、张牙舞爪，或凝神闭气、泰然自若，所昭示更多的是老虎自身的威严和人们对老虎的恐惧和敬畏。全虎造型绝大多数为腰带围合处的饰物，同时具有带扣、带钩的作用（类似于今天皮带上的金属带头）。整体或略呈长方形，或一端略宽、一端略窄，俗称"B"形；也有的略呈环形，造型或装饰图案为形形色色的虎（或以虎为主体特征但又融合其他动物因素构成的异兽）噬咬鹿、羊、牛、野猪等动物。该类饰牌除大量青铜质的外，还有少数银质的和黄金质的，表明它们是早期北方民族不同阶层均不可或缺的饰物。另外，该类饰牌造型和所刻划图案不但形象生动、内涵丰富，而且寓意深刻、令人浮想联翩，从不同侧面展示着当时人们的内心世界。

虎是大型食肉动物，被誉为百兽之王。虎额头上的"王"字斑纹，似乎昭示着生来上天就安排了其在动物界的地位。在中国人心目中，虎是威严与权力的象征，几乎与象征中华民族的龙一样重要，所以在许多成语中人们将龙虎并提，如虎踞龙盘、龙腾虎跃、藏龙卧虎、龙争虎斗等。虎虽是人类的天敌，却由于其在动物界的地位而受到人类的普遍崇拜。古人常借虎的形象表示权威和力量，作为一种威慑力量世代相传，崇虎的文化意识遂成为中华民族共同的文化观念。

据最新考古发现可知，我国境内自原始社会以来虎崇拜的事例发现很多，如新石器时代长江流域良渚文化中玉琮的兽面、中原殷商青铜器流行的饕餮纹都与虎的形象相似等，但迄今为止，还没有哪一个地域内的古代先民像生活在鄂尔多斯地区的早期北方民族这样，对虎这种处在生物链顶端的动物，具有如此深的崇尚、仰慕、眷恋之情，如此丰富多彩的寄托和如此鲜活、生动的再现。

究其原因，早期北方民族由于特殊的生活环境和生产方式，决定了他们在日常生活中很大程度上主要依靠个人的能力与智慧、去面对大自然无情的肆虐及邻人的劫掠。因此，他们不但需要强壮的体魄、剽悍的性格和独立不羁的品质，而且还造就了比农耕民族对于弱肉强食、优胜劣汰这一自然法则更为深邃的理解和崇尚。基于虎在自然界的霸主地位，其自然就成为人们效之以法的楷模和寄托。在日常社会生活或大型活动（战争、祭祀等）中，手执、佩戴大量装饰有猛虎捕食食草动物造型图案的器物、饰物，便是他们崇虎、尚武情结最直白的表现。

研究古文献和古天文学的学者,还对鄂尔多斯青铜器中大量老虎造型的涌现提供了另一个层面的解释。据《说文解字》解释:"昴,白虎之中星。"①这里所指的"昴"即昴宿,亦称昴星团。我国古代天文学家把天空中可见的星宿分成二十八组,叫作二十八宿,东西南北四方各七宿。因昴宿(昴星团)为西方白虎七宿之一,故也常将昴宿(昴星团)称为白虎星。又据《史记·天官书》载:"昴,胡星耶。"②这里称谓的"胡",即中原地区人们概念中的以狄—匈奴民族为代表的北方草原民族。原来,狄—匈奴民族不仅崇尚现实生活中的猛虎,还将天象中的昴宿(白虎星)视为自己的族星、希望之星、寄托之星。

　　蛇非常聪明,行动灵巧,攻击性强,捕食本领相当高强,能吞进比自己大的食物,居草原生物链顶端。在世界范围内的原始社会中,以蛇作为图腾的氏族极为普遍,蛇图腾崇拜在我国原始社会中也同样存在,如仰韶文化的彩陶上就有蛇的图像。传说中的汉族祖先,亦有不少是蛇的化身。据《列子》中记载:"疱牺氏、女蜗(娲)氏、神龙(农)氏、夏后氏,蛇身人面,牛首虎鼻。"③《山海经》里也有"共工氏蛇身朱发"④之说。我国古代传说中的龙,很大程度上就是蛇的神化,因此,伏羲部落中才有飞龙氏、潜龙氏、居龙氏、降龙氏、土龙氏、水龙氏、赤龙氏、青龙氏、白龙氏、黑龙氏、黄龙氏11个氏族,它们可能就是以各种蛇为其图腾的氏族。

　　在鄂尔多斯青铜器中,也有大量以蛇为装饰图案的器物,如蛇首匕、蛇纹柄青铜短剑、青铜刀和饰牌等。

　　蛇首匕整体细长,柄首端作圆雕的蛇首造型,蛇信外伸可左右摆动,蛇身为柄,上饰鳞形图案,刃端呈圆弧状(图36)。这类器皿由于刃部不锋利,显然不是日常生活中经常使用的物件,再结合其精美的造型等综合分析,应该是一种在祭祀等特殊场合下使用的器具。北方草原民族有歃血盟誓的习俗,据《汉书·匈奴传下》记载,汉元帝时期,车骑都尉韩昌、光禄大夫张猛受命出使匈奴。两位汉使看到匈奴人数众多、物资充足,担心匈奴会叛离汉廷,便提出愿与匈奴盟誓,世世代代永结同好。匈奴呼韩

---

① (东汉)许慎:《说文解字》,中华书局,1963年。
② (西汉)司马迁:《史记》,中华书局,1959年。
③ (战国)列御寇撰,张湛注:《列子》,中华书局,1985年。
④ (晋)郭璞注,(清)郝懿行笺疏,沈海波校点:《山海经》,上海古籍出版社,2015年。

邪单于为了向汉廷表示诚意，遂与汉使一同登上诺水东山，宰杀一匹白马，与汉使对天盟誓，共饮血酒。文献在记载这一盟誓程序时提到，单于以"径路刀、金留犁挠酒"。这里所谓的"径路刀"，目前学术界普遍认为是指匈奴人使用的宝刀，"金"是古人专指的青铜，而"留犁"即饭匕，"挠"即搅拌之意。因此，这段文献记载中匈奴单于结拜盟誓时用于调制血酒的饭匕——"金留犁"，应该就是这些形制特殊的青铜蛇首匕。在这样重要的场合下主祭人使用的器皿，无疑具有更多的法器、神器功用，而之所以要把它们做成蛇的造型，自然源自蛇这种在当时人们心目中占据特殊地位的动物。

图36　蛇首匕

在鄂尔多斯青铜短剑、青铜刀的柄部，也经常可见蛇的造型或蛇鳞纹装饰，青铜短剑和青铜刀是鄂尔多斯青铜器中最常见、最具特色的器物之一。前面已经讲到，它们应该就是类似于文献记载中的匈奴人的宝刀——"径路刀"，而现实生活中的它们既是早期北方民族首领所执具有身份、地位象征的权杖，也是神职人员（萨满）在举行法事活动时所用的法器、神器。这些装饰有蛇形象的青铜短剑、青铜刀等，冥冥之中为持有者增添了威猛、庄严、至高无上的威慑力，庇佑人们在即将进行的狩猎或战事中，所向披靡、大获而归。

（四）由十二生肖看鄂尔多斯地区的古代文化在中华文明形成与发展过程中的地位

鄂尔多斯青铜器是伴随着早期北方民族社会经济形态由单纯的农业向半农半牧、畜牧、游牧经济的发生、发展而兴起、繁荣起来的，它既是与当时人们的社会生产、生活息息相关、形影不离的必需品，同时也是饱含他们智慧、思想、意识的物质载体。特定的生产方式和生活习俗，特殊的自然生态环境，造就了他们独特的胸襟和情操，在这些小小的方寸天地里，不仅记载着北方大草原上的风和日丽，也铭刻着征战厮杀，还倾诉着自己丰富的情怀。展现在我们面前的这些锈迹斑斑的鄂尔多斯青铜器，穿越几千年的时空隧道，向世人昭示着中国早期北方民族的漫漫发展历程，以及他们对物质审美的追求和对艺术再现的拓新。具有浓郁北方草原文化气息的鄂尔多斯青铜器，集中了草原民族对当时森林草原景观和他们赖以生存、朝夕相处的动物浓郁情感的再现。另外，正是由于对物质和精神的双重需求，较生活在中华大地上的其他民族，早期北方民族对虎、蛇等动物除具有敬畏之情外，还有着更多的敬仰与依赖情结。也正是因为这些原因，早期北方民族才会在日常生活中投入如此大的精力和心血去着意刻画、渲染他们的敬仰与依赖情结，进而构形自己鲜明的虎、蛇文化特色。我们也因此得以细细揣摩三千年前，早期北方草原民族的那些早已被历史深深淹没的固有情怀（图37）。

图37　双蛇双马双豹纹青铜饰牌

以造型生动、特征鲜明、寓意深刻著称的鄂尔多斯青铜器，宛如诠释中国北方草原民族历史优美画卷中的一部精美篇章。透过鄂尔多斯青铜器这支独放异彩的奇葩，人们不仅对中国古代北方游牧文明有了全新的了解，同时对于古老的多元一体的中华文明也有了全面的感悟。早在两百多年前，清代学者赵翼就曾指出中华民族的生肖观念应最早源于我国北方的游牧民族，他在《陔余丛考》中说："盖北俗初无所谓子丑寅之十二辰，但以鼠牛虎兔之类分纪岁时，浸寻流传于中国，遂相沿不废耳。"[1]虽然赵翼的论断未必正确，但鄂尔多斯青铜器中大量动物造型所折射出的，以狄—匈奴系为代表的早期北方民族对虎、蛇、马、羊、牛、狗等动物的崇尚情结，确实应该引起我们对于早期北方民族在我国传统十二生肖观产生、发展过程中所发挥的作用，并重新评估北方草原文化在中华文明形成

---

[1] （清）赵翼：《陔余丛考》，中华书局，1963年。

及发展进程中所处的独特地位。

以鄂尔多斯青铜器为载体的中国早期北方民族,是中华民族大家庭中的重要组成部分,是中华百花园中独树一帜的奇葩。人们正是通过鄂尔多斯青铜器才得以对这个在中国乃至世界上产生过重大影响的中国早期北方民族的意识形态、物质文化等有了一个确切的认识。鄂尔多斯青铜器的发现和研究,为全面复原中国古代历史画卷,画上了浓墨重彩的一笔。鄂尔多斯青铜器以它复杂巧妙的图案构思、独特的艺术风格和优美的造型而享誉海内外。对其起源等问题的探讨,为我们揭示中国北方早期畜牧、游牧文化的产生及其发展历程等,提供了宝贵的资料。以动物纹为特征的北方草原文化不仅对中原农业文化产生了巨大的影响,同时对于沟通与加强中西文化交流与影响,推动北抵南西伯利亚、西至多瑙河流域的整个欧亚草原古代社会的发展,做出了不可磨灭的贡献。

透过鄂尔多斯青铜器,我们对两千多年前生活在中国北方长城地带的古代先民们的物质文化、意识形态、审美艺术等有了一个大概的了解。我们应该清醒地认识到,有关中国早期北方民族的构成,北方民族的畜牧、游牧化的进程,北方民族与欧亚草原民族的关系、文化交往、融合等,是一个错综复杂的综合课题,现有的发现还远远无法将它们一一梳理得通,还需进一步研究。因此,我们希冀通过鄂尔多斯青铜器,让世界对中国早期北方民族进一步了解和关注。对于中国早期北方民族的认识,就像林沄先生说的那样:"我们已经比司马迁前进了一步,应该再跨进一大步。"[①]

[①] 林沄:《关于中国的对匈奴族源的考古学研究》,《林沄学术文集》,中国大百科全书出版社,1998年,第368~386页。

肆

涤荡历史旋轮

  自前4世纪始,晋、魏、赵、秦等中原诸雄相继与北方草原民族在鄂尔多斯地区展开了对峙。秦始皇统一中国后,为巩固北方的统治,从内地迁来大批移民,垦田耕植,广筑县城。伴随着中原封建王朝对鄂尔多斯地区的不断开发,这里掀起了一次又一次民族融合的浪潮,也获得了飞速发展。

  魏晋南北朝时期,随着北方少数民族的不断南迁,鄂尔多斯地区的民族融合达到空前水平。隋唐时期,鄂尔多斯地区既是隋唐王朝的北疆重地,也是与突厥等北方游牧民族联系的纽带和桥梁。唐代后期,党项人逐步迁徙到鄂尔多斯南部,并于北宋初期建立了西夏国,雄踞该地与辽、宋对峙。

  1227年,成吉思汗率军攻灭西夏,鄂尔多斯草原从此奏响了蒙古族文化的主旋律。自明代中后期以来,蒙古鄂尔多斯部一直植根于这块神奇的土地,祭祀成吉思汗"八白室"的神灯八百年不灭;融汇蒙古帝王祭祀文化、宫廷文化、传统草原游牧文化的鄂尔多斯蒙古族文化源远流长。伴随着清代中后期"黑界地"的放垦,大量农耕民族的涌入,各族人们和睦相处,开创了草原文化的新纪元。

一、群雄逐鹿

  据文献记载:当早期北方民族在鄂尔多斯高原崛起时,商、周王朝的势力便不断北上挤压。至公元前7世纪前半叶,"晋文公攘戎狄于圁、洛之间",春秋五霸之一的晋国的战车出现在鄂尔多斯东南部的丘陵间。公元前4世纪,战国七雄之一的赵国先把长城扩展到鄂尔多斯东北部的沿河地带,继而"(赵武灵王)西略胡地至榆中",进一步深入鄂尔多斯的腹地。秦昭襄王紧随其后控地北至上郡,把鄂尔多斯东南部纳入秦的疆域。强大的秦、赵诸国与新兴的北方草原民族在鄂尔多斯展开了强力角逐。先秦时期的鄂尔多斯文化遗存丰富多样,具体如下。

1. 西周"朔方"显朦胧

《诗经·小雅·出车》中记述了发生在西周时期的战事——"天子命我,城彼朔方。赫赫南仲,狁于襄"。诗中所述的朔方,有学者认为泛指北方地区,也有学者认为就确指鄂尔多斯地区,而狁则无疑就是指当时活动在鄂尔多斯地区的北方民族。20世纪80年代第二次全国文物普查期间,鄂尔多斯文物工作站相关人员在鄂托克旗木凯淖尔古城发现了一件瘪裆罐形陶鬲(图1)。此鬲为夹砂灰陶,整体作罐形,侈口,卷沿,三足,瘪裆,通体饰绳纹,形态上具有明显的西周陶鬲的作风。这件陶鬲的发现,虽然还无法证明鄂尔多斯地区与文献记载中的西周朔方古城有什么样的直接关联,但至少证明在西周时期,当以鄂尔多斯青铜器为代表的早期北方民族在这块古老大地上谱写草原文化篇章之时,确实有来自中原西周文化的因素在此出没。

图1 在鄂托克旗木凯淖尔古城发现的瘪裆罐形鬲

2. 战国"广衍"露真容

1975年夏,内蒙古历史语言文学研究所崔璇先生等在准格尔旗西部沿牸牛川流域进行的考古调查工作中,对位于准格尔旗乌日图高勒乡的勿尔图沟古城进行了调查,并对周边的墓葬进行了清理发掘。古城位于勿尔图沟南岸的台地上,东北依山,西北临牸牛川与勿尔图沟,东南为辇房渠所环抱,依山傍水,地势险要。现今古城所在的台地大多被牸牛川冲毁,仅存东北部,东城垣残长近400米,北墙垣仅残存约90米。城内地面散布陶片、瓦当、瓦片等。城内东北部有一台地，南、北长130米，东、西宽约30米，地面瓦片密集，下压着烧过的木炭、木料和烧成红褐色的土块，应为古城的中心建筑区。在此东南40~50米处紧接东墙的断崖上露出的灰土中含有坩埚、铜渣、铁渣、弩机泥范、铺首泥范、箭头石范和半两、五铢、大泉五十等铜钱及铜箭头等遗物，推测应是一处手工加工场所在地。古城内外所采集的遗物还有秦式中心为网格纹的云纹圆瓦当、半瓦当、叶纹圆瓦当、对兽纹圆瓦当；汉式云纹圆瓦当、"长乐未央"和"千秋万岁"文字瓦当、铜环首削、镞、带钩、带扣等。

在古城周围清理发掘了18座墓葬，出土刻有"广衍"铭文的陶壶、铜戈等遗物。通过对出土遗物的分析，该批墓葬资料可以分为五期，第一期为战国时期，第二期为战国末期至秦，第三期为西汉初期，第四期为西汉武帝时期，第五期为西汉昭帝或稍后时期。

崔璇先生等通过对古城出土遗物特征的分析，推测该古城的时代应为战国—新莽时期。据古城所在地望及出土器物上"广衍"的刻铭并结合文献记载等推测，该古城即为秦、汉时期的广衍县城故址。

据文献记载，西汉广衍县城所在地战国前期属于魏地，自秦惠文君十年（公元前328年）魏败于秦，"纳上郡十五县于秦"后，这里纳入秦的版图。为抵御北方游牧民族的侵扰，秦在北疆修筑长城，设置郡县，其中在窟野河上游犊牛川东岸置广衍县，属上郡所辖，直至秦亡，这里归秦统治120余年。至西汉时期，汉武帝设置西河郡，把原属于上郡的广衍县城划入西河郡管辖，东汉末年废置。由于古城及其周围墓葬发现的早期遗物具有战国时期秦文化的特征，大量文物属于秦、西汉时期，因此，古城出土遗物所反映的使用时代等，亦与文献记载相仿。

秦汉广衍县故城是鄂尔多斯境内目前已确定的唯一一座战国、秦汉城址。它的确认和对附近墓葬的研究，对于探索本地区战国至汉代的历史沿革、城市建设、社会经历、民族构成等，具有积极的推进作用。

2009年，为配合准格尔旗弓家塔—川掌镇公路建设、煤矿建设等工程，鄂尔多斯青铜器博物馆对该城址保护控制地带进行了历时三年的考古发掘。此次共发掘墓葬数百座（图2）。这批墓葬不但发现数量多，时间跨度大，而且形制多样，葬式既有本地区常见的仰身直肢葬，也有大量秦文化特有的屈肢葬（图3）。随葬品既有早期北方民族文化的因素，也有中原

图2　秦汉广衍县故城附近墓地远景

图3　秦汉广衍县故城附近墓地中的屈肢葬

农耕民族的成分。这批墓葬对于进一步深入研究秦汉广衍县城，以及鄂尔多斯东部地区战国、秦、汉时期历史、居民构成、地域文化特征等，具有十分重要的意义。

3. 长城内外天几重

长城是中国也是世界上修建时间最长、工程量最大的一项古代防御工程，与罗马斗兽场、比萨斜塔等被列为中古世界七大奇迹之一。长城通常指古代中国为抵御不同时期北方游牧民族的侵袭所修筑的规模浩大的隔离墙和军事工程。它宛如一条蜿蜒盘旋的巨龙，气势磅礴，雄伟壮观。长城是中华文明的象征，是中华民族的脊梁，是华夏儿女的根和魂。长城是镌刻在大地上的历史记忆，是人类历史上不朽的丰碑。

提起长城，首先让人想到的恐怕就是"孟姜女哭长城"的故事，因此多数人可能会有这样一种认知：万里长城是从秦始皇时期开始修建的。其实，自公元前七八世纪的春秋战国之交开始，列国诸侯为了争霸，纷纷在边境筑起长城。最早修筑的当属公元前7世纪的楚长城，其后齐、韩、魏、赵、燕、秦、中山等诸侯国相继修筑长城以自卫。公元前221年，秦始皇并灭六国统一天下，结束了列国纷争的局面，建立了中国历史上第一个封建集权统一国家。为了巩固帝国的统一，防御北方强大的匈奴的侵扰，在利用原来燕、赵、秦部分长城的基础之上，又新修筑了很多部分，形成"西起临洮，东止辽东，蜿蜒一万余里"的长城防御体系，"万里长城"的称号也由此而生。

长城不单单是一项防御工程，其特殊的地理位置和地形特点所构成的地理环境、气候特点决定了中国北方阴山、燕山以南和东北平原是旱作物农业经济发展带，阴山以北、贺兰山以西为畜牧业经济发展带的自然生态格局，而中国北方的长城就恰恰建筑在这两种经济发展带的过渡地带上。长城地带包含了旱作农业经济发展带和畜牧业经济发展带两种经济形态，构成一个完整独立的经济体系。经济上两种经济形态相互依存，相互补充；文化上相互渗透和吸收，不断汇聚与辐射。长城既将两种经济、文化分隔，又将两种经济、文化联结在一起。这种特殊的经济、文化、民族构成格局，对于中国古代主体民族的形成与发展，主体民族与北方各民族的交流与融合，以至整个中华民族的塑造与演化都曾起过重要作用。因此，长城地带不仅铭刻着一部中国古代中原民族与北方草原民族的对抗史，记录着中国农耕经济与畜牧—游牧经济的交互作用发展史，更谱写了一部波澜壮阔的民族融合史。

鄂尔多斯高原地处中国北方长城地带的中部，往北越过黄河、阴山，便是广袤无垠的草原，往南顺黄河而下，便可直抵中原腹地，是中原王朝北进大漠，北方民族南下中原最主要的通道，其地理位置极为重要。自商周以来，这里就成为北方民族与中原王朝对峙的中心地带，历史上的土方、鬼方、狄、林胡、楼烦、义渠、匈奴等北方民族都曾在此驻足。自汉以降，这里更是中原王朝与北方游牧民族的兵家必争之地和交通枢纽要地，成为双方政治争夺、军事冲突、经济贸易、文化交流、民族融合的焦点地区。鄂尔多斯市八个旗、区中，至少有六个旗、区内都分布有长城遗迹，为全国长城遗迹分布最广的地区之一。鄂尔多斯高原上究竟保存有哪些朝代的长城遗迹？地处长城内外的这块古老大地上又铭刻着中华文明哪些鲜为人知的别样诗篇呢？

据文献记载，战国秦昭王时期，西戎义渠王利用朝拜秦国的机会，与秦昭襄王之母私通，最终导致秦昭襄王计杀义渠王，对义渠展开大举征讨，并最终占有了义渠故地。为防患未然，秦昭襄王于陇西、北地、上郡一线修筑长城。为别于其他的秦长城，史学界将该段长城称为"秦昭襄王长城"。由于文献记载简略，加之年代久远，长城本体在岁月的侵蚀下湮没于历史之中，因而该长城的具体情况鲜为世人所知。20世纪70年代末，中国著名史学家陕西师范大学史念海教授根据甘肃、陕西境内的田野考古调查资料撰写的《黄河中游战国及秦时诸长城遗迹的探索》[1]报告，终于揭开了笼罩在这一古代浩瀚工程上的面纱，被历史尘封两千多年的"秦昭襄王长城"渐渐步入人们的眼帘。1979年史念海教授在呼和浩特参加全国长城保护与研究座谈会后，专程前往鄂尔多斯，在伊克昭盟文物站业务人员的陪同下，对位于伊金霍洛旗、准格尔旗境内的长城遗迹进行了实地调查。通过这次实地调查，进一步夯实了史念海先生先前对"秦昭襄王长城"在鄂尔多斯地区南部的具体走向，并结合文献记载，确定其终点在准格尔旗十二连城古城。其调查成果《鄂尔多斯高原东部战国时期秦长城遗迹探索记》[2]发表于《考古与文物》1980年第1期上。至此，"秦昭襄王长城"西起甘肃省岷县，经陕西靖边，再北折东行，经榆林市东北、神木北部，进入鄂尔多斯境内，经伊金霍洛旗纳林陶亥镇三界塔村，沿牸牛川西

---

[1] 史念海：《黄河中游战国及秦时诸长城遗迹的探索》，《陕西师大学报》（哲学社会科学版）1978年第2期。

[2] 史念海：《鄂尔多斯高原东部战国时期秦长城遗迹探索记》，《考古与文物》1980年第1期。

岸一直向北，在大柳塔村进入束会川西岸后，再向北经准格尔旗准格尔召镇哈喇沁川东岸，至铧尖村沿东北方向途经暖水，至达拉特旗敖包梁后，向东北方向经点素敖包至十二连城的观点，成为学界的主流看法。

鄂尔多斯境内的"秦昭襄王长城"以位于伊金霍洛旗纳林陶亥镇布尔洞塔村三社束会敖包梁山丘上者保存最好。登高眺望，长城遗迹蜿蜒曲折，随地形高低起伏，隐没于苍茫烟云之中。该段长城大多为自然石片垒筑而成，保存最好的地段宽3米余，残高约2米。墙体构筑方式共有石块垒砌、毛石干垒、石块堆积、土夯四种。墙体底宽2～10米，高0.1～2.5米，夯层厚0.08～0.2米。长城墙体遗留有亭障、烽燧、障城、采石场、建筑基址等遗迹。

由于受当时各种因素的制约，1979年史念海先生在准格尔旗暖水公社和伊金霍洛旗纳林塔公社实地考察了位于此地的部分长城遗迹（图4），但对于该长城由敖包梁经巴龙梁向东北十二连城方向的延伸部分，则更多的是凭借对当地地貌的判断（巴龙梁为当地的南北分水岭）和一些道听途说（老乡告知点素敖包有夯土台基等）所做出的推测。等到了20世纪80年代后期，随着鄂尔多斯地区文物普查工作的结束，"'秦昭襄王长城'向东终止于准格尔旗十二连城"的主流观点，遭到了质疑。

1985年准格尔旗的文物普查工作结束后，普查队员未能如愿在史念海

图4 伊金霍洛旗纳林塔战国秦长城

先生推断的达拉特旗敖包梁至准格尔旗十二连城一线找到任何有关长城遗迹的踪迹。尽管这一地区地表水土流失严重，隆起于地表的长城遗迹或许已被彻底侵蚀掉，但在相互毗邻的地区准格尔旗西部尚能见到足以辨认的痕迹，而东部就荡然无存——这样的解释同样难以说得过去。

1987年在达拉特旗、东胜区的文物普查工作中，又有了关于鄂尔多斯长城遗迹的重大新发现。伊克昭盟文物工作站和达拉特旗文管所的普查队员，首先在达拉特旗新民堡乡发现了被当地老乡称为"秦始皇跑马修的边墙"的长城遗址（图5）。该段长城遗址位于黄河冲积滩向南面丘陵沙漠的

图5 新民堡乡长城遗迹

过渡地带，随自然地形作东西走向，其范围东起达拉特旗新民堡乡新民堡村东南的哈什拉川西岸，往西经门肯梁、泊合成，经树林召乡秦油房至王二窑子村的109国道边。在此区域长约30千米的地段内保存最好。墙体用灰白色黏土夯筑而成。基宽约10米，顶残宽2.5～3米，残高约2米。继续往西越过109国道后，由于已处于库布奇沙漠的边缘，地表荒漠化严重，长城踪迹全无，但据当地老乡传言，这条白色的硬土垄子向西直趋昭君坟乡。而往东无论是越过哈什拉川，还是顺川南上，再也没能找到任何线索。同样据当地老乡介绍，长城是顺哈什拉川西岸南上，在其源头处向东而去的。

循着这个线索，普查队员在东胜区和达拉特旗交界处的敖包梁和辛家梁，又有了新的发现。长城位于该处南北分水岭的偏南一侧，均为夯土构筑，位于达拉特旗敖包梁村的长城由于当地水土流失严重，沟壑纵横，长城遗迹被破坏得支离破碎，但可确定其整体作东西走向（图6）。由于这里地处东胜、达拉特旗、准格尔旗三地交界地区，再往东就进入准格尔旗地界，鉴于当时普查时间有限、经费不足等原因，故未进一步向东探寻。由于长城土质坚硬的缘故，在地面上形成的一条蜿蜒前伸的小车路则清晰可辨。据当地老乡介绍，此路可直达准格尔旗榆树壕古城。长城在敖包梁村往西越过210国道后，经辛家梁村呈土垄状继续向西延伸，至水土流失特

图6 达拉特旗敖包梁长城遗迹

别严重的店圪卜村的哈什拉川源头附近，遗迹消失。在辛家梁村210国道西侧该段长城南侧还发现一座障城遗址。

由于在田野调查阶段于长城沿线发现的均为汉代遗物，所以当时初步判断这两段长城均为汉代长城，即文献中记载的汉初国弱，被秦始皇赶到阴山以北的匈奴重返故地，西汉政府只能沿用和补筑战国时期秦昭襄王长城中用于防御的"故河南塞"长城。

对于该段长城的时代、属性，学术界一直存在较大争议。除战国秦长城、战国魏长城、秦始皇所筑河上长城、汉"故河南塞"长城等说法外，也有观点认为是赵武灵王二十六年（公元前300年），"攘地北至燕代，西至云中、九原"后修建的长城。

1996年，内蒙古自治区文物考古研究所李逸友先生专程到准格尔旗、达拉特旗、东胜区、伊金霍洛旗复查长城遗迹。其调查成果《战国时期秦长城北段的探考》[1]发表于《内蒙古文物考古文集》（第二辑）；其他成果收录于《中国北方长城考述》[2]发表于《内蒙古文物考古》2001年第1期。李逸友先生认为，史念海先生认定的战国秦昭襄王长城北端终点在今十二连城，即唐代胜州榆林县、汉代称为"榆溪塞"的观点，是很有见地的。之所以要在这里筑塞设防，就是为了占有这里的黄河渡口——君子渡（亦称君子津），而这个渡口自古以来就是鄂尔多斯高原通往土默特平原的要津。但对于史念海先生判定的位于伊金霍洛旗纳林塔境内向北延伸的秦昭襄王长城在榆树壕向东行进止于十二连城的观点提出了异议。他认为长城在这里并没有向东北方向行进，而是向西北方向延伸，在达拉特旗敖包梁、东胜辛家梁发现的长城遗迹即是。另外，李逸友先生据文献记载认定，在秦惠王时期，今天的鄂尔多斯东北部地区已经纳入秦国的版图。《史记·秦本纪》中关于秦昭襄王二十年"之汉中，又之上郡、北河"的记载，可以理解为秦昭襄王在长城筑完后到边境巡视，直到黄河边为止。因此，达拉特旗新民堡一线的长城，可能是战国秦长城的一部分，它的东端止于十二连城，以御匈奴南下之故。最后，李先生认为，事实是否如斯，还需在长

---

[1] 李逸友：《内蒙古史迹丛考》，《内蒙古文物考古文集》（第二辑），中国大百科全书出版社，1997年。

[2] 李逸友：《中国北方长城考述》，《内蒙古文物考古》2001年第1期。

城沿线找到可靠的物证方可定论。

2016年出版的《内蒙古自治区长城资源调查报告》（鄂尔多斯—乌海卷）基本依循李逸友先生的观点，将秦昭襄王长城北部的终点确定在东胜区塔拉壕镇店圪卜村，这一方面有长城遗迹的考古实证，同时也有编著者对于文献记载中的"榆溪塞"地望的不同认定。编著者认为发源于店圪卜村向南注入黄河的哈什拉川，就是文献记载中战国、秦汉时期的榆溪，而榆溪两侧的黄河南岸冲积滩平原即为榆中，如此沿哈什拉川修建的长城无疑便是榆溪塞了。《内蒙古自治区长城资源调查报告》（鄂尔多斯—乌海卷）同时把位于达拉特旗新民堡的长城，也定论为秦汉榆溪塞长城，属于秦始皇万里长城的组成部分，汉初继续沿用，即文献记载中西汉初年汉、匈奴之界的"故河南塞"。

另外，在20世纪80年代开展的第二次全国文物普查工作中，伊克昭盟和乌海市的文物工作者在位于鄂托克旗西部阿尔巴斯苏木桌子山一带的北流黄河东侧西距黄河约5千米的地方，还发现有西鄂托克长城。长城遗迹北起巴音温都尔山山脚，蜿蜒西行到山顶，然后向南延伸至苏白音沟沟谷，最后向西进入乌海，全长约30千米。墙体均为石块垒砌或石块堆积长城，墙体底宽1～3米，高0.5～1.5米。沿线分布有亭障、烽燧、石板墓等遗迹。由于该段长城遗迹破坏较甚，故对其走向、分布等还存在较多不确定性，而对于其年代、属性等，学术界也一直存争议，近年《内蒙古自治区长城资源调查报告》（鄂尔多斯—乌海卷）的定论为秦代长城（图7）。

还有就是鄂尔多斯长城资源调查队于2007年，在鄂托克前旗西南部上海庙镇特布德嘎查四十堡小队、宝日岱小队、十三里套小队一带，发现了东西向分布着全长约20千米的长城遗迹。该长城遗址位于明长城成化边墙和嘉靖边墙以北，距明长城50～300米，和明长城走向一致，时而单独出现，时而与明长城重叠一处。墙体为堆筑土墙，泛白色或泛红色，呈鱼脊状突起或土垄状，墙体底宽2～6米，高0.3～1米。2010年鄂尔多斯长城资源调查队再次全面调查了这段隋长城，结合宁夏调查的成果和历史、文物、长城专家的确认，认为可能是内蒙古自治区唯一保留至今的隋代长城。而《内蒙古自治区长城资源调查报告》（鄂尔多斯—乌海卷）则认为该段长城确定为隋长城的证据不足，应属于与西鄂托克长城为一体的秦代长城的可能性更大。

图 7　鄂托克旗巴音温都尔长城遗迹

　　自史念海先生首次在鄂尔多斯地区探寻战国秦长城始，四十多年过去了，虽然各领域学者针对鄂尔多斯境内长城遗迹的大量考古调查工作已经陆续开展，但由于鄂尔多斯地区属于高丘陵地貌，沟壑纵横，水土流失严重，加之古人修筑长城时，往往利用沟谷的山险而导致墙体极易被冲毁，因此，鄂尔多斯地区早期长城的保存现状并不好。加之时代久远，长城建筑又多为就地取材，迹象较难辨认，所以对一些长城的整体性、彼此的连贯性还缺乏应有的认识。另外，由于从未开展过长城考古发掘工作，古代文献对该地区的记载也相当匮乏，因此，仅仅凭借星点的文献记载和地面调查时在长城墙体附近采集的少量遗物、长城的建筑形式等，就要对这些长城遗迹进行准确的断代，自然存在很大的难度。看来，目前对于鄂尔多斯地区早期长城的认识，还仅仅是撩起了所覆盖迷纱的一角而已，还有待大量、长久、深入、系统的有效工作，才有望窥视到真实面目。

4."上郡守寿"戈

　　1985年6月，在伊金霍洛旗红庆河乡出土了一件青铜戈。在戈内的两侧均刻有铭款，一侧刻铭清晰，为"十五年上郡守寿之造，漆垣工师乘、丞鬵、冶工隶臣犄"，另一侧刻铭多数模糊不清，可识别的仅有"中阳""西都"等（图8）。该戈锐长援、中长胡、三穿，据其形制分析，其年代约相当于秦惠文王至秦昭王期间。结合刻铭可知,这件青铜戈是战国中晚期在秦国的上郡由名为"寿"的官员监制制作的,而这名监制官就应该是《史记·秦本纪》中记载的"(昭襄王十三年)伐韩,取武始"的大将向寿。秦上郡是在征伐义渠戎后所设,郡治在今陕西榆林城东南,而如今的鄂尔多斯东南部当时均属上郡所辖。"上郡守寿"戈不但是目前鄂尔多斯地区发现的刻铭最多的战国兵器,而且刻铭中的年号、监制官、主造工师、操作工匠、管理小吏、地名等,可补多处史料记载之不足,对于研究鄂尔多斯地区战国时期历史具有十分重要的价值。

图8 "上郡守寿"戈

二、强秦扼腕

秦始皇统一中原后,挟横扫六国的军威,派蒙恬"将兵三十万北击胡,略取河南地"。为巩固北方的统治,秦始皇不仅从内地迁来大批移民,垦田耕植,广筑县城,还修直道"自九原直抵云阳,堑山堙谷直通之"。伴随着秦王朝对鄂尔多斯地区的不断开发,这里不仅掀起了民族汇集的浪潮,同时也加速了社会的发展,给鄂尔多斯带来了欣欣向荣的新景象。

秦始皇统一六国后,为巩固帝国的统治,倾全国之力,兴建了两项名传千古的浩大工程,一为修筑长城,二为"治直(道)、驰道"。长城绵延万里,巍然耸立,作为中华民族勤劳、智慧的象征,世界八大奇迹之一,妇孺皆晓,而同等距离内修建规模和工程难度与长城相差无几的秦直道,则所知者甚少。关于秦直道,文献虽有记载,但极为简略。翻遍《史记》《资治通鉴》这样的史料巨著,仅觅得"始皇欲游天下,道九原,直抵甘泉,乃使蒙恬通道,自九原抵甘泉,堑山堙谷,千八百里","三十五年使蒙恬除直道,道九原,抵云阳,堑山堙谷,千八百里,数年不就"等这样的一些只言片语。就连大文学家、史学家司马迁巡游北方,沿秦直道返回，眼见长城、直道工程之浩大与人民为其付出之艰辛后，也只是留下了"吾适北边，自直道归，行观蒙恬所为秦筑亭障，堑山堙谷，通直道，固轻百姓力矣"的感叹，而对于直道的具体细节，却未再赐墨。因此，几千年来，"堑山堙谷，千八百里"的秦直道，虽给人们留下了无限遐想的空间，但欲想识其真面目，则难以再进一步。直至20世纪70年代中期，一位年轻的文物工作者在内蒙古鄂尔多斯的惊人发现，终于打破了人们探究秦直道进程中的瓶颈，使这一和万里长城堪称"同胞兄妹"的中国古代道路工程上的奇迹得以重现天日。

（一）发现始末

1974年7月，内蒙古自治区文化厅在伊克昭盟举办的文物干部培训班的田野实习工作开始了，带队的是内蒙古博物馆年轻的文物工作者田广金同志。田广金毕业于北京大学考古专业，功底扎实、思路敏锐、事业心强，接受了担任培训班辅导员的任务，并经深思熟虑后为自己此行确定了几个研究课题，而探索秦直道在内蒙古境内的行踪便是任务之一。据文献记载，秦直道北起九原，南抵云阳。九原即九原郡，郡治在内蒙古包头市，而云阳距秦都不远，位于今天陕西省淳化县北，这在20世纪70年代已经被考古发现证实了。而"直道"，顾名思义，一定是条走向左右摆幅相对来说较小的道路。在今天的陕西咸阳市和内蒙古包头市之间拉一条直线，伊克昭盟（今鄂尔多斯市）的伊金霍洛旗、东胜、达拉特旗恰在其间。就算是古人对道路的记述不实，直道的曲折迂回很大，但左右有黄河牵制，直道必经鄂尔多斯高原无疑。虽然经过两千多年的风雨侵蚀，道路遗迹肯定被破坏得面目全非了，但既然是"堑山堙谷"，足可见当时工程之浩大，那就一定有迹象可寻。之所以到现在还没有发现秦直道的踪迹，只能是功夫未下到的原因。探寻中国古代最伟大的道路行踪的机遇就在眼前，想到这里，初涉文物事业的田广金同志不禁热血沸腾，于是信心十足地踏上了征程。

接下来的考察工作之艰难可想而知，但功夫不负有心人。一天，疲惫不堪的田广金同志和普查队员们终于在东胜县（现东胜区）漫赖公社海子湾大队二顷半生产队居民点以南约200米的地方，发现了一段残存长度约100米，具有明显人工填垫痕迹、好似道路路基的遗迹。据本地老乡讲，在长年的耕种活动中，因为发现这里不但土质十分坚硬，而且有混乱的车辙印痕，故把这里称作"古路壕"。经仔细观察后会发现，这段路基遗迹的前后两端都已被洪水切割成深深的冲沟，而在冲沟的断壁上可清晰地看到，路基是在原生地层上由红色砂岩碎块填垫起来的，残存厚度约1.5米，路面的宽度约22米。这里位于丘陵的低洼地带，由此向南眺望，地势较为平缓，未发现什么迹象，但向北观望后，迎面丘陵顶部一个明显的"豁口"一下子映入了田广金同志的眼帘。"堑山堙谷"，这个萦绕在他心中多时的印象剧烈地敲击着他的心房："是真的吗？这是秦直道吗？"田广金同志再也按捺不住激动的心情，带领大家一路狂奔至对面的"豁口"处向北眺望。只见蓝天白云下，几个位于丘陵顶部的"豁口"在绵延起伏的丘陵中时隐时现，直线向北延伸。遇山凿山，遇沟填沟，"堑山堙谷，直通之"的秦直道，终于掀开了笼罩在身上的谜障，向世人展示出了它的本来面目（图9）。

图9 秦直道遗迹

田广金同志把他的重大发现告诉了他的老师——北京大学著名考古学专家俞伟超先生，而俞先生又把这一消息转告了陕西师范大学我国著名的历史地理学家史念海先生。1975年，史先生的《秦始皇直道遗迹的探索》[①]在《文物》第10期上发表，首次把这一被历史湮没两千余年的世界最浩大道路工程的真实面目披露在世人面前。

之后，伊克昭盟文物工作站（今鄂尔多斯博物馆）对位于鄂尔多斯境内伊金霍洛旗、东胜、达拉特旗境内的秦直道遗迹，进行了全程的科学调查。另外，中央美术学院靳之林教授、内蒙古交通厅秦直道遗迹考察组、陕西省古道研究学会等许多单位也对鄂尔多斯境内的直道遗迹进行过多次考察活动。时至今日，对秦直道的科学考察研究工作已经开展整整三十年，我们不应该忘记那些对秦直道的研究工作付出艰辛努力的科学家们，特别是当年那位揭开秦直道神秘面纱的年轻的文物工作者——田广金先生。

（二）直道寻踪

据文献记载，秦直道始建于始皇三十五年（公元前212年），秦国大将蒙恬征调民夫数十万，历时两年余，终于完成了这一历史上罕见的浩瀚工程。直道北起九原（今内蒙古包头市西），南抵秦都咸阳附近的云阳（今陕西淳化县北），全长1800多里（约相当于现在的1400多里，即700多千米）。由于这样的道路宽阔平坦，能适应大队人马快速驰援，通常被称为"驰道"，又因其南北遥遥相对、直线相通，也称"直道"。秦始皇统一全国后，修建了多条由咸阳通往原六国故地的驰道，但直道仅此一条。

秦始皇为了防御北方匈奴民族的侵扰重新修建的万里长城，很多都是在战国时期原有长城的基础上修建的，而为了加强对六国故地的监控而修建的那些高等级的公路（驰道），也大多是在原有旧道的基础上改扩建完成的，只有秦直道这条作为当时中原连接北方草原地区唯一的一条交通要道，则完全是在无任何基础的前提下兴建完成的（至少从九原郡到上郡的这段直道应该如此）。从这个角度考虑，修建秦直道的意义和难度绝不逊色于长城。有人形象地把秦代的万里长城和直道比喻为弓和箭的关系，二

---

① 史念海：《秦始皇直道遗迹的探索》，《文物》1975年第10期。

者互依互补，从而点明了它的重要地位。

鄂尔多斯境内目前可确认的秦直道遗迹，北起达拉特旗高头窑乡吴四圪堵村东，南至伊金霍洛旗的掌岗图四队，南北纵贯鄂尔多斯高原中部，地图上的直线距离近100千米。秦直道遗迹途经的地区，今天多属高丘陵地带，地势延绵起伏，高差较大，沟壑纵横。直道遗迹在这一地区沿约190°的方向直线南行，绝无弯道。为减少道路的起伏高差，凡直道所途经的丘陵的脊部，绝大多数都进行了不同程度的开凿。置身直道，分别向南、北眺望，均可看到一线相通的数个由于开凿而形成的位于丘陵正脊部位的豁口，或位于坡脊部位的半豁口。位于丘陵正脊处豁口的宽度一般为40～50米，位于坡脊处的半豁口坡上端开挖部分的宽度为30～40米，坡下端的垫土部分宽度为20～30米。凡直道途经的丘陵间的鞍部，绝大多数都进行了不同程度的填垫。从保留在冲沟断壁上的路基断面可知，填垫部分的路基底部最宽者约60米，顶部宽30～40米，残存最厚的垫土现今仍达6米以上，足可见当初工程之艰难。路基垫土多就地取材，将开凿豁口所得红黏土及砂岩的混合物移至丘脊两侧的低凹处，或将坡脊上端的堆积移至下端。部分连续低凹地段，由于开凿丘脊所得土方无法满足路基填方的需求，便从附近的河床内运来沙石填垫路基。路基层层填垫的痕迹清晰可辨，虽未发现夯筑痕迹，但仍十分坚硬。如今秦直道所经之地，凡填充部分，在常年雨水的侵蚀下，绝大部分已被冲刷掉，形成较大的沟壑，但是断壁上却保留着较完整的路基断面。开凿处则多数保存较好，由于挖、凿而形成的豁口虽经两千余年风雨仍清晰可见，延绵不绝，雄姿犹存（图10）。

在该段直道遗迹的东侧，由北向南依次分布有城梁、苗齐圪尖、大顺壕三座古城址，其中城梁古城规模较大，规格也较高。城梁古城址位于丘陵的顶部，是附近地区的制高点，置身古城的高处，周围数十里的范围可尽收眼底。古城平面形制呈方形，边长约480米，地面遗物十分丰富，散布大量的砖、瓦、瓦当、陶排水管等建筑构件和陶质器皿的残片等。古城内还发现有陶窑等遗迹，早年还出土过大量成捆的箭杆等遗物（杆身已朽，只存铜镞），具有强烈的军事性质。据三座古城的所在地望、城内出土遗物等综合分析，它们应该是与秦直道有密切关联的城障、行宫类遗址。另外，在靠近黄河南岸处，有一座城拐子古城，而在掌岗图四队以南

图10 秦直道修建示意图

约22千米处，则有一座红庆河古城。目前，在两座城址附近虽然还未发现直道遗迹，但据其所在位置地表暴露遗物等综合分析，二者也应该是与直道遗迹密切相关的城址。

秦直道遗迹于1996年5月28日被内蒙古自治区人民政府公布为自治区级重点文物保护单位。2006年5月25日被国务院公布为第六批全国重点文物保护单位。对秦直道遗址全面、科学、系统的保护工作，正在有序进行中（图11）。

图11 秦直道遗址保护标志碑

（三）前世今生

鄂尔多斯境内的秦直道遗迹虽然已经发现了三十年，其间也做了大量的工作，但围绕秦直道还是有许多谜团弥漫在人们的心间。

望着这条神奇的大道，人们不禁思绪万千，同时也疑虑重重。秦直道修建的地点，约有一半是在秦人并不十分熟悉的鄂尔多斯高原，这里的地势虽然不及子午岭及陕北黄土高原地区那样高低起伏，却也是丘陵延绵、沟壑纵横。当我们沿着秦直道走下来会惊奇地发现，如今的秦直道走向如果整体再向东偏离数千米，所经之地则进入高丘陵地貌，其地势起伏要远远大于现经之地，工程的施工难度要大大增加，因而能否"堑山堙谷，直通之"则是一个悬而未决之谜。而如果向西偏离数千米，直道将修建在泊江海子盆地中，而此处地基松软，春季翻浆、雨季泥泞不堪，将直接影响到使用效果。两千多年前的秦人，是如何在这么短的时间内，掌握了如此精确的北方大地方位概念及如此丰富的地理学、地貌学知识？难道仅仅依靠据说刚发明不久的罗盘定位技术，他们就具备了如此辽阔地域内的大地测绘技能了吗？就能娴熟地运用如此精确的测量、定位技术了吗？因为按照现代人的思路，如果没有这些技术的支持，要在两年的时间内，在一个无论是地理方位还是地质条件都十分陌生的区域内完成这么大的一项工程是绝难想象的。

另外，这项浩大工程的顺利实施，难道凭借的仅是蒙恬率领的那数十万内地民工的智慧和力量吗？因为讲到秦直道这条沟通南北的军事要道，我们还不能忽略文献记载中的这样一个情节：赵武灵王二十六年（公元前300年）"攘地北至燕代，西至云中、九原"后，便让位给儿子（赵惠文王），开始实施"身胡服，将士大夫西北略胡地，而欲从云中、九原直南袭秦"的战略，这其中就应该包括对九原郡的设置、对这条"直南"道路的勘测、对南渡黄河渡口的营建等一系列活动。那么，在这条由秦将蒙恬主持完成的当时世界上规模最宏大的高速公路的过程中，是否蕴含着赵国人的辛勤汗水呢？还有，当时大部分已被蒙恬的大军驱逐到阴山以北而原本世世代代就生活在鄂尔多斯地区的那些北方游牧民族，是否也在其中发挥了不可估量的作用呢？

直道的起点九原郡郡治究竟是现在包头市西的三顶帐房古城，还是麻池古城，学术界还存在较大的争议，虽然各引其证，但目前都缺乏实质性的依据。不过从秦直道在鄂尔多斯境内的直线延伸方向来考虑，正对的应该是麻池古城。另外，历史学家们考证的古代黄河上的著名渡口金津（位于今鄂尔多斯市达拉特旗的昭君坟渡口）也恰在这条直线上。从这个角度考虑，秦直道的起点是在包头市的麻池古城，秦直道南渡黄河的位置在今天达拉特旗的昭君坟渡口，应该没有太大的问题，但渡过黄河后的秦直道如何走向，却仍是一个难解之谜（图12）。

图 12　秦直道遗迹

秦直道南渡黄河后，首先要经过约 20 千米宽的黄河冲击滩平原，然后还要穿越如今宽约 15 千米的库布齐沙漠，方能与我们已经探明的秦直道在鄂尔多斯境内的北段遗迹衔接上。如今要想在黄河无数次泛滥的冲击滩上及浩瀚无垠的库布齐沙漠中找寻秦直道的踪迹，其难度不亚于上青天。因此，即使由南向北沿着已探明的秦直道的痕迹一路北上，当驻足于达拉特旗吴圪堵村以北的柳沟边，面对漫漫沙海，再欲寻觅骤然消失了踪影的秦直道遗迹时，依然头绪全无。库布齐沙漠是鄂尔多斯境内的第二大沙漠，据地质学专家介绍，该沙漠形成至少已有二百多万年的历史，它东西横亘在鄂尔多斯的北部，是秦直道必须穿越的天然障碍。那么，秦直道在到达这里后，是跨越柳沟穿库布齐沙漠而过，还是溯柳沟北下，沿一个弓背形的弧线，由沟谷内穿越库布齐沙漠，直抵昭君坟渡口？如果是跨越柳沟直穿库布齐沙漠而过，那么当时的库布齐沙漠规模究竟有多大？两千多年前中国历史上的第一条穿沙公路又是什么面目？如果是溯柳沟而下，那么工程的难度自然比前者要小得多，但这条主要为战时急用的大道又如何解决汛期的大队人马通行问题，以及大队人马穿行于沟谷内避免敌军设伏袭击的军事大忌等问题呢？

乌兰木伦河是南流黄河的支流，它的上游位于鄂尔多斯中部，是秦直道沿途所经之地除黄河以外最大的一条东西向的河流。这里如今沟谷的宽度在一千米以上，河床的宽度约 100 米，深度 20 米。两岸为中生代砂岩结构，地表基岩裸露，河床陡峭。秦直道虽然在鄂尔多斯境内跨越了无数的洼地河谷，但绝大多数都是采取"堙谷"的方式进行的，而面对这道两岸陡直的重要水系，绝非简单的堵塞、填垫所能解决。综合分析，秦直道在此唯一的途经方式，便是架桥。修建这样一座跨度应该在100米以上的大桥，对于两千多年以前的秦人来说，自然不是一件十分轻松的事。究竟选取什么方式，什么材料来进行，目前仅仅通过地面调查，还无法得到丝毫线索。因此，秦直道面对修建工程中遇到的最棘手的难题之一——如何穿越这一天堑，无疑又是一大谜团。

从伊金霍洛旗掌岗图四队往南，地势骤然平缓，失去了"堑山堙谷"这些明显标识物的秦直道，在两千余年历史尘埃的湮没和毛乌素沙漠的步步紧逼下，消失得无影无踪。因此，秦直道从鄂尔多斯南部的什么地方进入陕西境内，目前学术界还存在较大的争议，我们只能耐心地等待准确的结论。

在该段直道遗迹的两侧，分布有数座古城址。据古城所在地望、城内出土遗物等综合分析，它们应该是与秦直道有密切关联的行宫、城障类遗址。秦直道与这些古城址究竟演绎了一段什么样的历史呢（图13）？

总之，神奇的古道留给人们太多难以琢磨的谜团了。

图13　秦直道近景

（四）无尽遐思

尽管秦直道留给后人如此多的难解之谜，但通过这些年来的工作，我们还是对秦直道本身有了几点清晰的认识。

（1）目前通过对鄂尔多斯境内已探明的秦直道遗迹的实地踏察可知，在北起达拉特旗吴四圪堵村东北，南抵伊金霍洛旗掌岗图四队，全长约一百千米的距离内，无论自然地貌如何，秦直道基本沿着约190°的方向逶迤南上，虽然在不同的区域内，整体略有不超过5°的左右来回摆幅，但绝没有弯道。从这个角度来推测由掌岗图向南秦直道的走向，既然途经鄂尔多斯高原北半部高丘陵地貌中的秦直道能修得如此笔直，那么位于鄂尔多斯南半部平缓地貌中的秦直道就更没有出现弯道的理由了。因此按照已知秦直道的走向，在不考虑陕西境内地貌特征等因素的前提下推测，它应该由红庆河古城的东侧南上，途经伊金霍洛旗的台格苏木，经乌审旗的呼吉尔特苏木，进入今陕西省榆林地区的小壕兔乡地界。虽然这一带途经的恰恰是沙海漫漫的毛乌素沙漠的南缘，工作难度相当大，不过只要自伊金霍洛旗掌岗图四队沿着秦直道向南延伸的方向做详细的考古钻探，这一谜团应当不会太难破解。按照这条延长线，还可以验证围绕陕西境内秦直道走向的纷争中以中央美术学院靳之林教授等为首的观点（认为秦直道应该在今榆林城西北部一带北上进入内蒙古）。最近，陕西榆林地区文管会的王富春等先生，更是进一步在榆林地区的马河乡附近确认了古代道路的遗迹。该路面的宽度约45米，不但宽度与鄂尔多斯境内发现的秦直道相仿，而且也正位于这条延长线上。由此可见古人文献记载非常准确，秦直道确实是一条稀世罕见的、名副其实的笔直大道（至少位于鄂尔多斯境内已探明的这一段至陕北地区二百多千米的秦直道是如此）。

（2）有些学者根据《史记·苏秦列传》中苏秦说燕文侯的"且夫秦之攻燕也，逾云中、九原，过代、上谷，弥地数千里"等文献记载（图14），认为到"战国中后期，由九原、上郡（今榆林县南鱼河堡）、云阳（今淳化县北）、咸阳间，即有一条南北大通道，大将蒙恬是在旧道的基础上加以改建、扩充，而成为一条沿子午岭山脊而行的，宽达三十米以上的，大体是直南直北方向的'直道'，并

图14　铸铜马车雕塑

非是蒙恬新勘查的路线"[1]。至于秦直道是否由蒙恬全新勘探，我们在前面已经提到过，还有待时日予以论证，但认为到战国中后期，已经存在一条由九原至上郡的大通道，我们认为这样的观点可能失之偏颇。鄂尔多斯地区自商周时期以来，就一直是北方少数民族活动的区域。秦昭襄王三年（公元前304年）控地北至上郡，势力范围仅及鄂尔多斯的东南部，这有鄂尔多斯地区秦昭襄王修建的长城为证。笔者于1987年的文物普查工作中，在东起鄂尔多斯市准格尔旗的榆树壕古城，经由达拉特旗的敖包梁、东胜的辛家梁、店圪卜、省城梁一带沿哈什拉川向北，再经达拉特旗的新民堡、门肯梁，一直向西至石泥召一带的罕台川东岸，发现一段长城遗迹。由于仅仅是地面调查，因此对于这段长城的时代，学术界一直无法准确定夺，曾疑其是秦长城、魏长城、西汉初年的长城等，但目前认为其为赵长城的观点更为贴切。假如这段长城确属战国时期的赵长城，那么赵武灵王二十六年（公元前300年）"攘地北至燕代，西至云中、九原"，鞭之所及地域最多也仅及鄂尔多斯东北部东流黄河的沿岸。因此秦直道途经的鄂尔多斯中部，在始皇三十三年（公元前214年）蒙恬北逐匈奴以前，仍然是马背民族的牧地。游牧民族逐水草而居，足迹浪迹天涯，漫漫大草原上路就在脚下。既无须修治固定的道路，也没有九原、上郡的概念，自然在鄂尔多斯高原上，就不会有所谓九原至上郡间的大通道。战国晚期，赵武灵王尽管有"直南"袭秦的战略设想，但在实力强大的游牧民族的领地内，最多也只能停留在"身胡服，将士大夫西北略胡地"的勘察阶段，而绝对不可能明目张胆地修建由九原至上郡的道路。即使不考虑强秦会因此识破他的计谋，以及彪悍的游牧民族会不会允许他们随意侵入自己的领地等因素，单就赵国的实力而言，也未必会因为"直南袭秦"而修筑一条如此规模的大通道。而且，胡服骑射后的赵武灵王设想的"直南袭秦"，恐怕更大程度上会选择像北方马背民族那样隐蔽性极强的轻骑兵式的突袭方式。因此，我们认为鄂尔多斯境内的秦直道应该是在蒙恬主持下全新修筑的。

  至于上郡以北的秦直道是否沿用了战国时期的旧道，倒是很有可能的。一方面，秦既然设上郡，必然考虑到了上郡的重要性，那么修一条

---

[1] 王开：《"秦直道"新探》，《西北史地》1987年第2期。

由都城咸阳到边陲上郡的驰道，自然是理所当然的事了。另一方面，据文献记载，秦直道是由北向南修的，在秦始皇去世时，秦直道仍然"道未就"。始皇的去世，不但需要大量的民工修建秦陵，而且随着秦二世的继位，"中原各地起兵反秦，秦前所徙诸戍边者皆散去"。在这种顾此不暇的境地下，沿用一些原有的旧道来完成这项必须完成的工程，也就不难理解了。另外，在直道修建以前，由咸阳到上郡可能早已存在不限于一条的大路，所以在道路的选择及规模上，就不要求得那么苛刻了。这也是为什么陕西境内能确定多条"秦直道"，并彼此各有依据、互不相让的根本原因（图15）。

图15 中国社会科学院考古研究所刘庆柱先生接受采访

（3）通过对鄂尔多斯境内秦直道全线的踏察可知，秦直道工程量极大。总体上讲，填方的工程量要远远大于挖方的工程量，而绝非有些学者所说的将"开挖豁口的土方顺便推填于低洼处，挖多少填多少，不再另行取土"[1]。因为在秦直道沿途的调查中经常可以发现这样一些现象，凡靠近"堑山"形成的"豁口"处的低洼地带，其路基填土均为本地原生地层中的白垩纪砂岩碎块和粉末，间有原本覆盖在砂岩上的属于秦代原生地表的黑垆土碎块，无疑是从"堑山"处转移来的土石。而在那些远离"豁口"处的低洼地带，或是在地势属于起伏性不大的连续低洼地带，路基填土则多为混合沙石，这些混合沙石则绝非取自附近的原生地层土，而是从远处的河床中搬运而来的。另外，通过对秦直道路基填土层下压着的秦代原生地表层的观察可知，当时秦直道途经的鄂尔多斯地区地貌虽不似如今这样沟壑纵横，但地势起伏也很大，有些直道途经地，当时已经是深度在10米以上（个别的地段深度还远大于此）、宽度约数十米的大冲沟。在途经这些地段时，仅仅依靠开挖豁口时的土石方来完成填方的工程量，无疑杯水车薪，必须另外搬运大量的土石才能完成。

---

[1] 鲍桐：《鄂尔多斯秦直道遗迹的考察与研究》，《包头教育学院学报》1990年第1期。

（4）纵观鄂尔多斯的地貌及秦直道的走向不难发现，现今秦直道的路线是经过极为缜密的勘查后选定的。从总体上讲，秦直道如果整体略往东偏离里许，自然地貌就发生了巨大的变化，丘陵起伏骤然增大，纵横交错、既宽又深的大冲沟不但将给秦直道的修建增加数倍的难度和工程量，而且是否能做到"直通之"也还是一个未解之谜。而整体若略向西偏数里，不但南北两端穿越库布齐、毛乌素两大沙漠的难度要加大，而且中部在沼泽遍布的泊江海子盆地如何保证雨季的道路畅通，又是一个新的难题。就局部而言，仅仅在由伊金霍洛旗章岗图四队到东胜区城梁村约40千米的距离内，秦直道不但整体笔直而上，而且巧妙地避开了左右夹击的哈拉哈兔沟、青达汗沟、红庆庙沟、昌汉活少沟、大哈沟、阿布亥沟、文功沟等多条与直道走向平行的南北向大冲沟。难道，秦直道如今这样的路线走向是偶然巧合吗（图16）？

图16　首届中国·秦直道与草原文化研讨会

（5）现今秦直道的途经之地，凡丘陵鞍部低洼地带的填方处，由于原本就是水流汇集的通道，因此在两千余年的雨水冲蚀下，都早已被宽大的冲沟拦腰截断，所存无几。位于丘陵顶部因"堑山"而形成的"豁口"的两端，许多也形成了纵向的大冲沟，这是由于雨水顺新开凿出的路面而下、久而久之造成的。这些区域地表的水土流失，无疑与直道的修建有着千丝万缕的关系。目前，秦直道沿线的这种水土流失仍然在继续中，有些区域甚至还很严重。笔者二十年前调查秦直道时所见到的许多保存非常好的直道断面，今日早已面目全非，漫漶不清。另外，近些年鄂尔多斯地区加大了植被、禁牧的力度，水土保持工作收到了良好的成效，这确实是一件非常值得欣慰的事。但就秦直道而言，在一定程度上缓解了因水土流失而造成新的破坏的同时，那些原本已经出露地表的路基填土和十分清晰的路基断面等，正在悄悄地重新蒙上一层面纱，这无疑又给秦直道的科学考察工作带来了新的难题。我们对鄂尔多斯境内的秦直道之所以能有如此翔实的了解，首先应该归功于大自然为我们提供的这些天然的剖面，所以我们应该紧紧抓住这些已经出露的难得的剖面，透过这些历经两千余年风雨侵袭仍顽强保留下来的弥足珍贵的"残垣断壁"，尽可能多地采集那些有关秦直道的任何一个细微的信息点。因为这些自然展现的信息点，不但蕴含着比我们主动发掘的剖面含有的信息还要丰富得多的内涵，而且和主动发掘相比，又具有事半功倍的特性。另外，它还具有稍纵即逝的珍贵性，一旦失去就可能永远无法再现。

秦直道发现三十年来，我们虽然围绕它开展了一定的工作，对秦直道的科学保护也在一步步进行中，但距离全面、科学、系统地揭示、保护这一世界珍贵文化遗产的要求还比较远。最终实现这一目标虽然需要经过漫长的历程，但笔者认为，当务之急应该是首先开展一次对秦直道遗迹全线的系统、精确的科学调查，这项工作应当包括对秦直道全程每一个遗迹出露点的 GPS 定位，秦直道全程 1∶1 万大比例尺地形图的绘制，秦直道全程每一处遗迹出露地点的局部平、剖面图的制作，秦直道全线的航拍等。并在此基础上，利用计算机三维合成技术，完成鄂尔多斯境内现存秦直道的复原图及秦代地貌图等。只有做到这一点，才能算初步完成了对这一世界文化遗产的科学纪录，才能算初步打下了全面再现秦直道的基础。对秦直道的全面认识可以一步步去揣摩，但对秦直道的科学记录却刻不容缓，因为每一场风沙、每一场暴雨，都有可能损失掉一些永远无法找回的展示秦直道真实面目的珍贵信息。

（五）历史丰碑

道路是伴随人类活动而产生的，是历史文明的象征、科学进步的标志。原始的道路是经人们经常往返践踏而形成的小径，因此，古代文献将"道路"一词诠释为"道，蹈也；路，露也。言人所践蹈而露见也"[①]。相传，中华民族的始祖黄帝，受蓬草被劲风吹动滚转而行的启示，突发灵感，发明了车轮，并以"横木为轩，直木为辕"制造出车辆，对交通运输做出了伟大贡献，故后人尊称黄帝为"轩辕氏"。目前学术界较普遍的观点认为，古史传说中黄帝所处的时代，约相当于距今五千多年前的

---

① （汉）刘熙：《释名·释道》，商务印书馆，1959 年。

原始社会末期。伴随车辆的出现而产生的车行道，开创了人类陆上交通的新跨越。

对于古史传说我们虽然目前还无法验证，但考古工作者在商代墓葬中发现的大量殉葬的马车，以及在安阳殷墟等遗址发掘中，多次发现的商代道路遗迹，不但表明我国至少在商代已经出现了便于马车行驰的道路确属无疑，而且其发展程度已颇具规模，如殷墟遗址发现的一条道路，已探明长度有数十米，宽约10米，路土厚度有0.2米，上面留有深深的双向车辙遗痕，反映了3000年前车水马龙、频繁行进的忙碌情景（图17）。

图17　古代岩画中的驭车图

至周朝，道路的规模和水平又有了很大的发展。《诗经·小雅》有这样的记载："周道如砥，其直如矢。"就是说当时的道路坚实平坦如磨石，线路如箭一样笔直。另外，在道路网的规划、标准、管理等方面，也较前代有所创新。首先，就是把市区和郊区的道路加以区别，分别称为"国中"和"鄙野"，并设专门的官吏管理，开现代城市道路和公路划分的先河。在城市道路的规划上，南北之道称为"经"，东西之道称为"纬"，都城中有九经九纬。郊外道路分为路、道、涂、畛、径五个等级，并规定不同的宽度。在路政管理上，朝廷设有司空掌管土木建筑及道路，而且规定"司空视涂"，按期视察，及时维护，足见其完善程度（图18）。

图18　鄂尔多斯青铜器中的四马御车纹青铜饰牌

秦始皇统一中国后，开始修建以首都咸阳为中心、通向全国的驰道网，其道路网络足可与世界闻名的"罗马大道"相媲美，秦直道便是其中最著名的一条道路。

说起鄂尔多斯，人们都知道它是一个充满神奇色彩的新型能源之都，但可能很少有人知道它在中国古代"物流业"发展中的鼻祖地位。之所以这样说，是源于世界上最早的高速公路——秦直道就南北纵贯在这块古老神奇的高原上。这条全长七百余千米的大道，不但笔直延伸，而且路面平均宽度达30米，并行四辆马车绰绰有余，无论是规模还是修建的难度，远胜于举世闻名的"罗马大道"中的任何一条道路，无论从哪个角度考虑，秦直道都当之无愧地堪称世界古代"高速公路"之首。秦直道不仅是"天下第一路"，同时也是我国保存下来的为数极少的古代交通要道之一，而位于鄂尔多斯市境内的直道遗迹，则是秦直道全程中整体保存最好的一段。另外，在该段直道的沿线，目前已确认有数座同时期的、与直道遗迹有密切关联的古城（行宫、障城）遗址。因此，这条反映我国古代劳动人民勤劳、智慧的道路遗存及其周边的城障遗址，是全面了解秦直道和秦代道路的形制、历史沿革、测绘及建造方法、道路规模、使用维护、附属设施等最直接的、无法替代的珍贵史料，对于开展我国交通史的研究工作具有十分重要的作用。另外，它不仅是向世人展示我国劳动人民勤劳、智慧的实物佐证，更是向广大人民群众进行历史唯物主义和爱国主义教育的极好阵地（图19）。

图19　秦直道博物馆

秦直道的修建，主要是为了加强秦朝中央与北疆边陲的联系，快速驰援北方、有效地遏制匈奴的侵扰，巩固北方的统治。秦朝灭亡后，秦直道依然是中原汉王朝控制北方地区的重要通道。西汉时期几次对匈奴大的军事行动，都是通过秦直道来完成的。汉朝皇帝几次对北方地区的重要巡幸，也是经由秦直道来进行的。虽然东汉以后，随着中原王朝政治统治中心的东移，秦直道的功用有所减退，但这条南北大道在维系中原地区与北方边陲地区的交流关系中一直都发挥着十分重要的作用。因此，秦直道遗迹及沿线的古城遗址对于我们研究秦汉北方地区的历史，特别是与匈奴的战争史、交通史、通讯史和民族关系史等，具有非常重要的价值。

秦直道沿途的巨大冲沟，不但展现了本地区两千年来水土流失的情况，而且断面上路基垫土层下压着的秦代原生地层也真实地记录了这里秦代当时的地貌情况。因此，秦直道遗迹也是研究直道沿途地区秦代以来地理变化、地貌变迁、水土流失的重要资料。

笔者经常到秦直道参观，每次离开的时候，总有恋恋不舍、意犹未尽的感觉。秦直道遗迹虽经两千余年风雨侵袭，但气势不减、雄风犹存。今人如果身临其境，登高远眺，就会无不为秦直道"堑山堙谷，直通之"的浩瀚、宏伟气势所震撼。在为两千多年前的劳动人民在当时的生产力条件下能够兴建如此规模的庞大工程、做到如此精确的测量、拥有如此娴熟的定位等技术而肃然起敬的同时，通过史料记载和考古发现了解到的发生在秦直道上的一景一幕，旋轮般闪现在眼前：为这一工程而永远长眠于黄土地的筑路民众的累累白骨，翘首企盼远在塞北劳役的亲人早日回归的妻儿焦虑的眼神，蒙恬麾下雄壮无比的金戈铁马，千古一帝乘鹤仙逝的辒辌灵柩，汉武帝耀师北疆的十八万铁骑，呼韩邪单于千里迢迢到长安觐见汉宣帝长长的行帐，朔风秋雨中远嫁漠北漫漫无尽路上昭君孱弱的身影……公元前212年，蒙恬率领数十万民夫修建的这项庞大工程，不但为巩固当时的封建统治、沟通中原与北方的交往、贸易、中西文化交流等发挥了巨大的作用，而且也记录下了无数可歌可泣的史实。我们今天了解到的仅仅是发生在秦直道上诸多事件中的凤毛麟角，那么更多的鲜为人知的一景一幕呢？我们期盼着秦直道的早日尽情倾诉，帮我们揭开这些被历史封尘已久的难解之谜（图20）。

公元前138年，汉武帝派张骞出使西域，开通了由长安经河西走廊

图20　笔者实地考察秦直道

至中亚、西亚的商道，即举世闻名的"丝绸之路"。丝绸之路的开通，在中西方文化交流史上具有划时代的意义，流传千古，世人皆知。但是，远在距今2400余年前的战国时代，古希腊已经称中国为塞利斯（Seres），意为"丝绸之国"，那么当时的西方世界是通过什么渠道了解到这个东方文明古国的呢？事实上，远在汉代丝绸之路开通之前，中国北方已经存在着一条鲜为人知的沟通中原与北方草原地带乃至东西方文化交流的天然大道，那就是经由鄂尔多斯途经欧亚草原的"草原丝绸之路"。

从北纬40°以北到北极圈之间的欧亚草原，横跨整个东半球，东端是太平洋，经白令海峡可直抵北美大陆；西端是大西洋，出英伦三岛与北美洲相望。因此，山水相连的欧亚草原，不仅是一条沟通东西方的天然大道，还是近代海上交通出现以前东西方古人类交往的唯一通道。

据考古发现可知，代表中国北方早期畜牧文化的鄂尔多斯青铜器，遍布在南起长城沿线，北抵贝加尔湖，东至辽河，西逾葱岭的辽阔区域内。这片广阔的草原、戈壁，不但是北方游牧民族纵马驰骋的地方，而且在中西方文化的交流中具有特殊的地位。食草类牲畜是游牧民族最基本的生产、生活资源，逐水草而迁徙的生活习性，注定了他们把凡有泉源、沟谷、湖泊，而且水草丰美的地区，均视为理想的驻足之地。另外，由于经济形态较为单一，一些生活日用品必须通过以物易物的形式和外界交换，这样，相对于农业民族而言，他们也就有了更加开阔的视野，更大的活动范围，更多与外界接触的机会，自然而然就充当起了文化交流的使者，东西方文化的交流与传播，就在这种为生存、发展的迁徙中，不经意地绵延发展起来（图21）。

考古工作者在今蒙古国诺颜乌拉匈奴墓中，发现了大量有流云、鸟兽、神仙乘鹿等图案的锦绣织物，而这些织物均为从中原传入草原地区的丝织品。同时还出土有来自安息、大夏（地处中亚的古国）、小亚细亚等地具有伊斯兰风格的植物纹、鸟兽纹和人物纹的毛织品。在阿富汗北部边境发现的属贵霜王朝建国前后时期的"西伯尔罕遗宝",至少包含五种不同系统的文化因素,其中就包括典型的中原汉文化。而在鄂尔多斯市准格尔旗西沟畔发现的一套匈奴贵妇人的"凤冠"上,在主流由典型的鄂

图 21　著名长城专家罗哲文先生题词

尔多斯草原文化、中原文化构成的基础上,还包括盛产于中亚地区的珠宝及来自古波斯、古希腊、古罗马等西方古文明特有的工艺作风。所有这些都说明,途经鄂尔多斯的"草原丝绸之路",不仅在沟通东西方文化交流中发挥着巨大的作用,同时在沟通中原与西方文化的交流中也发挥着巨大的作用。

秦直道这条有形的浩大工程,已经给我们留下了太多的感叹与震惊,但世界在通过比秦直道更古老的"草原丝绸之路"与中国交往的过程中,又何尝没发生过惊人的壮举呢?如果把历史再往前推,生活在距今 14 万年前的鄂尔多斯(河套)人,生活在距今 3 万年前的水洞沟人等,已经在默默充当着中西文化交流使者的角色。活动在欧亚大陆上的古人类,就是通过这条通道,就是通过鄂尔多斯(河套)人等,与中原地区的古人类交融的。在这个漫长的人类远古历史岁月中又发生了哪些鲜为人知的故事呢?一个不争的事实摆在我们面前,两千多年以前的秦直道,在沟通南北文化交流、促进民族融和等方面确实发挥了巨大的作用,但是途经鄂尔多斯地区来完成的这种中原与北方草原地区及中西方文化间的交往,早已在秦直道以前就在进行着。鄂尔多斯具有悠久的历史和灿烂的古代文化、鄂尔多斯的古代文化不但在中华文明形成与发展过程中做出了突出贡献,而且在沟通中原农耕文明与北方草原文明、沟通中西方文明中也发挥了巨大的作用。对于这一点,我们现在已经认识到的仅仅是一小部分,有的正在认识中,更多的还远远没有认识到。我们确实应该对鄂尔多斯的古代历史和文化给予全面的高度重视,切实加快鄂尔多斯古代历史与文化的研究速度,进一步拓展研究的领域和空间,尽快、尽可能完整地还鄂尔多斯在人

类历史发展长河中的本来面目于天下。这应该是我们今天探索秦直道进程中需格外关注的一点（图22）。

图22　大秦直道旅游文化产业园区

虽然大秦帝国在中国历史的长河中只存在了短短的15年，但它结束了自东周以来诸侯纷争割据的混乱局面，建立了中国历史上第一个以华夏族为主体、多民族共融的统一的中央集权制国家。它首创了皇帝制度、推行以三公九卿为代表的中央官制及郡县制，强力维护了国家的统一，强化了中央对地方的控制，奠定了中国大一统王朝的统治基础，在中国历史上具有无以取代的"百代犹得秦政法"的独特地位。尽管目前在鄂尔多斯大地上能够确认的秦代遗迹屈指可数，但仅这条贯通鄂尔多斯南北的世界高速公路之首所蕴含的无尽信息，已足以让我们以管窥豹，对这个强大帝国有全方位的了解。这条饱经沧桑的大道，也将永远镌刻在中华民族的历史丰碑上。

三、两汉遗珍

到目前为止，虽然鄂尔多斯境内考古调查发现的属于秦汉时代的城池遗址数量已逾30座，但就城址的规模判断，能够达到县城一级标准的，恐怕仅及半数，其他的多属于重于军事防御功能的障塞类设施。如斯，距离文献记载的秦始皇占有河南地，沿河设34座县城（一说44座）还有一定的距离。位于准格尔旗的有7座，达拉特旗、杭锦旗、伊金霍洛旗、东胜区各5座，乌审旗、鄂托克旗各3座，鄂托克前旗1座。由于这些城池都没有经过正式的考古发掘，只是凭借田野调查地面暴露的遗物进行时代判断，所以对其时代、属性等均难以准确地定位。在这些规模较大的汉代城池中，通过文献记载，结合古城所在地望、考古发现等综合分析，学术界形成了比较公认的观点：位于准格尔旗的勿尔图沟古城为汉代西河郡所属的广衍县城、纳林古城为西河郡所属的美稷县城、十二连城古城为云中郡所属的沙南县城；位于伊金霍洛旗的红庆河古城为西河郡所属的虎猛县城；位于杭锦旗的霍洛柴登古城应为西汉西河郡郡治所在，至于究竟是文献中曾有明确记载的哪一座县城，还存在很大的争议。

纵观鄂尔多斯地区所发现的汉代城池，在分布上有如下特征，或许反映的就是鄂尔多斯汉代政治、经济、环境核心实力分布史实。

① 围绕秦直道为中心的南北交通保障系统，由北至南分别有达拉特旗城拐子古城、东胜城梁古城、苗齐圪尖（元圪旦）古城、车家渠古城、红庆河古城等。

② 以河套西北角为核心的农垦区系统：杭锦旗霍洛柴登古城、敖伦布拉格古城、古城梁古城、扎尔庙古城等。

③ 以南流黄河西岸为核心区的传统旱作农耕区：准格尔旗榆树壕古城、纳林古城、十二连城古城等。

④ 以水、盐、碱化工产品为核心的资源系统：乌审旗昂拜淖尔、鄂托克旗木凯淖古城、水泉古城、敖伦淖尔古城、鄂托克前旗的呼和淖尔古城等。

1. 霍洛柴登古城

位于杭锦旗霍洛柴登苏木所在地以北约2千米处。是鄂尔多斯地区发现汉代城池中开展工作较多的遗址。城址依山傍水，所在地的东、南、西三面地势开阔、平坦，北面是地势起伏较大的丘陵，柴登河由城东经城北顺城西向南流去。平面呈长方形，东西长1446米，南北宽约1100米，南、北、西三面城垣断续可见，残高为1～3米，墙体用白泥夯筑，很坚硬，最宽处可达13米。早年于城址中心还可看到子城的迹象。官署区位于城内中部，在官署区附近还分布有铸钱、铸造兵器的场所及炼铁、铸铜场所等。在古城的西部，柴登河东岸坡地上发现过烧制陶器的窑址多处。在古城的东、南、西三面山梁上，分布有大量的同时期墓葬。城内曾发现大量的铜钱和铜器、陶器等。近年，地表还经常有陶器、铜器、铁器、钱币、钱范等遗物出土，较为著名的"西河农令""中营司马"等汉代官印等即在古城内出土。根据古城规模，古城内的铸钱、铸铁、铸铜遗址等场所，以及出土遗物的特征、形制等综合分析，该城址应该是西汉时期北方地区的一座重要城池，新莽时仍在沿用（图23）。

图23 霍洛柴登古城东城墙（由北向南）

该古城经内蒙古自治区文物考古研究所著名考古学家李逸友先生等考证，认为应该是西汉北方重镇——西河郡的郡治所在，至于是富昌县还是平定县，还存在分歧；而北京大学王北辰教授则认为，该城原属西河郡大成县，东汉改划朔方郡，为大城县。

霍洛柴登古城址是内蒙古中南部地区规模较大、保存较好的汉代古城之一，周边还分布有大量同时期的墓葬，对于文献记载匮乏的中国北方地区来说，无疑是研究本地区西汉及新莽时期历史、政治、军事、经济、文化等无法替代的重要实物史料。古城位于人烟稀少的北方草原地区，时代较为单一，受后来人为破坏的因素较小，因此，古城基本保持了当初的布局、设施等原貌，这对于我们研究汉代的城市营造制度及进行历史地理学的研究工作等提供了珍贵的第一手资料，是其他后代延续使用过的古城遗址所不具备的特性（图24、图25）。

图24　龙首铜灶

图25　铜鼎、熏炉、壶、灯

由于霍洛柴登古城所处的特殊地理位置，因此，无论是西汉前期中原王朝对匈奴的大举用兵时期，还是在后来胡汉和亲的绵延岁月，这里不但是西汉王朝控制北方的前沿阵地，而且在维系、沟通中原与北方边陲地区关系史上一直都发挥着十分重要的作用。因此，它在研究中原王朝与北方匈奴民族的战争史、商贸史、民族关系史等方面，具有独特的重要价值。古城所在地春秋战国以来称谓"河南地""新秦中"，那时，这里土地肥沃，气候宜人，是秦、汉王朝重要的屯田之所，而两千多年后的今天，却成为干旱贫瘠的荒漠化草原。因此，它又是我们研究这块古老土地荒漠化原因、进程及本地区自然地理、气候变迁的重要佐证。

2012年8月，杭锦旗霍洛柴登古城内发生古钱币窖藏被盗案件，被盗古钱币多达数千千克。内蒙古自治区文物考古研究所随即对被盗古钱币窖藏地点及周边地区进行了清理发掘，发现铸造钱币作坊遗址一处，出土的遗迹主要有钱范烘焙窑室和铸币窑室，同时出土了150多块铸造钱币用的陶质正范和背范，而钱文主要有"大泉五十""小泉直一""货泉"等（图26～图28）。其中7块为有确切纪年的钱范，上有"始建国元年三月""钟官工……"等字样。在铸币窑室附近还出土了大量钱币、陶器、石器等。另外，在钱币窖藏附近清理的建筑基址中，出土了大量筒瓦、板瓦及少量铁刀、铁钉、铜器、动物骨骼等遗物。同时还出土数量较多的铁铠甲片，大小不等，上有小穿孔。

被盗窖藏收缴钱币均为王莽时期发行的货币，铸钱作坊出土的"大泉五十""小泉直一""货泉"钱范，也均属王莽时期。出土有纪年钱范的文字为"始建国元年三月"，而始建国是王莽年号，为公元9年。因此，该作坊及被盗的钱币窖藏，均应属于王莽时期。

霍洛柴登古城发现的这处完整的钱币铸造、贮藏体系遗存，在全国尚属首次发现，对于研究我国汉及新莽时期的社会经济、军事，尤其是当时的货币制度、钱币铸造技术等都有十分重要的意义，也为我们全面了解霍

图26　钱币铸造作坊

图27　霍洛柴登古城铸钱遗址出土的各种钱范

图28　被盗窖藏遗留钱币

洛柴登古城提供了不可多得的科学佐证。为何会形成如此规模的钱币窖藏是值得我们深究的课题。

2. 汉代美稷县故城

位于准格尔旗纳林乡政府西北,纳林川东岸。城址平面略呈长方形,东、西长360米,南、北宽410米,四面有门。城垣清晰可辨,高约4米,顶部残宽约3.4米。古城内现已辟为农田。地表暴露遗物有陶罐、陶盆、陶瓮、铜镞、铁剑、铁斧等。据文献记载,公元前125年,汉武帝北击匈奴后,为强化北疆防御,在水(今纳林川)沿岸兴建了美稷县城和富昌县城(今陕西省府谷县古城东北),属西河郡所辖。东汉建武二十四年(48年),匈奴分裂为南、北两部,南匈奴入塞归汉,随后移师美稷,在美稷城置匈奴单于庭,为当时南匈奴的政治、军事中心。据考证,纳林古城即为西汉所建的美稷县城(图29~图31)。

3. 漫赖乱圪旦梁汉代墓群

位于东胜区漫赖乡娄家圪台村。面积约1.6万平方千米。地表可见明显的封土堆(坟丘)40余座。墓葬大多为砖室墓(墓室用砖砌筑并券顶),也有少量为竖穴土坑木椁墓(在竖穴墓坑中直接用粗大的木材垒砌成椁室)。墓葬中出土了内蒙古地区发现的保存最完整的龙首铜灶等一大批珍贵文物。另外在一件鸮形黄釉陶壶中,存放有大量保存完好的黍类植物颗粒,这是鄂

图29 纳林古城(汉代美稷县故城)地貌

图30　汉代执箕俑　　　　　　图31　汉代铭文砖

尔多斯地区发现的时代最早的农作物遗骸，对于研究本地区农业经济发展史及黍类植物的栽种史等具有十分重要的价值（图32、图33）。

4. 敖楞陶勒亥汉代墓群

位于达拉特旗呼斯梁乡敖楞陶勒亥村。面积约25万平方米。地表可见50余座大型封土堆（坟丘），底径10～20米，现存高度3～10米。1957年发掘的一座为大型竖穴土坑木椁墓，是鄂尔多斯境内现存地面建筑规格最高、最集中的大型汉代墓群之一（图34）。

图32　漫赖汉代墓地出土鸮形釉陶壶　　　　图33　漫赖汉代墓地出土汉代糜子

图 34　敖楞陶勒亥汉代墓群

5. 乌兰陶勒亥汉代墓地

位于杭锦旗阿日斯楞图苏木乌兰陶勒亥。面积约 2 万平方米。1987 年为配合基本建设发掘 14 座墓葬。多数墓葬早年被盗，部分墓葬保存较好。均为竖穴土坑木椁墓和带长斜坡墓道的土洞墓。多有棺，有的并有椁。出土的随葬品有漆器，纺织品，泥质灰陶灶、伫立男俑、盆、罐，黄釉陶熏炉、粮仓、井、鼎、铜灯、豆等明器，生活用具和铜五铢钱等（图 35、图 36）。其中的丝织品是本地区首次发现，出土的伫立男俑也极为稀有，对于研究当时的丧葬制度、习俗及汉代纺织技术、服饰、冠饰等尤显珍贵。

图 35　人物俑　　　　　图 36　釉陶灶、仓、壶、熏炉等

6. 城圪梁汉代墓葬

位于达拉特旗新民堡乡城圪梁村。1982 年农民耕作时发现，并由伊克昭盟文物工作站派业务人员进行了抢救性发掘。墓葬正南北向，由墓道、

甬道、前室、后室、耳室构成，墓室平面呈方形，为四角攒尖顶砖券墓。墓葬早年被严重盗掘，后经地下水浸漫，人骨残缺不全，出土随葬品有泥质灰陶粮仓、屋、井、案、庄园等明器，瓮、罐、盆等实用器皿，以及"五铢"铜钱等。据墓葬形制、出土遗物特征等综合分析，该墓葬的时代为东汉时期。城圪梁汉代墓葬是鄂尔多斯地区的文物工作者首次独立主持发掘的汉代大型砖室墓，在本地区文物事业发展史上具有里程碑的意义，该墓葬的发现对于研究鄂尔多斯地区东汉历史具有重要的作用（图37）。

图37 城圪梁汉墓出土陶屋

7. 补洞沟汉代匈奴墓地

1980年6月，根据当地群众和东胜县文化局干部王文光同志提供的线索，伊克昭盟文物工作站派业务人员专程前往东胜县板洞梁公社吉乐庆大队补洞沟小队（今东胜区布日都梁乡补洞沟村）进行调查，发现古代墓地一处，并对其中一座已被破坏的墓葬进行了清理。随后，经上级主管部门批准，在内蒙古自治区文物工作队（今内蒙古自治区文物考古研究所）田广金先生的指导下，由伊克昭盟文物工作站的业务人员尚志、杨震、高毅等同志，对该墓地进行了抢救性清理发掘。

墓地位于补洞川与补洞东川交汇处的三角台地上，面积约5000平方米。共发现9座墓葬，均为土坑竖穴墓，墓框长2米左右，宽1~1.5米，墓底距地表深度为0.5~1米。除一座男女合葬墓外，均为单人葬，仰身直肢，头向北，无葬具。双人合葬墓男居左女居右，面向西。男性头部上方随葬马头骨一具、陶罐一件，胸部左侧放置铁刀一件，腰部有铁带扣，马头骨口中遗有铁马衔一副。女性头部上方随葬牛头骨和羊头骨各一具，头部有骨簪、腰部有铁带扣。随葬品还发现有铁鼎、铁锸、铁剑、铁镞、铁环、铁马面饰、规矩纹铜镜、连珠云纹及鸟形铜饰件、铜耳环、骨匙、肩部饰波浪纹的泥质灰陶罐等。据墓葬形制及出土遗物特征等综合分析，该墓地的时代为西汉末至东汉初期，是受到中原农耕民族影响但仍保留浓郁自身特征的早期北方游牧民族——匈奴的文化遗存。补洞沟汉代匈奴墓地的调查、发掘、资料整理及简报编写工作，是在上级业务部门的指导下，首次由本地业务人员独立完成的科研项目，所以在鄂尔多斯文物事业发展史上具有划时代的意义。另外，补洞沟汉代匈奴墓地的发掘资料，也是鄂尔多斯地区早期北方民族考古学研究史上，获得的首批完整、科学、系统地发掘资料之一，对于推进该领域研究工作向深层次的发展，具有十分重要的意义。

8. 三段地汉代墓地

位于鄂托克前旗三段地乡西南1.5千米。1988年文物普查时发现。由于三段地乡设立的扶贫砖厂正建于墓地内，1988年至1992年，伊盟文物工作站会同鄂托克旗文管所对取土范围内的墓葬进行了抢救性清理发掘，共发掘墓葬28座，出土了各类衣物250余件，获得了一批较为珍贵的复原鄂尔多斯地区西汉中期至东汉初期历史的墓葬资料。

墓地位于起伏平缓丘陵中的山峁上，地表遗有封土丘。所发掘的28座墓葬均为带有长斜坡墓道的洞室墓，以土洞墓为多，另有一定数量的砖洞墓。墓室平面多呈长方形，少数呈凸字形者在鄂尔多斯地区鲜见。土洞墓均为拱形顶，砖洞墓多为拱形券顶，少数为木头搭就的平顶。多数为单人葬，少数为异性合葬。仰身直肢，头向墓门。所有墓葬均有葬具，有的木棺外并套有木椁，部分木棺髹有红、黑色漆。随葬品以陶器为主，漆器的数量亦较多，还有马衔、马镳、当卢、盖弓帽、车轴等铜车马器，四乳四螭铜镜，"契刀五百""五铢""货泉"铜钱、铁釜、木马、海贝、珍珠、琉璃瑱等。陶器有日常生活中的实用器皿，更多的是专为随葬制作的明器，种类有鼎、豆、壶、方壶、博山炉、灶、仓、甑、盆、盘、罐、人物俑，以及猪、鸡、狗等动物俑（图38）。其中的扁壶、小口罐、中口直腹罐等器物，均具有浓郁的地方特色，有别于鄂尔多斯其他地区发现的同类遗存。特别是深目、阔垂鼻、戴尖顶风帽、披拖地披风的伫立男胡俑，更是研究鄂尔多斯地区此时人群组合的珍贵形象化史料（图39）。

图38 陶动物俑

三段地墓地发现的墓葬均带有长斜坡墓道，随葬品中不但漆器出土比例较高，而且有陶鼎等礼器和铜车马器等，表明其绝非普通百姓所能拥有。此地距位于宁夏盐池县杨柳堡乡的汉代北地郡昫衍县城遗址不足20千米，据所在地望及规格推测，该墓地应属于西汉中晚期至东汉初期昫衍县城内中等阶层居民的墓地。

鄂尔多斯西部地区自春秋、战国以来，曾是西戎、狄—匈奴等早期北方游牧民族活动的舞台，秦始皇统一六国后，派大将蒙恬北击匈奴，并从内地迁来大批移民屯垦戍边。汉承秦制，继续对这里开发，使本地区传统的经济形态发生了根本性的转变，三段地墓葬浓郁的中原葬俗特色及大量反映农耕经济随葬品的发现，再现了本地区这一历史概况。而包括胡人俑在内的一批具有典型地区特征文化遗存的发现，不仅证明了本地西汉中晚期至东汉时期居民组合的多样性和复杂性，同时也为我们揭示这些活动在鄂尔多斯地区的北方民族的真实面目和不同民族间的交往、融合等，提供了不可多得的珍贵史料。

图39　陶胡人俑

9. 盐业支柱

盐是人类日常生活必不可少的用品，也是产地相对集中的有限矿产品。鄂尔多斯地区蕴含丰富的盐业资源，是中国现今盐湖的重要分布区，境内发现大小不同规模的盐、碱、硝湖达100多处。由于这里的盐业开采主要采取湖内自然晒盐的方式来进行，所以尽管目前还没有发现这方面的遗迹，但据文献记载，汉代鄂尔多斯地区有四个郡、五个县设置有盐官，占全国设置盐官郡县的11%，为我们窥探鄂尔多斯地区汉代盐业开采、管理历史，以及盐产业在社会经济中的地位等，提供了重要的佐证。杭锦旗是鄂尔多斯重要的产盐区，汉代遗存众多也是一种反映。

10. "中阳"铜漏

1976年5月杭锦旗阿门其日格乡军图村的沙漠中，大风吹出来一个圆筒状的铜家伙,被老乡捡到后卖到了供销社。这事被一位盟里的下乡干部听说后,一方面告诉供销社职工要妥善保管,切不可当破铜烂铁卖到回收站,同时迅速通知文物部门。文物站尚志接到报信后,火速赶到事发地点,将这件文物征集回来。经鉴定,这是一件汉代铜漏,是古代的计时工具(图40)。为青铜铸造,通高47.9厘米,重8250克。壶身作圆筒形,直径18.7厘米,容量6384立方厘米。近壶身底处,斜出一圆管状流,用以泄水。壶身底部有蹄形三足。壶盖上方有双层横梁,梁高14.3厘米、宽2.3厘米。壶盖与两层横梁的中央有上下对应的三个长方孔,用以安插沉箭。壶内底上铸有阳文"千章"两字,壶身外面流的上方,竖行阴刻"千章铜漏一,重卅二斤,河平二年四月造"文字一行,在第二层横梁加刻"中阳铜漏"四字(图41)。该铜漏是西汉成帝河平二年(公元前27年)四月在千章县铸造,后加刻"中阳铜漏"铭文。千章和中阳在西汉皆属西河郡。这件"中阳"铜漏是迄今为止我国发现的保存最完整且有明确制造年代的泄水型沉箭式漏壶,稀世罕见,弥足珍贵。1984年,为庆祝中华人民共和国建国三十五周年,中国历史博物馆对展览进行了调整。经国家文物局调拨,鄂尔多斯人民将这件国宝无偿奉献给了国家,现存于中国国家博物馆,我们要想目睹她的真容,只能亲自前往北京了。

图40　汉代铜漏　　　　　　　图41　汉代铜漏铭文拓片

四、笔墨丹青

近些年，在鄂尔多斯境内的鄂托克旗巴彦淖尔乡境内的凤凰山、乌兰镇东南米兰壕、乌审旗嘎鲁图苏木的敖包梁上，陆续发现了一批汉代壁画墓。另外在杭锦旗霍洛柴登、塔拉沟等地，也曾发现过壁画墓。

在鄂尔多斯地区发现诸多壁画墓的原因，经分析是由砂岩地质决定的，且本地区缺乏营造大型木椁墓的材料，故而因地制宜。

墓葬均为直接开凿在砂岩中的带斜坡墓道的洞室墓。墓室平面呈方形，后壁设龛。在墓室的四壁及顶部，保存有完整的壁画。壁画由黑、石青、土黄、赭石、朱砂等矿物颜料绘制而成，虽经两千余年历史沧桑，仍艳丽如故。壁画内容主要是反映墓主人生活的车马出行图、庭院图、宴饮图、抚琴图、舞蹈图、百戏图、射弋图、侍卫图，由奔驰的骏马、抵斗的公牛、悠闲觅食的羊、翱翔天空的鹤与雁等构成的草原风光图、飞骑围猎图、群山放牧图、晒衣图、牛耕图、锄禾图、兵器图、星象祥云图，以及瑞兽图等。内容丰富，布局严谨，绘画技法娴熟，色彩艳丽，运用自如（图42）。壁画除反映以农耕经济为主的田园生活场景外，也具有一定的北方畜牧经济的特征。特别是在人物的服饰、冠带等方面，具有浓郁的地方特色。既是研究汉代鄂尔多斯地区历史、社会经济、文化、服饰、生活习俗、民族构成等极为珍贵的形象化史料，也是难得的古代绘画艺术珍品。现择要赏析。

我国发现的古代绘画艺术，至少可以追溯至距今六千多年前仰韶文化时期的彩陶装饰艺术。及至夏、商、西周、东周时期，古代绘画艺术则主要表现在青铜器、骨器、漆器、玉器的花纹装饰艺术及帛画上。进入汉代，因深藏于地下得以完整保留的墓葬壁画，成为我们有幸能够亲眼欣赏的古代绘画艺术的主要门类。

汉代壁画绘画工具以毛笔为主，由于使用朱、绿、黄、橙、紫等色调的矿物质颜料，因而壁画色彩经久不变，发现时鲜艳如初。绘画造型手法多写实但不乏夸张，绘制技巧多采用墨线勾勒轮廓再平涂施色的手法，构图已摆脱了呆板的图案式排列的形式，注重追求比例和透视关系。所有这些成就，均为中国绘画的成熟奠定了坚实的基础。

图42 鄂尔多斯地区洞室墓壁画

汉代壁画有着与其他古代绘画艺术资料相同的方面，如以通俗易懂的画面指导人们辨别是非的教育意义；以一些重要题材反映墓主人生前生活的纪念意义；基本上能反映现实生活绘画水平的学术意义。此外，汉代壁画也有其特殊的一面，即由于多为工匠所为，故艺术上难以展现巅峰之作，装饰性强于艺术性，同时也充满了迷信和压抑的色彩。尽管如此，汉墓壁画仍不失为中华民族珍惜文化艺术遗产宝库中的一员。

汉代在墓室中装饰壁画的风俗兴起于西汉早期，流行于东汉，墓主多为高官显贵或地方豪强。汉墓壁画之所以盛行，主要与当时社会提倡孝道、盛行厚葬，以及奉行"事死如事生"的思想有关。东汉时期实行的察举孝廉制度，是人们踏上宦途的必经之路。在此制度的刺激下，一时"崇饰丧祀以言孝，盛馔宾客以求名"的社会风气四处弥漫，厚葬之风愈演愈烈，很多人竭家所有修建坟墓。在墓室壁面上，大量绘制表现生前权势、威仪和财富的生活及历史神异形象，以期获得孝的声誉，进入仕宦之途（图43、图44）。

图43　俸侍图 　　　　　　　图44　侍卫图

宣扬灵魂不死是汉墓壁画的一个重要特点。灵魂不死是古代民族的共同信仰，认为人死后灵魂依然活着，实质是人类否定死亡、追求生命永恒的一种信念。这种观念深深扎根于人类本能的情感之中，因此在墓室壁画的构思和图像的选择上，通常分上、下两大部分来安排。上部（即墓室顶部及四壁上端）主要绘制日月天象，如二十八星宿、祥云、太阳金乌、月亮蟾蜍等组成的天堂仙界景致（图45）。下部（主要是墓室四壁）则绘制地下阴宅，如墓主生平重要功绩和与之相关的庄园生活场景，共同构成一个宇宙自然景观。

图 45　墓室顶部及四壁上端的壁画

汉代墓室壁画极大地拓展和丰富了以往墓葬资料所反映的表现领域，内容涉及当时的思想、信仰、科学、宗教、神话、军事、政治、礼仪、典章乃至社会生活的方方面面，较为直观地反映了当时社会历史、文化、政治、经济等各方面的发展状况，堪称用绘画编写的历史名著。汉代还是我国古代文化艺术思想的整合时期，统一融合了儒、道、法、神仙等多家思想，其绘画艺术上承战国绘画古朴之风，下开魏晋风度艺术先河。汉墓壁画作为人类共享的思想资源和艺术资源，给后人留下了无尽的想象空间。

1. 庭院、宴饮、百戏图

图像位于凤凰山 M1 墓室东壁的右侧（图 46）。绘有一座单进庭院。上部的庑殿顶正房内，两位头戴冠帽、身着红袍的男子坐于几后交谈，一侧跪有一位女子听从吩咐。女子身着红衣，头戴宽沿黑帽，帽侧插翎，两鬓长发下垂。东侧游廊内跪有两人分别作抚琴状和舞蹈状。西侧的游廊内也跪有一位红衣黑帽女子。庭院内有抚琴、击鼓、杂耍者七人正在表演。鼎、敦、叠几、案、耳杯等散布其间。

这类表现墓主人生活场景的壁画场面一般都较大，内容也很丰富。座上客边宴饮、边欣赏，表演者姿态各异，活泼有序。画面构图大气，用笔奔放，透视关系准确合理；人物众多、构图饱满；画面细致，人物衣饰、

图46 庭院、宴饮、百戏图

饮食餐具等刻画细致入微。该壁画内容在中原地区汉代壁画、画像石墓中常见，是典型的反映农耕经济下庄园生活的情景。壁画中人物头戴宽沿黑帽，帽侧插翎的冠饰与两鬓长发下垂的发式造型，却与中原地区截然有别。结合文献记载和其他考古发现分析，以上内容应与自东汉早期以来回归中原汉廷的南匈奴民族有关。由此可见，东汉时期，生活在鄂尔多斯地区的南匈奴虽然汉化程度很深，社会经济与生活习俗等均发生了很大的变化，但在服饰、发饰等方面，仍保留着自己浓郁的民族特色。该壁画不仅是汉代鄂尔多斯社会生活的缩影，同时也是研究北方民族文化不可多得的形象化史料，弥足珍贵。

2. 射弋图

图像位于凤凰山M1墓室西壁的中部（图47）。天空中一行白鹭由东向西飞过。在庭院外与东北角望楼相接的台榭上，右侧有三位红衣男子，其中两位站立者正在举弩发射，另一位则在蹲下装箭；左侧有三位在观看的女子，这些女子均头戴宽沿黑帽，帽侧插翎，两鬓长发下垂，分别着红衣和绿衣；再往左，一位两鬓插翎羽的红衣孩童，骑在一只盘角山羊上。

图 47　射弋图

台榭由立柱支撑，周边设有护栏、伞盖等。该画面生活气息浓郁，人物体态多姿，表情刻画细致入微。画面中人物的衣饰、发饰等是研究鄂尔多斯地区东汉时期民族构成的重要依据。

3. 出行图

图像位于凤凰山 M1 墓室西壁的左侧下方（图48）。绘有一骑两乘出行图。出行者自右向左行，引导者骑白马，着绿衣，戴宽沿高顶黑帽。其后为一乘由枣红马牵引的黑舆轺车，车上坐两人，居左者为男性，身着黑衣，头戴贤冠；居右者为女性，着红衣，头戴宽沿黑帽，两鬓长发下垂。再其后，为一乘由枣红马牵引的无盖黑舆轺车，车上坐三人，均头戴黑

图 48　出行图

帽，其中右侧两人帽为宽沿，插翎。

汉代人心目中的良马，一般是以西域良马大宛马为标准，体大、头小、胸廓、臀宽、腿细而长、蹄大，健壮精干，活力四射，不怒威自现，不嘶声远播。这幅出行图中对马匹的描绘，不但很好地再现了汉代人赏马的准则，而且绘画线条洗练、手法夸张变形，技法娴熟、传神，将马的静态悠闲及动态奔跑所产生的张力起伏波动感表现得淋漓尽致。特别是将马侧面按正常透视规律看不到的眼睛也表现在同一个平面上，将绘画从二维平面空间发展到三维立体空间，使其产生了一种强烈的立体效果。另外，该画面对于驭手的驾姿、车的疾驰、乘者的悠闲等，也表现得生动逼真，以东方人特有的思维和审美意识，将人、车、马组合得形神统一、高度完美。汉代人所形成的高超绘马艺术技巧，在这幅壁画中得到充分体现，堪称汉代绘画艺术的杰作。

4. 武库、抵咒图

图像位于凤凰山 M1 墓室东壁左侧（图 49）。上部绘有垂幔、长剑、盾牌、箭弩、箭匣等，隐喻存放兵器的武库；下部绘制一头形体如牛，但额部有尖长独角的怪兽，即文献中称谓镇墓辟邪的神兽——咒。画面中的咒主要由黑、白二色构成，局部以紫色渲染，色调明快，立体感极强。整

图 49 武库、抵咒图

体呈抵斗状、四脚触地、发力前倾，低头弓背，尾巴高扬，造型生动、结构合理，动感十足。在墓室壁画中绘制镇墓辟邪的武库及各种神怪灵异的动物，是汉代壁画墓中的一项主要内容，具有保护墓主，驱魔逐疫，守卫家园的寓意。

5. 放牧、牛耕图

图像位于凤凰山 M1 墓室西壁右端（图50）。层峦叠嶂的群山上树木茂盛，牛、羊、马等散布其间，燕雀或在天空中穿飞，或在枝头栖息，两位牧人悠闲地坐在高高的山顶上。山脚下，一位农夫正在扶犁耕田（已残）。该画面是汉代鄂尔多斯社会经济的真实再现，其中的农耕图，也是鄂尔多斯地区迄今所见最早有关牛耕的形象化资料。

图50　放牧、牛耕图

6. 出行、舞乐图

图像位于乌审旗嘎鲁图 M1 墓室北壁（图51）。画面下方右侧为一乘枣红马牵引的黑伞盖轺车（车双辕前伸仰曲，连衡带轭。车舆通畅，四周有围栏，舆轼中插有伞盖，可收可放，既可遮雨，又是威仪的象征。单马牵引的曰"轺车"，双马牵引的曰"轺传"，而三马牵引的则称"骖驾"，一般为汉代官吏乘坐，具有严格的级别限制）。车内左侧坐一位黑衣男性，轺车左侧跟随一位身着蓝衣的骑马男性，车后跟随一位身着绿衣、梳高髻

图51　出行、乐舞图

的女性。紧随辎车之后的是一乘白马牵引的黑舆辎车（车舆四周封闭，两侧有窗，后面有门，多为妇女用车），白衣御者坐在车前。画面上方为一组乐舞图：舞者站立，或轻舒长袖，或挥舞彩带，而乐者席地而跪，或抚琴，或吹笙，或击鼓。最左端坐一位绿衣人，身前摆放着叠几、熏炉、耳杯等，正在观赏乐舞，一行白鹭从上空缓缓飞过。

汉代在车骑出行时，不同等级的官吏在驭车、马、前导、伺从者数量，车舆形制等方面，都有不同的规格。因此，凭借壁画中的出行图，可大体判断墓主人的生前地位。汉制规定，年俸三百石以上的县令，才有资格享用黑伞盖的轺车。由此可见，该墓的主人应该属于这一级别的官吏。

7. 围猎图

图像位于鄂托克旗米兰壕M1墓室北壁（图52）。绘有五位绿衣骑马者纵马驰骋，挽弓搭箭，将野兔、岩羊、梅花鹿等猎物团团围住。画面布局疏密有度，绘画技法娴熟，生动传神。该壁画内容在其他地区的汉代墓葬中罕见，具有浓郁的地区特征，是汉代鄂尔多斯地区社会经济多样性的真实反映。

西汉王朝除了以郡县制管辖北方的汉人外，还于西汉元狩二年（公元前121年）设立了五个属国都尉，用以安置、管辖归汉的匈奴浑邪王四万

图 52　米兰壕汉墓壁画围猎图及局部

余众，史称"五属国"。其中的上郡龟兹属国都尉（治龟兹县，位于今乌审旗与榆林交界处）、朔方属国都尉（治西河郡美稷县，今准格尔旗纳林古城）、云中属国都尉（治五原郡蒲泽县，今杭锦旗境内）均位于历史上的鄂尔多斯境内。凤凰山汉代壁画墓所反映的极有可能就是这些属国的历史再现。

五、北魏牧苑

398年北魏建都平城（大同）后，为防止北方柔然汗国的侵扰，护卫京都平城及强化北部边境地区的统治，在平城以北设立六个军事据点，史称"北魏六镇"。六镇均处在阴山山脉的隘口，构成一条向北的军事防线，"但使龙城飞将在，不教胡马度阴山"。另外还设置了土城梁古城、石子湾古城、坝口子村古城等城池，为六镇的后方及平城的护卫前沿，并与之构成全方位的防御体系。

由于六镇处于战略进攻或战略防御的重要位置，因此这里集结了大量军事力量，而且每镇设置镇都大将，由拓跋王公或鲜卑贵族之中出色的人才担任，戍防的士兵也大多是拓跋联盟各部落的牧民和中原豪强地主的高门子弟。在中国历史上盛极一时的西魏八大柱国便由此发端，他们开创了一个纵横中国历史近二百年，历西魏、北周、隋、唐四个王朝的关陇军事贵族集团，成为中国历史上的奇迹，并将中国的封建社会推向了最高峰。北魏历代皇帝都非常重视对六镇的防务，频繁巡视，鲜卑帝国对柔然发动的战事均从六镇开始。

据文献记载，北魏道武帝、太武帝等都经常"行幸河西"，还在河西修筑河南宫、承华宫等宫殿。除此之外，另外还有"校猎河西"的记载。据此可知，北魏时期鄂尔多斯曾被辟为皇家牧场，供皇室巡幸狩猎，石子湾古城极可能就是文献所载西河修筑之行宫所在。

在中原通往蒙古高原的诸交通要道中，最重要的就是昆都仑河谷道和白道。昆都仑河谷道因位于阴山南北各道的中段，南来北往最为近捷方便，而且山势较缓，河谷宽阔，便于行车，自古便是黄河流域通往北方草原的重要通道，自然也就成为北魏征伐柔然的主要后勤保障线。另外，北魏都平城期间，对汉代开辟的丝绸之路东端进行改道，出平城西行，至君子津（今准格尔旗十二连城）渡黄河，斜穿鄂尔多斯，途经夏州（今乌审旗）、灵州（今宁夏灵武）到姑臧（今甘肃武威），接通河西走廊。因此，鄂尔多斯还是北魏出使西域、西域前来朝献所行丝绸之路的必经之地。

北魏石子湾古城位于准格尔旗沙圪堵镇石子湾村纳林川北岸的台地上。平面呈长方形，正南北向，南墙正中设门，并加筑有瓮城。城内中心偏北处有一大型建筑台基，地表暴露成排分布的石柱础。城内其余地区还发现有多处建筑基址，地表散布有大量的砖、圆形"富贵万岁"文字瓦当、半圆形人面纹瓦当、滴水、筒瓦、板瓦、饰连珠纹或水波纹的泥质灰陶瓮、盆、罐等残片及残铁器等（图53～图55）。城外东北处的山坡上，还分布有同时期的烧造陶器的窑址。

图53 "富贵万岁"文字瓦当

图54 人面纹瓦当

图55 铁镂

该城址是鄂尔多斯地区迄今为止唯一确定的北魏城址，对于研究本地区魏晋南北朝时期的历史具有重要的价值。有学者认为该古城是北魏前期建都平城时期的城址，也有学者认为是为了北魏皇帝巡幸河西而修建的行宫。

六、大夏拾珠

自东汉后期始，檀石槐鲜卑汗国军事联盟形成，控地阴山南北。魏晋以来，鲜卑轲比能部猎足鄂尔多斯，与南下的拓跋部、留守故地的匈奴族人、北上的西晋势力等彼此争战，终以拓跋部势力为强，统领杂胡。自十六国始，五部匈奴拥立刘渊建立汉政权（后改国号为赵，史称前赵）后，铁弗刘虎被封为楼烦公，后兵败西晋、拓跋部联军，占据被其视为战略转移地和后方的鄂尔多斯。319年，羯人石勒建立后赵，控制鄂尔多斯，继而被氐族苻健的前秦统领。370年，代王拓跋什翼犍势力崛起，鞭及河西。铁弗刘卫辰协助前秦灭代后，被委以督摄河西杂胡之职。386年拓跋珪建立北魏后，逐杀铁弗刘卫辰父子取而代之。407年，羽翼丰满的铁弗刘卫辰子赫连勃勃叛后秦建大夏国，重回鄂尔多斯，并于413年建统万城，终成霸业。

1. 大夏国都统万城

从乌审旗巴图湾水库东折，沿无定河行走约10千米，在河北岸有一座巍巍矗立在茫茫沙漠中的古城，这就是举世闻名的统万城。统万城是东晋时期匈奴铁弗部赫连勃勃所建立的大夏国的都城，因筑城墙用的是黏土和石灰等混合的"三合土"，土色泛白，所以当地群众称之为"白城子"（图56）。

图56 大夏国都——统万城

晋安帝义熙三年（407年），赫连勃勃自称天王大单于，建立大夏国。大夏凤翔元年（413年），赫连勃勃驱使十万人在朔方水（今无定河）北、黑水（一说为今纳林河）之南营建大夏国都，取统一天下，君临万方之意，将都城定名为统万城。据史料记载：统万城历时7年方建成，规模十分宏伟。周围数里，"城高十仞"。古城由宫城、内城和外廓城三部分组成，内城设有四门：南为朝宋门、东为招魂门、西为服凉门、北为平朔门（图57）。城内楼台高大，殿阁宏伟，装饰土木，极其侈丽。统万城修建异常坚固，虽经1500年风雨侵蚀，依然巍峨挺立，雄踞北国。现在城垣遗址的高度从2米至10米不等。四城角各有角楼，西南角角楼保存最好，现今仍高达30米，城墙外部均有防御性的马面建筑。城内常

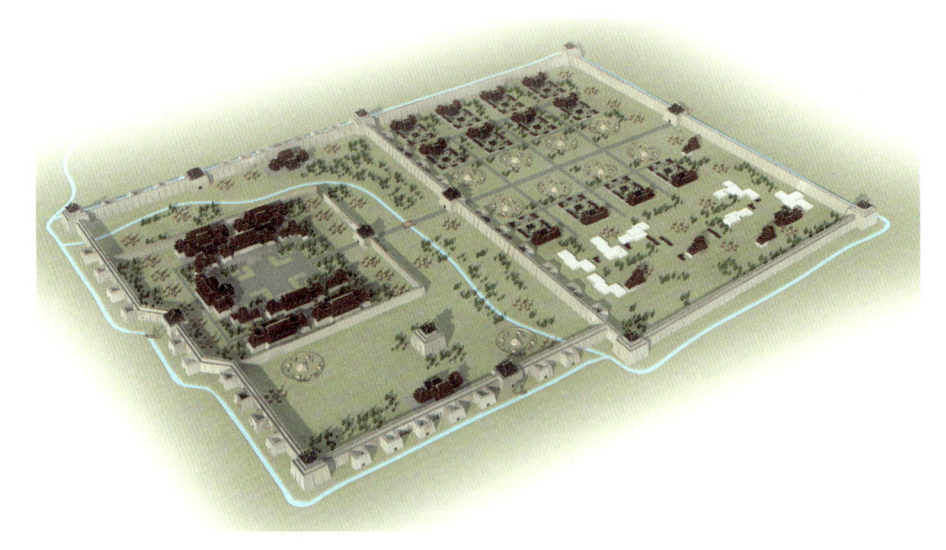

图 57　统万城复原图

出土箭镞、铜币、花方砖、"永隆"瓦当、印章、佛像等遗物。

统万城是我国现存为数不多的早期北方少数民族建设的最完整、最雄伟、最坚固的都城之一。431年，大夏国被北魏灭亡后，先改统万城为统万镇，不久即改为夏州，经隋、唐、五代、北宋，大体相沿不变，一直是党项族非常重要的政治、军事、经济、文化中心。因此，该城址是研究大夏和西夏历史、文化的重要文物史料。另外，在大夏国赫连勃勃兴建都城时，这里还是水草丰美，山川秀丽，气候宜人的优美之地，赫连勃勃对这个地方曾大加赞赏。至宋代，城周围已逐渐为沙漠所覆盖，最终成为废墟。因此，统万城遗址在研究本地区环境变迁等方面也具有特殊的重要地位。现为全国重点文物保护单位，而申请世界文化遗产的前期准备工作正在紧锣密鼓地进行中。

2. 郭家梁大夏田䍧墓

位于乌审旗纳林河乡郭家梁村，1992年发掘。墓葬由墓道、甬道、天井、前室和后室五部分组成。斜坡式墓道长38米，前、后墓室平面均为长方形，顶部起脊向左、右呈两面坡状。室内绘有仿木建筑结构的彩绘，如四角有立柱，柱上有横梁、"山"字形屋架及椽子等构件。出土墓志一方，并有陶罐、陶甑及铜钵等生活器皿。田䍧，甘肃武威人，生卒年代不详，生前曾任赫连勃勃所建大夏国的建威将军、散骑侍郎、凉州都督、护光烈将军、北地尹、将作大匠、凉州刺史等职。田䍧墓是鄂尔多斯地区发现的唯一一座具有明确纪年的大夏国墓葬。其墓志铭不但具有非常重要的史料价值，而且也是我国发现极少的北朝时期的书法作品，其文风正处于由汉隶向魏碑的过渡阶段，弥足珍贵（图 58）。

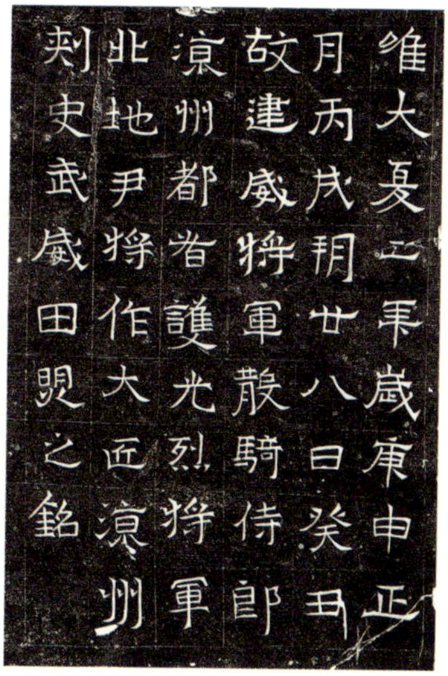
維大夏二年歲庚申正
月丙戌朔廿八日癸丑
故建威將軍散騎侍郎
涼州都督護光烈將軍
北地尹將作大匠涼州
刺史武威田煛之銘

图 58 大夏田煛墓墓志铭

七、隋唐轶事

隋朝统治时间虽短，但给鄂尔多斯地区带来的影响却十分深远。隋朝的统一，结束了鄂尔多斯地区魏晋南北朝 360 余年群雄逐鹿的混战局面，社会渐趋安定，民众休养生息，经济逐步恢复。伴随着突厥民众的入住，中原汉族的北上，鄂尔多斯不仅掀起新一轮民族融合的浪潮，也成为东突厥再次崛起、重执中国北方牛耳的重要摇篮，而伴随隋末地方割据势力的崛起，这里也成为中国政治风云变幻的策源地。

隋唐时期的鄂尔多斯，既是中原王朝的北疆重地，也是东突厥等北方游牧民族的辽阔牧场，隋炀帝巡幸北疆的浩荡洪流，曾在这块大地上旗帜相望、钲鼓相闻。隋末北方诸豪强割据势力反叛的号角，也曾在这里此起彼伏，延绵不绝。这里既穿行过盛唐大军的金戈铁马，六胡州民的驼队羊群，也游曳过对抗唐王朝统治割据势力的蔽野旗旌，但更多的是太平盛世下各民族和睦相处的笑语欢歌。

1. 胜州故城的历史与传说

在库布齐沙漠东端、东流黄河调头南转之地的黄河南岸，高高耸立着一座古城，当地老乡称之为“十二连城”。库布齐沙漠东西横亘在鄂尔多斯高原北缘，东西约 400 千米，南北平均宽度只有几十千米。“库布齐”是蒙古语“弓上之弦”之意。从天空俯视，库布齐沙漠的确像一根弓弦，而那张弓无疑就是西、北、东三面环绕高原的滚滚黄河。十二连城古城遗址就伫立在黄河南岸台地上，日日俯瞰着东去的滔滔流水，日复一日，年复一年（图 59）。

如今十二连城脚下的黄河，就是鄂尔多斯市准格尔旗与北面的呼和浩

图 59 十二连城古城

特市托克托县的天然界限。站在古城垣上向北眺望，原野平旷如毯，一直铺展到远处的阴山脚下。而站在黄河以北向南展望，则又是一番风光，只见天空又高又远，清澈湛蓝，库布齐沙漠如飘带般静置于大漠中，在黄的沙、绿的树和五颜六色的庄稼的掩映下，高耸的白色城墙横亘其间。尽管在千百年历史岁月的涤荡下已是斑斑残迹，但依然不失当年的英姿伟岸。

当地老乡都知道这里是座古城，问及它的历史，许多人都会告诉你这里是"穆桂英大战洪州"的洪州城，或杨家将与"十二寡妇征西"的传闻，如果遇到识文断字的老先生，还会给你讲上一段北宋时期佘太君率杨家将征西、杨门十二位寡妇曾在此各筑守一城、抗击并最终击败西夏大军的悲壮、动人的传说。

其实我们稍稍翻阅一下历史文献便知，北宋时期，鄂尔多斯高原的大部分地区都已囊括在西夏王朝的势力范围之内，杨家将英勇抗辽的事迹则主要发生在黄河东岸的陕西北部地区，自然与这里相距甚远；而传说中的佘太君率领十二寡妇西征，也是发生在甘肃河西地区。看来这些人们津津乐道的故事，恐怕真的和这座古城没有什么直接的关联。

20世纪60年代初，两位文物工作者在这里的一个重大发现终于揭开了笼罩在这座古城上的神秘面纱。

古城位于准格尔旗十二连城乡政府所在地黄河南岸台地上。传说这里有9座古城，加上附近（距这里7千米的城坡村）的3座古城，故有"十二连城"的提法。1963年内蒙古自治区文物工作队李逸友、李作智先生专程来到这里，对该古城进行了实地调查、测绘。据考古调查发现，只能辨别轮廓比较清楚的五座古城。这五座古城整体平面呈正方形，东西长约1165米，南北宽约1039米，相互毗连，参差相望。其中，一号、五号城东西并列，合用隔墙；一号位西，五号居东。二号、三号城东西并列，位于一号城的西北角。四号城位于一号城内，与二号城南北并列。一号城址面积最大，约占全部城址的三分之二，平面略呈长方形，南北长1039米，东西宽857米。由于古城的西北角被晚期的二号、三号城打破，所以这里的城垣已经全部被破坏，而整个西墙也仅剩中部往南的四小段。一号城和与之东西并列的五号城合用北墙和南墙。北墙虽保存不好，残缺分布，但保存最好处残存高度可达18米，足见当初城垣之规模。南墙基本保存完好，残存高度约15米。一号城南墙中部设门，并建有瓮城。五号城东墙设有两门。一号、五号城均未发现马面设施。

据城垣的建筑特征及城址内分布的遗物判断，一号、五号城应为同一古城的东西两个组成部分，后期曾经重新加筑过南城垣和隔墙；四号城是一号、五号城的子城设施。三座古城内出土遗物以属于隋唐时期者最为丰富（图60）。二号、三号城面积较小，原系砖城，四周城墙上均建有马面，所见城砖均具有明代的特征，城内出土遗物也大多属于元、明时期。

图60　三彩盂

在李逸友、李作智先生对该古城进行调查期间，当地的小学老师为他们送来一件唐代开元十九年（731年）的姜义贞墓志，并带领他们去墓志出土地点实地探查。姜义贞墓位于十二连城古城南，是一座小型的单室砖墓。墓志用两块长方形砖写成。砖长22、宽16.5、厚5厘米。分别将两块砖的一面磨平，用墨笔楷书竖行书写。一块砖为墓志盖，其上书写一行七字"故人品子姜义贞"；另一块砖上书写墓志铭文，共5行66个字"胜州榆林县归宁乡普静里故／人品子姜义贞年卅五开元十九／年岁次辛未二月庚辰朔三日／壬午故其月十一日辛卯殡在州城／南一里东西道北五十步祖在其前铭"。姜义贞墓志铭明确记载了该墓葬于胜州城南一里，唐代一里等于唐尺1500尺。考古发现唐尺有大尺和小尺之分，大尺一般为29.6～31.3厘米，小尺长24.75厘米。按大尺计算，唐代一里约为466米；按小尺计算，唐代一里约为444米。经李逸友、李作智先生现场核实，姜义贞墓位于十二连城古城一号、五号城南约450米处，相当于唐代的一里。如此，一号、五号城不但位置与墓葬墓志铭记载的胜州城相符，而且城内出土遗物也多属于隋唐时期，当为唐代胜州榆林城故址无疑。另外，据李逸友、李作智先生调查，类似的墓志在城外墓葬中还出土过一些，所记载的内容也都类似。因此，过去虽然有关隋唐胜州榆林城的文献记载较多，但城址究竟位于哪里，学术界还众说纷纭，一直存在较大争议。两位先生这次的实地调查，特别是明确记载墓葬与胜州城方位、距离等信息的姜义贞墓志铭的发现，为这一旷日持久的争议画上了圆满的句号。十二连城古城即为隋唐胜州榆林城故址，是当时中国北方的政治、军事重镇。

据文献记载，隋文帝开皇三年（583年），在汉代沙南县城的故址上兴建榆林城，称"榆林关"。开皇七年（587年）改为县治，属云州所辖。开皇二十年（600年），割云州之榆林、富昌、金河三县另置胜州，治所在榆林。隋炀帝大业五年（609年），将胜州改为榆林郡，辖区不变。唐初，仍置胜州，领榆林、河滨二县。唐末，胜州城为西夏所占。辽神册元年（916年），辽军攻占胜州后，将胜州之民皆驱赶到黄河东岸，在唐代东受降城遗址上重建城池。为有别于河西的胜州，故称新城为"东胜州"，而胜州城遂废。明洪武四年（1371年），明朝政府为了进一步加强北方的防御力量，先在辽代东胜州城的基础上新建东胜卫城，继而又兴建了4座卫城，与东胜卫城相互拱卫，分别称作左、右、中、前、后卫城，合称"东胜五卫"。其中左卫就是位于黄河东岸的今托县古城，右卫在黄河西岸，东胜右卫和东胜左卫隔河控制着黄河上的交通，成为明王朝在北部边境地带的重要军事前哨阵地。十二连城古城的二号、三号城就应该是明代修建的东胜右卫城。如斯，文献记载与考古发现就形成了完整的对接（图61）。

十二连城古城既然与杨家将十二寡妇西征无关，那这里自然没有响起过北宋大军与西夏部民对决的战鼓，这似乎让那些因传说而对这座古城产生兴起的人们凭空多了一份遗憾，但发生在这里的历史上最风光的时刻却如此的鲜为人知。

隋朝建立之初，活动于阴山南北广袤地区的突厥一直是隋朝的强大隐患。隋文帝杨坚采纳了大臣长孙晟的提议，

图61 铁牛、猪俑

对突厥实行"远交近攻，离强合弱"的政策，并加以强悍的军事打击，使得突厥分裂为东、西两部分，彼此实力锐减。至隋文帝末年，东突厥虽已完全臣服于隋朝，局面得到了很好的控制，且由隋朝扶持的东突厥启民可汗曾多次向隋文帝表忠心，愿为隋朝保护北部的边境，但突厥作为游牧民族，其桀骜不驯的生活习性和超强的战斗力，使得他们仍然是隋朝北部的不安定因素。因此，隋炀帝杨广继位后，为了继续巩固北疆的统治，一方面，在登基的第二年启民可汗入朝觐见时，隋炀帝给予了其优厚的待遇，准备了盛大的欢迎仪式，以笼络人心；另一方面，为了显示皇威和国力，震慑突厥等北方民族，次年便亲自巡视北方草原。为了这次规模浩荡的北巡，当时的能工巧匠为隋炀帝打造了一个能以轮轴驱动前行、可同时容纳数百侍卫的庞大宫殿，在宫殿的两边还配有"行城"护卫，据记载其长达两千步。为了大量随行人员交通方便，特发动河北11郡内的青壮年，紧急修筑了太行山里的驰道。隋大业三年（607年）六月，隋炀帝在仪仗、车队等大量随行人员簇拥下，浩浩荡荡由洛阳出发，经太行山，出雁门关，先在晋北高原田猎，然后循黄河进入胜州榆林郡。启民可汗和义成公主率领突厥部众、吐谷浑、高昌等国的朝贡使者，还有契丹、奚等各部族的首长，赶到胜州城觐见隋炀帝。七月秋高气爽，隋炀帝在胜州城东建立大帐，设宴招待启民可汗及其部众三千五百人。据说这个大御帐由将作大匠宇文恺设计制作，可容纳数千人。帐外旌旗招展，仪卫森严，帐内设舞乐百戏，供饮宴者欣赏。启民可汗被安排为上宾，位在诸部族和诸使节之上，在豪华欢乐的气氛中享受盛宴（图62）。

此次北巡，隋炀帝在榆林郡就待了54天。这段时间，可谓是十二连城历史上最风光的时刻。据《隋书》所载，隋炀帝在榆林郡期间，除了接

受东突厥启民可汗及吐谷浑、高昌使节的朝见，观渔于河，宴请百官外，还处置了诸如光禄大夫贺若弼、礼部尚书宇文弼、太常卿高颎等人。"发丁男百余万筑长城，西距榆林，东至紫河（即浑河），一旬而罢，死者十有五六"① 之后，隋炀帝又从胜州出发，亲幸启民可汗牙帐（所在地学界有争议，或今内蒙古乌兰察布市察右中旗的灰腾梁地区，或今内蒙古和林格尔）。据《隋书》记载："大业三年八月，帝北巡，车驾发榆林，历云中，搠金河，是天下承平，百物丰实。甲士五十余万，马十万匹。旌旗辎重，千里不绝。"② 对此，连唐太宗李世民也不禁称赞道："大业之初，隋主入突厥界，兵马之强，自古已来不过一两代耳。"③

图 62　骑马俑

50 余万人的浩荡队伍，规模空前，加上闻所未闻、如此庞大的、能走动的"宫殿"，委实让草原牧人震惊——"胡人以为神"，只要看到北巡的仪仗，皆屈膝叩头，未敢有骑马者。8 月 9 日，隋炀帝到达启民可汗的大帐，"启民奉觞上寿，跪伏甚恭，王侯以下袒割于帐前，莫敢仰视"④。如此场景令隋炀帝十分高兴，对在场的高丽使者说："回去告诉你们的王，快点儿来朝见，不然，我和启民就要到你们的土地上去巡视了。"⑤

隋炀帝这次巡幸，虽然劳民伤财，但他通过和亲公主与突厥可汗建立友好关系，并大宴各民族首领，确是草原上有史以来第一次民族团结友好的盛会，对宣扬隋朝声威、促进民族和睦相处有积极作用。隋炀帝还即席赋诗曰："鹿塞鸿旌驻，龙庭翠辇回。毡帐望风举，穹庐向日开。呼韩稽颡至，屠耆接踵来。索辫擎膻肉，韦韝献酒杯。何如汉天子，空上单于台。"诗的

---

① （唐）魏徵等：《隋书》，中华书局，1973 年。
② （唐）魏徵等：《隋书》，中华书局，1973 年。
③ 田川、陈爱平、龙建春：《隋唐简史》，重庆出版社，2007 年。
④ 田川、陈爱平、龙建春：《隋唐简史》，重庆出版社，2007 年。
⑤ 田川、陈爱平、龙建春：《隋唐简史》，重庆出版社，2007 年。

字里行间，虽然凸显了隋炀帝作为大隋王朝帝王的豪壮之情，但并没有凛冽的边塞气氛和激烈厮杀的战斗场面，抒发的多是边塞和平和民族间友好的景象。隋炀帝与启民可汗的亲密关系，实际上更多的是基于双方各有所求的政治目的。启民可汗希望继续得到强大隋朝的呵护，而隋炀帝则是要充分利用启民可汗这面旗帜，安抚诸藩，经营漠北。隋炀帝居留胜州城数十日，特意选在此地接见启民可汗等人，无不显示该地在隋朝北部军事战略体系中的重要地位。意愿虽然十分美好，但由于双方各自根基的垮塌，十二连城古城只见证了北疆短暂的安宁（图63）。

图63　陶俑

随着十二连城古城真实面目的揭晓，杨门女将与这座古城的传说在当下人言谈话语中渐行渐远，但中国历史上另一位著名巾帼英雄的身影，却从另一个时空进入了人们的眼帘。

"唧唧复唧唧，木兰当户织。不闻机杼声，惟闻女叹息。"大多数中国人对这首《木兰诗》都耳熟能详，而古代女英雄花木兰女扮男装、替父从军的传奇故事，更是家喻户晓，人人皆知。然而对于花木兰替父从军究竟发生在哪个朝代，花木兰到底是哪里人，却存在很多争议。陕西人说她是延安人，湖北人说她是黄陂人，安徽人说她是亳州人，河南人说她是商丘虞城县人，内蒙古人说她是盛乐人（今呼市和林格尔）或包头人……而鄂尔多斯市准格尔旗史志办杨玉铭先生，前些年根据民国时期编纂的《绥远通志稿》，经查阅汉魏至隋唐有关征战的记载，对照《木兰诗》记述的古地名考证现地名，认为花木兰为隋代胜州属地的突厥族人，即今内蒙古鄂尔多斯市准格尔旗境人。如斯，这座隋唐时期的北疆重要城池，又平添一层浪漫与传奇的色彩。

《木兰诗》存世最早的版本为宋朝郭茂倩所编《乐府诗集》。由于木兰其人只见于诗集而无正史记载，因此历史上究竟有无其人，学界的结论说得最多的就是五个字——"史书无确载"。河南省商丘市虞城县、湖北省武汉市黄陂区、安徽省亳州市谯城区因均建有祭祀木兰的庙宇，还有古代石刻碑记为证，而陕西省延安城南万花乡因有木兰墓而据理力争，那么准格尔旗又理出何由呢？

杨玉铭先生认为：《木兰诗》"归来见天子，天子坐明堂。策勋十二转，赏赐百千强。可汗问所欲，木兰不用尚书郎。愿驰千里足，送儿还故乡"中的"天子"和"可汗"指的并非一个人，应是两个协同作战，并最终取得大胜的人。而在中国历史上符合这一条件的，只有隋代的隋炀帝杨广和突厥的启民可汗（图64）。

图64　三彩侍女俑

《隋书》和《资治通鉴》中均记载，突厥启民可汗的驻牧地在"胜、夏二州之间，东西至河，南北四百里"。而由胜州城渡河东行约百里有"黑水"，即今呼和浩特的大黑河；"黑山"即杀虎山，在呼和浩特东南百里处，是东征必经的要道；继续东行至"燕山"，即是隋将韦云起讨伐契丹的战场。木兰只有生活在胜州城附近，才能"旦辞爷娘去，暮宿黄河边，不闻爷娘唤女声，但闻黄河流水鸣溅溅。旦辞黄河去，暮宿黑山头，不闻爷娘唤女声，但闻燕山胡骑鸣啾啾"。

由于突厥牧民白天出去放牧，夜里才回到部落，故有"昨夜见军帖，可汗大点兵"，而"军书十二卷，卷卷有爷名"则源自游牧民族特殊的户兵制。北方游牧民族大约每隔三年编制一次兵册，名叫"比丁"，男子年满十六岁记名入兵籍，到五十五岁或六十岁才退役。花木兰的父亲自十六岁入兵籍，经历十二次比丁，自然未到退役年龄，但由于年迈体弱，无法亲自出征，又因"阿爷无大儿，木兰无长兄"，所以才导致了木兰"从此替爷征"，成就了巾帼英雄的千古美名。

"爷娘闻女来，出郭相扶将"，说明木兰的家在胜州城内，而"唧唧复唧唧，木兰当户织。不闻机杼声，唯闻女叹息"则记述了突厥人的游牧生产方式因胜州城汉族人的影响逐步汉化了。

杨玉铭先生正是依据《木兰诗》中这些有关地理方位等的考证，推断花木兰就是居住在隋胜州城启民可汗所属突厥女子。隋炀帝大业初年（605年），启民可汗点兵助隋炀帝讨伐契丹，花木兰代父从军。平定契丹后，跟随炀帝征伐高丽。大业十年（614年），高丽投降才班师回朝，花木兰不受策勋之赏，退伍回乡，荣归故里，与家人团聚。

其实，历史归历史，传说归传说，饱经岁月沧桑的十二连城里是否闪现过木兰"东市买骏马，西市买鞍鞯，南市买辔头，北市买长鞭"的婀娜身姿并不重要，历史学家追求的是对每个节点的准确界定，而民众关注的，更多的是它的情节和内涵。一代巾帼花木兰的传奇不属于哪个朝代或者哪个具体地区，而属于广大的老百姓，无论其孝、其忠、其勇，都是我们民族大家庭追寻的共有美德。

2. 隋长城

581年隋朝建立，并在9年后统一了中国。就在杨坚废北周建立隋朝的同时，夺得突厥汗位的沙钵略可汗，在他的妻子——北周宗室千金公主的请求下，借口为周复仇，不断侵扰隋朝边地。为反击突厥入侵，隋朝开始不断修筑长城。据史料记载，隋朝先后七次在辽宁、山西、陕西、内蒙古、宁夏等地修筑长城。其中，585年，隋文帝派遣司农少卿崔仲方领兵三万，到朔方、灵武筑长城，西拒黄河，东至绥州，属于隋朝第三次修筑长城。

隋朝虽然七次大规模修筑长城，但多见于史料记载，却鲜见于地面遗存。究其原因有三：一是修葺的多，新筑的少，而且又多是在秦汉长城的基础上进行修补的，易与秦汉长城混淆；二是建筑工期短，修造质量差，多数地段未见到夯打痕迹，似乎只经过人踩马踏修成，岁月的洗涤致其秃坦乃至荡然无存；三是被明长城叠压覆盖，不见自身痕迹。

鄂尔多斯长城资源调查队于2007年发现，在鄂托克前旗西南部上海庙镇特布德嘎查四十堡小队、宝日岱小队和十三里套小队一带，东西向分布着全长约20千米的长城遗迹，其位于明长城成化边墙和嘉靖边墙以北，距明长城50~300米，和明长城走向一致，时而单独出现，时而与明长城重叠一处。墙体为堆筑土墙，泛白色或红色，呈鱼脊状突起或土垄状，墙体底宽2~6米，高0.3~1米。2010年鄂尔多斯长城资源调查队再次全面调查了这段隋长城，结合宁夏调查的成果和历史、文物、长城专家的确认，认为可能是内蒙古自治区唯一保留至今的隋代长城。而《内蒙古自治区长城资源调查报告·鄂尔多斯—乌海卷》则认为该段长城确定为隋长城的证据不足，应属于与西鄂托克长城为一体的秦代长城的可能性更大[①]（图65）。

图65　鄂托克前旗十三里套隋长城（中为隋长城，右为明成化边墙）

《鄂尔多斯学研究》2017年第1期刊登了原包头市建委《包头城乡建设》报社总编王家恭题为《达拉特旗北部长城新考》[②]的文章。王先生对发现于鄂尔多斯达拉特旗北部、黄河南岸（即东起新民堡乡哈什拉川西岸，往西经门肯梁、泊合成、树林召乡秦油房、王二窑子村东）的东西走向长城的年代，提出了自己全新的观点。

王家恭先生认为，早先李逸友先生对该段长城属于秦昭襄王长城的判断，存在对文献中关于秦在上郡筑长城的记载，以及两个关键地名"上郡"与"北河"的解读有误，因此，结论难以成立；我国长城专家景

---

① 内蒙古自治区文化厅（文物局）、内蒙古自治区文物考古研究所：《内蒙古自治区长城资源调查报告·鄂尔多斯—乌海卷》，文物出版社，2016年。

② 王家恭：《达拉特旗北部长城新考》，《鄂尔多斯学研究》2017年第1期。

爱先生继之认定的这段长城属于秦始皇所筑河上长城的结论，证据也并不充足。而根据文献记载及这段长城所处位置、地理环境、库布齐沙漠名称的历史演变，以及所筑长城历史作用等的综合考证，这段长城最有可能是《隋书》中记载的隋炀帝大业四年（608年）所筑"自榆谷以东"的沙漠长城。

尽管王家恭先生的这个新论主要是基于文献史料而并未有新的考古发现做佐证，此论是否确切还有待大量新的考古发现来验证，但仍不失为学界的一股清风，令人耳目一新，助推这一领域的研究向前发展。

3. 唐代河滨县城与古君子津

20世纪60年代初内蒙古自治区文物工作队李逸友、李作智先生在十二连城调查期间，得知公社东面的天顺圪梁村后的城坡子还有三座古城，便一并进行了调查。发现古城保存基本完好，城垣平面略呈长方形，西城垣中部设瓮城，除东城垣被辟为农田无法分辨外，其他三面城垣设有马面和角台。另外，在南、西北城垣外围还建有半圆形羊马城的设施。由于当地老乡把主城、瓮城、羊马城分别计算，故有三座城之说。李逸友先生通过对《元和郡县图志》卷四"胜州"条记载的考证，认为天顺圪梁古城当为唐代的河滨县城城址，是唐王朝平定梁师都后建制，为胜州的下属县。这里位于黄河西岸，由于附近河道相对较窄，水流平缓，河岸较缓，夏天便于船渡，冬天黄河结冰后又易于大批车马通行，自古以来就是鄂尔多斯高原与土默特川平原往来的主要渡口——君子津，所以唐代在此设立河滨关，关侧设置河滨县，在军事上起到了扼守水路交通的重要作用。

唐代李吉甫所著《元和郡县图志》中记载的滨河县渡河处名君子津，与北魏郦道元著《水经注》中记载的君子津地望并不相符——《水经注》记载的君子津当在今内蒙古清水河县上城湾。据李逸友先生对文献及其所处地理位置环境等的综合考证，笔者认为郦道元之说不确，应以李吉甫所记为是。

虽然郦道元所著《水经注》中关于君子津的地望及其君子津传说的一些细节还值得商榷，但所记述的情节依然感人。据传说，东汉桓帝时，皇帝西幸榆中，东行代地，有一位洛阳的商人带着银两和货物随帝后行，由于晚间迷失了道路，投奔到黄河边的一处渡口，请求名为子封的渡口管理人员送他前往。在渡河途中洛阳商人突然去世，子封只能把商人的银两、

图66 瑞兽葡萄镜

货物和尸骨一起埋葬。事后商人的儿子一路打听父亲的下落寻到此处，子封将墓冢打开，商人所带财物丝毫未有遗失。商人的儿子十分感激，要将全部银两送与子封，子封坚决不受。皇上听说这件事后，赞叹"真是位君子啊"，遂把这个渡口称为"君子津"（图66）。

君子津由于战略地位极为重要，所以备受历代王朝重视。自汉代开始，就在渡口两岸设郡置县，分别设有桢陵、沙南二县。到了隋唐时期，在汉代沙南县故城处建榆林城，成为唐朝前期把守黄河关口的军事重镇。唐景龙二年（708年），朔方总管张仁愿在黄河北岸一线修筑了东、中、西3座受降城。其中东受降城就建在君子津北数千米处，即今托托城内西北角，当地俗称"大皇城"，与黄河西岸的胜州城隔河相望，互为犄角。10世纪初辽王朝建立后，在东受降故城的基础上重新修筑、利用，将黄河西岸原胜州城的居民强行迁移到这里居住，并将这里改名为"东胜州"。文献记载，历史上的许多重要事件均有君子津渡河进入鄂尔多斯，如蒙古帝国时期，成吉思汗命木华黎进攻陕北，即由"东胜渡河"。这里虽然不用"君子渡"的名称，但概指在东胜州这个地方渡的河。可见东胜州不仅是当时大漠通往安西王封地的重要通道，也是沟通东西、南北水陆交通的重要枢纽。清时，这处古老的渡口再度繁荣，不但康熙帝第二次亲征噶尔丹由这里涉冰过河进入鄂尔多斯修养兵马，而且鄂尔多斯各旗札萨克进京的贡道也均经此渡河。这种状况直至近代才将这一带黄河的主要渡口移到下游约20千米处的喇嘛湾。君子津这个承载了千年历史的古渡口，虽然由于功能的丧失，如今已淡出了人们的视线，但关于君子津的传说依然延续，还应永久延续，因为它是正直无私、淳朴善良、诚信仁爱的当地人民的象征，是中华民族传统美德和优秀品质的见证。

4. 脑包湾唐代墓地

位于准格尔旗十二连城乡脑包湾村约2千米处，北距十二连城古城约

1.3 千米。2015 年 8~11 月，为配合陕京四线输气管道工程准格尔段的建设，内蒙古自治区文物考古研究所、鄂尔多斯市文物考古研究院、准格尔旗文物管理所联合对鄂尔多斯市准格尔旗脑包湾村的工程建设区域进行了勘探和发掘。发掘面积约 2000 平方米，共发掘唐代砖室墓 7 座，出土遗物 38 件。

墓葬均为带斜坡墓道和甬道的单砖室墓，坐北朝南。多数墓道平面略呈梯形，甬道较为短窄，顶部券成拱形，入口及甬道内皆用砖封堵。墓室形制可分两类：一类为方形墓室，共计 5 座；一类为船型墓，共计 2 座。方形墓室四壁略向外弧凸，顶部为四边券进式穹隆顶。船形墓的整体造型像倾覆的轮船，顶部砌筑成三角形。方形墓墓室规模最大的长 2.68、宽 2.92 米，最小的长 2.25、宽 1.96 米。船形墓墓室长 2.3、宽 1.2 米。墓室地面铺以青砖，方形墓的墓室北部皆有高出地面的砖砌尸床。

多为单人葬，另有双人合葬、三人合葬。墓葬全部遭到盗掘，无法判断具体葬式。随葬品较少，出土遗物主要有陶壶、陶碗、铁剪、铜带銙、铜钱、骨簪、墓志、蚌壳及漆器残片等。方形墓葬墓室内均出土墓志，或放于墓室入口处，或置于尸床南侧。出土的 6 合墓志可辨身份的有陈礼、陈行斌、陈崇顺、陈崇顺夫人张氏。陈行斌的墓志记有"颍川陈君"，由此可知该墓地为唐代陈氏家族墓地（图 67）。

2016 年 6~11 月，内蒙古自治区文物考古研究所再次对该墓地进行勘探，并在 2015 年发掘区的东侧及南侧清理墓葬 13 座，出土各类遗物 200 余件，再次出土 6 合墓志，其中 4 合墓志记载均与陈氏或"颍川"有关。

图 67 男俑

十二连城古城曾为唐代胜州榆林县城，胜州的治所也设于此地。位于该城外围的陈氏家族墓地，墓葬由南向北依次排位，墓葬结构多样，规格悬殊明显，反映出家族成员之间的身份地位存在差别。颍川陈氏是以汉末名士身份起家的巨姓望族，世代传袭，名重魏晋。此次发掘的陈氏家族墓地，为研究唐代胜州社会历史、颍川陈氏的迁徙流布及葬俗葬制提供了重要的考古资料。

鄂尔多斯因其独特的地理位置，在隋唐时期中原王朝与北方民族的军事斗争中，具有呼应东西、护卫南北的不可忽视的独特作用，战略地位十分重要。对于重点防御对象是北方突厥民族的隋唐王朝而言，守关中必守陕西，守陕西必守河套。由此，在关中以北地区设置的三道防线中，位于鄂尔多斯高原东北角的胜州城便处于重点拱卫阴山南北及东流黄河沿线，以三受降城、丰州、胜州、单于都护府等构成的最北边防线的核心地位。而位于鄂尔多斯高原南部的夏州城则处于重点护卫鄂尔多斯高原，以银州、绥州、夏州、盐州等构成的第二道防线的核心位置。另外，在沟通关中与漠北草原交通的大同道、平鲁道、胜州道、夏州—丰州道、灵州道五大通道中，居中的两大通道便南北纵贯鄂尔多斯高原而过。而傍阴山南麓黄河北岸，还是保障北端军事防线东西交通、沟通河东、河西地区联系的重要通道。

5. 郭梁隋唐墓地

位于乌审旗纳林河乡张冯畔村郭梁社东南的山梁上，地处无定河北岸，西约10千米为十六国时期赫连勃勃所建大夏国都城——统万城（唐代为夏州所属朔方县城）。1993年，内蒙古自治区文物考古研究所会同鄂尔多斯博物馆和乌审旗文物管理所，对这里被盗掘的2座隋代、12座唐代墓葬进行了抢救性的清理发掘。墓葬所在地属典型的黄土丘陵地貌，由于这里分布较多高大的封土堆，相传地下埋葬着职位较高的官吏，因此当地老乡俗称"王埋墓梁"。周边地区还分布着大量南北朝、隋、唐时期的墓葬（图68）。

图68 男俑

发现的墓葬规模较大，多为斜坡式墓道的洞室墓，有的墓道长约40米以上，反映了此时的厚葬遗风，也表明墓主人的身份非同一般。2座隋代墓葬墓道作西北向，墓室平面呈长方形，间宽大于进深，拱形顶。木棺垂直于墓道摆放，分别为单人葬和男女双人合葬。12座唐代墓葬墓道作正南向或西南向，墓室平面呈进深大于间宽的长方形或正方形，墓室多偏于墓道一侧。墓道较长的则带有1～3个天井，有的并设有甬道。均有木棺，有单人葬、双人合葬、三人合葬几种形制。随葬品多为日常生活用品，有陶罐、陶壶、瓷碗、铁镞斗、铁剪、铁刀、铁犁铧、人面形和动物形泥塑、漆器、铜镜、钱币、铜簪、骨簪、墓志等。据出土墓志铭可知，1号墓为李操及其夫人的合葬墓，墓主人李操曾任唐代陇西郡甘州弱水府别将、上柱国等官职。5号墓主人姓麻，系唐代定远将军，朝廷赐"紫金鱼袋上柱国"官衔。上柱国在唐代为武官级别中的最高级，属正二品。

郭梁及其周边地区是鄂尔多斯规模最大、分布最集中的南北朝、隋、唐时期的墓葬区。本次所清理的墓葬早年虽多次遭受盗掘，但仍为我们研究隋、唐时期鄂尔多斯地区的政治、经济、文化、人文环境、丧葬习俗等，提供了较为珍贵的资料，特别是两合唐代墓志的出土，对于研究唐代地理、地望、职官及统万城在唐代的行政建制、隶属等尤为珍贵，具有增补史阙的重要作用。

八、"六胡州"浮沉

"六胡州"是唐初为安置突厥降户，在灵州、夏州之间设置的鲁州、丽州、含州、塞州、依州、契州的总称。关于"六胡州"的具体地理位置，由于史书记载不详，因此一直是史学界悬而未决之谜。近年来，随着大量包括粟特人在内的突厥人墓葬的发掘，以及系统的田野考古调查的展开，这一谜团终于渐现端倪。目前学术界一般认为，"六胡州"中鲁州、丽州、塞州的治城分别为今鄂托克前旗的查干巴拉古城、巴郎庙古城、呼和淖尔古城，含州、依州、契州的治城分别为今鄂托克旗的哈达图古城、敖伦淖尔古城及今乌审旗呼和淖尔古城。兰池都督府治城为鄂托克前旗敖勒召其镇的巴格陶利古城。

粟特人是原居于中亚的古代民族，是活跃在丝绸之路上的商业民族，主要由康、安、曹、石、米、何、火寻、戊地、史共九个城邦组成国家，每个城邦的居民都以国为姓，所以习惯上称粟特人为昭武九姓。突厥兴起之后，由于突厥对粟特地区的占领，粟特人大量进入突厥部落，因而唐初为安置突厥降户在鄂尔多斯地区所设立的"六胡州"中，其主要居民就是粟特人。"六胡州"属于羁縻府州的性质，粟特人在这里保持了较为巩固的部落组织，并未完成部落民向唐之编民的转变。"六胡州之乱"后，"六胡州"的部落组织开始逐渐被打破，加之此后不久"安史之乱"爆发，聚落中的粟特人分散迁徙，"六胡州"的粟特聚落也最终消失。"六胡州"所在之地属半农半牧地带，既是多民族错居杂处而交融频繁地域，又是唐朝的边疆战略要地。"六胡州"的置废变迁，是唐前期关内道北部乃至整个北方边疆军政形势起伏变化历程的缩影。

九、丰州烟火

在准格尔旗敖斯润陶亥乡二长渠村的山梁上，分布着一座古城（图69）。古城依山势而筑，城垣东、北、南三面临沟，由东、中、西三城组成，平面不大规整，总占地面积约20万平方米。城垣基宽约10米，顶残宽2～5米，残高2～7米，中城北墙设一瓮城。古城南边500米处山梁上的墓区中曾出土过墨书"大观四年"的陶棺。据文献记载：五代十国时期，我国西北地区的藏才族，乘战乱之机，进入今准格尔旗境内。辽伐西夏时，藏才族首领王承美率部附辽，辽授其官职，并助其构筑城池。宋开宝二年（969年），王承美归宋，宋廷准其扩建城邑，并赐名"丰州"，并封王承美为丰州牙内指挥使。这里后被西夏所占，不久又为宋收复。金败北宋后，复为西夏占领。1227年，元灭西夏，丰州城废。经考证，该城址即为北宋

图69　二长渠古城（宋丰州城）航拍图

时期兴筑的丰州城邑，是内蒙古地区唯一一座宋朝州城。

另外，在敖斯润陶亥乡古城梁村北的山梁上，有一座依地势而建，平面略呈凸字形的古城，城垣周长1020米，墙体残高1~2米，东、南、西墙中部各设门，西门外并加筑有瓮城。城内中部的山顶上加筑子城，与全砦共用西墙，平面近似方形，南北108米，东西102米，南、北墙中部各开一门。城内有建筑基址，地表散布有砖、瓦、陶片、瓷片等。在羊市塔乡古城渠村西南的山梁顶部，还有一座平面呈四边形的古城，东墙长103米，南墙长270米，西墙长99米，北墙长244米。城墙夯筑，残高约2米。东墙设门，并加筑瓮城。城内西部有四处建筑基址，文化堆积厚约1米，地表散布有砖、瓦、陶片和瓷片等。这两座古城分别位于丰州城西、北约8.5千米处，相互呈掎角之势，而三者间还分布有烽燧遗址相呼应（图70）。这两座古城应是隶属于丰州城的永安砦故城和保宁砦故城。

图70　宋丰州故城南墙与远处的烽燧

北宋时期，鄂尔多斯几乎全境为西夏所辖，而丰州古城及所属的两座砦城作为鄂尔多斯地区仅有的宋代城址（也是内蒙古地区仅有的宋朝州城），在研究鄂尔多斯宋代（西夏）社会发展史、宋夏关系史、民族史、战争史等方面，无疑具有无可替代的特殊地位。

2014年鄂尔多斯市文物考古研究院在开展"鄂尔多斯历代古城历史沿革与环境变迁"项目过程中，对位于二长渠古城东北约40千米的城圐圙古城进行了详细的勘察，发现这两座城址不仅面积、形制、构筑结构等相似，城址内出土遗物也相近。城圐圙古城内的灰烬堆积十分普遍，局部堆积还十分厚重，预示着该古城很可能毁于火患。据文献记载：元昊称帝建立西夏王朝后，势力迅猛发展，多次出兵宋朝边境，扩大自己的疆域。宋庆历元年（1041年），元昊领兵在进攻麟州（今陕西神木县北杨家城）、府州（今陕西府谷县）无果后，转向西北进攻丰州。丰州孤城无援，知府王余庆、权兵马监押孙吉、指挥使侯秀等奋力抵抗，相继战死，城被攻陷，丰州被西夏据有。时隔二十年后，宋嘉祐六年（1061年），宋朝廷乘西夏政权不稳，出兵收复丰州。因丰州城垣残破，遂命郝质、郭霭等"修丰州城"。至于是原地修建，还是择地新建，文献并没有明确记载。这次古城调查中对二长渠和城圐圙这两座时代、形制、文化面貌相近的古城产生的新认知，开启了对它们是否存在着内在的联系，是否为前后承接的丰州故城的遐想。

在准格尔旗东南部，由南向北从羊市塔经川掌至大路峁一线，分布有二十余座烽燧（图71）。这些烽燧均由黄土夯筑而成，底部直径8～20米，高4～16米，夯层厚0.08～0.2米。烽燧彼此间隔约5千米，登此座能望见前后绵延相连的两座。对于这些烽燧的年代，尚没有确切的年代学证据，但

图71　准格尔旗羊市塔宋代烽燧

学术界一般认为属于宋代，是与宋代丰州城及附属砦城相配套的防御设施。

二长渠宋代壁画墓位于准格尔旗纳日松镇二长渠村墩子塔社坟湾的南坡，北距二长渠宋代城址约2千米。2014年4月鄂尔多斯市文物考古研究院"鄂尔多斯历代古城历史沿革与环境变迁"项目组在调查二长渠城址时发现，并进行了抢救性清理发掘。

所清理的3座墓葬均已遭盗扰，结构基本相同，皆为圆形砖筑仿木结构单室券顶墓，由墓道、墓门和墓室构成。1号墓保存相对较好，墓壁以青砖雕砌成的六根壁柱相隔，每个壁柱顶端承一斗三升式斗拱，其上下分别用青砖雕筑房檐、栌头、枋头、屋檐、门扇、壁橱和窗棂等建筑结构，并经红彩粉饰。墓室周壁保留有彩绘壁画，图像以壁柱分隔为六组，以红、白、赭等色或单线或双线刷绘。图幅有卧鹿形图、神兽图、幔帐、动物花草及米纹装饰等，并利用斗拱的独特造型创造性地彩绘出猛虎形物象（图72）。在绘画技巧上，或单线勾勒物象，或宽笔刷绘，采用分层、分区、单幅成图、连续成图等构图与布局描绘出神秘、写意的物象。值得一提的是，该壁画内容丰盈、风格稚朴、颜色艳丽、线条流畅蜿蜒、图幅神秘抽象，特别是融砖雕与绘画两种迥异艺术于一体而制成的虎形神兽物象，威严恐怖，最富特色，独具创造性，目前尚未见于其他地区的同时

图72　二长渠宋代壁画墓

期墓葬壁画中。根据墓葬的墓室形制、结构及壁画内容，结合临近二长渠古城等情况分析，初步判断墓葬年代应为北宋时期，并具有北宋早中期的时代特征。

十、西夏瑰宝

唐代后期，随着西域吐蕃势力的强大，迫使党项人逐步北上迁徙到鄂尔多斯南部，鄂尔多斯丰美的天然牧场和先进的农耕技术，为西夏畜牧业和农业生产的迅速崛起发挥了重要的作用，同时也促进了手工业和商业的繁荣，不仅为其在北宋初期建立西夏国奠定了雄厚的基础，并据此雄踞北方与辽（金）、宋对峙，成为中国北方少数民族中的一朵奇葩。

党项，是西羌民族中形成较晚的一支，拓跋部则是其中势力最强盛的部族之一。764年，唐王朝允许拓跋朝光率领的部民由其原居地庆州迁入今鄂尔多斯南部，号称"平夏部"。唐僖宗广明元年（880年），党项"平夏部"首领拓跋思恭被朝廷封为夏州节度使，后因平黄巢起义有功，再次被赐李姓，封夏国公。由于拓跋思恭率领的这部党项武装被赐为"定难军"，所以拓跋思恭也称定难军节度使，并世代领有。前后二百余年间，拓跋思恭及其李姓后代就是依托夏州为中心，发展成所控范围包括夏、绥、宥、银四州等广大地区的藩镇势力，成为"虽未称国，而自王其土"的独立王国。因此，夏州是宋初李元昊建立的西夏政权的重要发祥地。

1. 城川古城

位于鄂尔多斯市鄂托克前旗城川镇东约1千米处。古城平面呈长方形，东西长、南北窄，坐北朝南，接近正南北向（北偏东20°）。北墙长724米，南墙长760米，东墙长600米，西墙长602米，面积44万平方米。城墙由灰白色沙土夯筑而成，结构坚实紧密。东、南、北墙保存较好，墙上角楼、马面、瓮城历历可见，城垣现存平均高度约8米。西墙破坏较为严重，但形状仍然清晰可辨。古城的东、南、西三面各开一门，三门均设瓮城护卫，东西两门的瓮城略小，南门瓮城较大。古城北面虽不设城门，但在北城墙的中部，建有高大的夯土台基，为敌楼遗迹。城外四周修有护城河，护城河痕迹仍然明显可辨，部分地带至今仍可积水（图73、图74）。

图 73 城川古城

图 74 城川古城航拍图

城内西北角有高于地表的土丘，而地表有琉璃瓦残件，此处应是城内主要建筑基址所在地。城内现已辟为耕地，早年地表遍布陶、瓦残片遗物。考古钻探判定城址为焚毁建筑。

据文献记载，唐开元二十六年（738年）置宥州，治所在延恩，宝应年后废。唐元和九年（814年）于旧宥州东北三百里新置宥州，以安置归附的党项民众。元和十五年（820年）再次将新宥州移治长泽县。宋时属西夏，蒙元时废。据北京大学侯仁之教授和陕西师范大学朱士光教授等考证，城川古城即为唐元和十五年（820年）前的长泽县城和唐元和十五年移治长泽县的宥州城故址。

新宥州是唐王朝专门为内徙的党项族而设。在这里站稳脚跟的宥州刺史拓跋思恭，于唐僖宗广明元年（880年）因起兵镇压黄巢起义有功，被进爵为夏国公，赐姓"李"，党项族因之在这一地区逐步强大，城川古城也随之成为建立西夏王国的摇篮和西夏时期重要的政治、经济、军事重镇。西夏灭亡时，它也是最后被蒙古兵攻破并屠焚的城池之一。因此，宥州城不仅为西夏的建立、发展和繁荣做出过不可估量的贡献，同时也是西夏国建立、发展和灭亡的整个历史的见证者，在西夏史研究中具有举足轻重的地位，同时也是研究本地区唐、宋、西夏时期历史、政治、军事、经济、文化及城市营造制度、民族交往史等无可替代的重要实物史料。另外，城川古城遗址所在地地处陕北黄土高原和内蒙古东南部毛乌素沙地的交接地带，属于中国北方生态环境的敏感带和紧张带。城川古城的兴废，除去战争等人为因素的干预外，与奢延泽、毛乌素沙地等自然环境的变迁有着密不可分的关系。因此，城川古城遗址无论是在研究中国北方生态过渡带历史时期的人地关系、民族关系，还是在研究奢延泽、毛乌素沙地历史时期环境变迁等方面，都具有非常重要的地位。

2. 城坡古城

位于准格尔旗哈岱高勒乡城坡村东0.5千米处（图75）。古城坐落在黄河西岸边的坡地上，依地势而建，平面呈长方形，东西长约300米，南北宽约210米，面积约6万平方米。古城北部、东部濒临黄河，南部紧傍深沟，西靠高丘，与黄河水面高差约60米。城址东、南、北三面环水，西面直驱山脊，地势险要，易守难攻。西门设套间瓮城加强防御，据老乡讲，过去城内经常出土铁刀、剑、镞等兵器，足见其军事防御性能极强。城址保存较好，城垣系黄土加砂石夯筑而成，基宽5~8米，最高残存约7米。东北、西北角各设一角楼，东墙、西墙中部各设一门，西门并设瓮城，北墙未见城门痕迹，南墙中部由于破坏严重，是否设城门不得而知。城址内发现有房址等遗迹及滴水、兽面纹瓦当等建筑构件，并出土炭渣、坩埚等冶炼遗物，以及铁剑、刀、镞等兵器，陶、瓷、骨、角质生活用具，工具，装饰品，铜、铁钱币等。据城内出土遗物分析，古城的使用年

图 75　城坡城址航拍图

代以西夏时期为主，唐时或已建成并投入使用。古城所在地的黄河对岸，建有金代的古城——城湾古城。

　　城坡古城是鄂尔多斯东部地区为数不多的西夏古城之一。鄂尔多斯在北宋时期绝大多数地区都属于西夏所辖，而黄河东岸则属于女真—金国的领土，往南则为宋的疆域。据文献记载，虽然西夏于金天会二年（1124年）正式向金称臣纳贡后的八十余年间，金与西夏"未尝有兵革之事"，但是自金贞祐年间始，西夏与金在黄河沿岸还是发生过多次交战。城坡古城所在地即是双方交战的前沿阵地，城坡古城的选址、结构及城内出土的大量兵器等遗物，都很好地说明了这一点（图76）。因此，城坡古城不仅对于我们研究本地区唐代至西夏时期的社会、经济、文化等具有十分重要的意义，同时对于研究北宋、西夏、金三者之间的关系史，特别是西夏与金的关系史，具有很高的价值。

图 76　金代双鱼纹铜镜

古城对面的黄河东岸，有城湾古城，其地望、规模、结构及出土遗物等，均与城坡古城雷同。据文献记载，1126年，西夏东渡黄河抢占金国土地，后被金人赶回，城湾古城为东渡黄河后的西夏堡垒。

3. 大沙塔西夏墓群

位于准格尔旗哈岱高勒乡城坡村化石窑子社。20世纪70年代内蒙古文物工作队曾在此清理了5座残墓。1997年，为配合万家寨水利枢纽工程建设，内蒙古自治区文物考古研究所又在此地清理了7座古墓葬。发现的墓葬多成排分布，由墓道、甬道、墓门、墓室构成。墓道均为长斜坡式，方向南略偏东，甬道较短，为砖券顶，墓门为砖砌的仿木结构。墓室为平面呈圆形的穹庐顶仿木结构砖室墓，形制较大的直径在3米以上，仿木结构由6或8组柱头铺作组成，雕砖精细，内容为格子窗、门、门锁、灯架、茶具、熨斗、尺子、带流勺；形制较小的直径约2米，仿木结构仅由2组柱头铺作及假门、立柱构成，四壁不雕砖。在墓室的四壁及顶部彩绘有反映墓主人日常生活的"夫妇对饮图""侍奉图""牵驼图"等壁画。墓葬中都发现有骨灰，随葬有塔式陶罐等，反映了浓郁的佛教思想的影响。大沙塔西夏墓群是鄂尔多斯境内发现的唯一一处有壁画的西夏墓群，对于研究本地区西夏时期的历史及丧葬习俗、建筑、服饰、绘画艺术等弥足珍贵（图77）。

图77 西夏白釉画花瓷罐

4. 排子湾拓跋李氏家族墓志铭

时代属于五代至北宋初年。出土于乌审旗纳林河乡排子湾村居住在夏州（今统万城）一带的拓跋部李氏家族墓葬中（图78）。

建立西夏国的党项族，在隋唐之际，活动区域主要在今四川西北、青海东部地区。唐贞观初年，随着吐蕃势力的不断强大，以拓跋部为首的党项诸部遂沿河北徙，入居庆州（今甘肃庆阳地区）一带。唐朝末年，拓跋思恭因配合镇压黄巢农民起义军有功，被唐王朝赐予李姓，并授予夏州节度使，领有夏、银、绥、宥、静五州之地，成为长期割据鄂尔多斯南部地区强大的少数民族势力，并最终建立了鼎立西北地区的西夏国。

图78 排子湾拓跋李氏墓志铭

关于西夏拓跋部的族源问题，目前学术界主要有三种观点：①西夏拓跋部乃鲜卑拓跋部，而非党项拓跋部；②西夏拓跋部就是党项拓跋部，属于古羌族的一支；③西夏拓跋部的部众是党项羌人，而首领是鲜卑拓跋人。三种观点各执己见，争执不下。新发现的排子湾李氏家族墓志铭中，开首用了大段的文字，记述其家族起源经过，并明确表示其家族为"本乡客之大族，后魏之苗系焉"。这是截至目前所知时代最早的西夏拓跋李氏家族自己对本族起源的记录，当具有较大的权威性。因此，排子湾拓跋李氏家族墓志铭的发现，极大地补充了历史文献记载的不足，对于研究西夏拓跋部李氏家族的族源、世系、与汉族文化的融合过程，以及相关夏州地区的历史、地理变迁等，都具有极高的史料价值。

5. 西夏窖藏

西夏时期，鄂尔多斯地区大多为西夏国属地，南与宋接壤，东与辽、金隔河对峙。西夏虽国小，却不时与宋、辽、金爆发战争。当时，人们为了躲避战乱，往往将不易随身携带的贵重物品或日常生活用具等就地草草掩埋，待战乱过后回来继续使用。但许多人从此踏上了不归之路，这些窖藏也就成了无人知晓的秘密。在岁月的流逝中，这些"秘密"由于种种原因重现天日，成为后人探寻当时社会历史、政治、经济、文化等的珍贵史料。

（1）新民渠西夏钱币窖藏

1982年，达拉特旗盐店乡新民渠村村民耕作时，在地里发现两口对扣的大铁锅，锅内放置大量的古钱币，有东汉"五铢"、唐"开元通宝"、北宋"祥符通宝""元祐通宝""宣和通宝"、西夏"天盛元宝""乾祐元宝"等铜钱，共计12种26式272154枚。另外还出土大量由于锈蚀严重，彼此粘连，数量无法准确统计的西夏"天盛元宝""乾祐元宝"铁钱。这是鄂尔多斯地区一次性出土钱币数量最多的钱币窖藏，对于研究西夏时期鄂尔多斯地区的社会经济、商业贸易及钱币制度等，均具有十分重要的价值。

（2）陶利西沙湾古钱窖藏

1987年2月5日，乌审旗陶利苏木桃儿庙嘎查德格德纳林牧业社牧民朝勒盖，在其住房附近的伊肯木呼尔之西沙湾地带，发现一处被风吹露的古钱窖藏。窖藏为一口径1.2、深0.85米的圆形土穴，底部铺有粟糠，出土钱币保存较好。

该窖藏共出土古钱币215千克，经整理，共有古钱115707枚，除锈蚀严重、字迹不清和钱体残损者662枚外，钱体完整、字迹清晰的计115045枚（图79）。上起秦代"半两"下迄西夏"乾祐元宝"，纵跨一千三百余年，计有秦、汉、北朝、隋唐、唐、五代十国、宋、辽、金、西夏诸朝钱77种，按版式区分达402式。币材有铜、铁两类，文字有汉文、西夏文两种，书体有真、行、草、隶、篆，内涵十分丰富。

图79 陶利西夏窖藏出土西夏文钱币

窖藏所出钱币的下限，是西夏仁宗乾祐年间（1170~1193年）铸行的"乾祐元宝"铜、铁钱。因此，窖藏的年代应为西夏晚期。

该钱币窖藏是鄂尔多斯地区出土钱币品类最多的一处窖藏，其中的9种辽代钱币和5种西夏钱币都较为少见，尤其是西夏钱币中的西夏文"福圣宝钱""大安宝钱"，汉文"乾祐元宝"等更为珍稀，对于研究鄂尔多斯西夏时期的社会经济、商业贸易、货币制度等，具有十分重要的价值。

（3）浩勒报吉古钱窖藏

1988年浩勒报吉乡四大队小学学生刘凤美放牧时，在四大队学校东北1千米处发现一处被风吹出的古钱窖藏。古钱置于一陶罐之中，经整理，共出土铜钱7.5千克，计1974枚，上起西汉，下到西夏，纵跨二千二百余年，计有汉、唐、五代十国、宋、金、西夏钱等，文字有汉、西夏文两种，书体有真、行、草、隶、篆。

该窖藏所出古币下迄西夏"天盛元宝",当为西夏晚期所藏。窖藏钱币数量虽不多,但品种之广和保存之好,确是十分少见。这批古币的发现,为研究这一地区的政治、经济、贸易、文化等,提供了重要线索。

（4）河南乡古钱窖藏

1990年6月,沙尔利格苏木牧民在河南乡三岔河古城放牧时,在古城址内发现一处铜钱窖藏。窖藏距地表深约0.5米,为一大约0.4米见方的小土坑,坑壁不甚规整,钱币直接堆放于土坑中。

出土钱币保存较好,共12.5千克,计1175枚,上起西汉"五铢",下至南宋"建炎通宝",纵跨一千四百余年,计有西汉、唐、五代、北宋、南宋诸朝。

窖藏所出古钱以宋代钱币为主,年代最晚的为南宋"建炎通宝",故窖藏时代应为南宋早期。该窖藏地处三岔河古城之内,这对进一步研究古城历史与当时货币流通、商品贸易等具有十分重大的意义。

（5）敖包渠西夏窖藏

位于准格尔旗准格尔召乡敖包渠村一条季节性河流东岸的台地上。1982年发现,窖藏容器为一件腹部套有铁箍的瓷瓮,其内放置大量瓷器,有酱釉剔花瓶、白釉画花碟、白釉盆、瓶、钵、碗等。瓮口覆盖一口铁锅,周围堆放有铁鍑、锅、火盘、鏊、铛、火撑、臼、杵、熨斗、勺、锁、剪子、刀、镢、锨、铲、锄、镰、犁铧、犁镜、马衔、马蹬、马绊等生产工具和生活用具（图80）。这是鄂尔多斯地区一次性集中发现数量最多的西夏文物,不但出土了众多制作精美的瓷器,而且成组的保存完好的

图80　敖包渠西夏窖藏出土生产工具和生活用具

铁质生产工具和生活用具也是首次发现，对于全面了解鄂尔多斯地区西夏时期考古学文化的面貌、特征，以及当时的社会生活、农业经济、瓷器烧造和冶铁业的发展水平等，具有里程碑的意义。

（6）瓦尔吐沟西夏窖藏

位于伊金霍洛旗布尔台格乡巴日图塔村南1 000米。1985年在瓦尔吐沟的台地上发现一座西夏窖藏，出土数量众多的瓷器和铁器，其中保存相当完好的一组铁质农具和生活用具非常珍贵，尤其是两件羊首高杆三足铁灯，为首次发现，为研究鄂尔多斯地区西夏时期历史、社会经济、生活习俗等提供了难得的实物资料（图81～图83）。

图81　羊首铁灯 　　　　图82　花瓣口剔花瓶

图83　西夏文"首领"铜印

（7）白圪针西夏窖藏

位于伊金霍洛旗红庆河乡白圪针村。1986年在村南1千米的沙梁中，发现一座西夏窖藏，出土一批包括瓷器、铁器、石器在内的珍贵文物，尤其是其中的酱釉剔花瓶和酱釉剔花罐等，更是西夏文物中难得的国宝级精品，曾多次应邀赴北京、上海等地和日本、美国、加拿大等国家展出（图84～图86）。

图84 牡丹纹剔花罐

图85 牡丹纹剔花瓶

图86 腰牌

十一、辽金拾遗

鄂尔多斯地区在北宋时期主要属西夏所辖。西夏建国之初即臣服于辽，双方为了共同的目的——对抗北宋，大多保持友好关系，但也发生过两次大型战役，其中的河曲战役就发生在鄂尔多斯境内。东胜吉劳庆出土辽代带板、马镫的墓葬等，或许就是反映辽夏关系、辽文化涉足鄂尔多斯史实的遗迹，对于传统史学界有关辽代势力从未跨过黄河进入鄂尔多斯的认识或许将有新的诠释（图87、图88）。

图87 辽代带板

图88 辽代马镫

女真族崛起取代辽的统治地位后，西夏于金天会二年（1124年）正式向金称臣纳贡。在其后的八十余年间，金与西夏"未尝有兵革之事"，据文献记载，金在其领地黄河东岸建有榷场"东胜州"，供两国的边民商贸往来，西夏也允许金国的商人跨过黄河在西夏领地经商贸易，沟心召金代钱币窖藏的发现即印证了这一史实。

沟心召金代钱币窖藏位于达拉特旗吉格斯太乡沟心召村。1990年该村村民在劳作时发现一处钱币窖藏，并于1992年送交伊克昭盟文物工作站。由于一部分钱币散失，工作站仅收到16.5千克。这些钱币均为铜钱，保存良好，钱文清晰可辨。经整理分类，共计46种155品，31个年号，总计2437枚。虽时代跨度较大，上起西汉"半两"，下至金代中晚期的"正隆元宝""大定通宝"，但绝大多数都为北宋发行的钱币。据窖藏出土钱币发行最晚者的时代考证，该窖藏埋藏的时间应在金世宗大定十八年（1178年，"大定通宝"发行之年）之后。

鄂尔多斯在北宋时期主要属西夏所辖。西夏最初臣属于辽，随着女真的崛起并取代辽的地位后，西夏于金天会二年（1124年）正式向金称臣纳贡。在其后的八十余年间，金与西夏"未尝有兵革之事"。金在其领地黄河东岸建有榷场"东胜州",供两国的边民商贸往来,而西夏也允许金国的商人跨过黄河在西夏领地经商贸易,沟心召钱币窖藏的发现就应是这一历史事实的印证。该钱币窖藏是鄂尔多斯地区首次发现的金代窖藏,对于研究当地社会、经济,特别是西夏与金代的贸易史等,具有十分重要的价值。

十二、大元牧苑

1227年,成吉思汗率军攻灭西夏,美丽富饶的鄂尔多斯草原从此打上了蒙古族文化的烙印。

据文献记载,中统三年(1262年),元朝设立陕西四川行中书省,治京兆(今西安市),下设察汗淖尔宣慰使司都元帅府,辖鄂尔多斯全境。察汗淖尔不但是元代的驿站枢纽,而且是重要的军事牧场,是元代鄂尔多斯政治、军事、经济、交通的中心。至元九年(1272年),忽必烈封三子忙哥剌为安西王,王府置于京兆,领蒙古四千户驻牧于此,并于次年在察汗淖尔兴建行宫,为驻夏地。大德十一年(1307年),因忙哥剌子阿难答参与争夺皇位的内斗失败而身亡,武宗便将安西王的属民赐予胞弟爱育黎拔力八达,并于至大三年(1310年),将宣慰使司都元帅府移至察汗淖尔,这里由此成为元代的军事行政重镇。宣慰使司都元帅府在全国边远地区共设八个,察汗淖尔便是其中之一,其地位可见非同寻常。爱育黎拔力八达继位为仁宗后,将察汗淖尔宣慰使司划归陕西行中书省管理。察汗淖尔虽然在军事、政治方面的地位渐渐下降,归属权也随着主人的更替而变幻无常,但始终都是皇室成员的领地,而且还是最有权势的皇室成员的领地。

三岔河古城(亦称"大石砭古城")位于乌审旗河南乡政府西约20千米处(图89)。城址北临无定河,西接毛乌素大沙漠,东南地势平坦开阔,为大片的农田。古城平面呈长梯形,南、北城垣各长643米,东城垣长304米,西城垣长518米。城墙夯筑,基宽约18米,残高5~10米,夯层厚10~15厘米。西墙的城门已被冲毁,其余三面墙的中部均设有瓮城。城墙外有宽约20米的护城河。城内及城外的东、南侧有多处建筑基址。采集有兽面纹和龙纹的瓦当、滴水、铁镞及黑釉铁锈花、画花、剔花瓷器等,均为西夏、元代的遗物。

在古城的北部和西部,分布有大量的同时期墓葬。由于自然破坏,一

图 89　三岔河古城航拍图

部分已暴露于地表。地面散布大量尸骨、砖、陶片和瓷片，并有少量铁器等。墓葬为东南向，呈两行排列，大多为土坑竖穴墓，部分为砖室墓。出土器物及采集器物有陶器、瓷器、铁器、银器和玉器等（图90～图92）。

图 90　玉杯

图 91　画花罐

图 92　画花瓷罐、碗、高足杯

据专家考证，该城有可能为元代的察汗淖尔故城。

十三、阿尔寨石窟寺

黄河上游流经一块神奇的土地——鄂尔多斯高原。这里地处内蒙古自治区的中南部，属中国西北黄土高原的最北端，黄河在这里沿高原的西部北上，又向东折，然后顺东部南下，形成一个"几"字形的大回旋，正好置高原于一曲之内。历史上这里曾有过"河南地""新秦中""河套"等称谓。自明朝天顺年间起，由于蒙古鄂尔多斯部一直驻守在这里，这块美丽富饶的土地也因此别名鄂尔多斯。清顺治六年（1649年），清政府对漠南蒙古各部实行盟旗管理制度，这里始称伊克昭盟，中华人民共和国成立以来一直沿用此名。2001年2月，国务院批准伊克昭盟撤盟建市，称鄂尔多斯市。

鄂尔多（Ordo）为蒙语"宫帐""宫殿"的意思，在中国古代的文献记载中，曾写作"斡耳朵"或"斡鲁多"。至少从唐代开始，活动在中国北疆广袤地区的游牧民族，便开始把类似于汉族皇城中宫殿性质的大帐称作斡耳朵。鄂尔多斯（Ordos），则是蒙古语中斡耳朵的复数形式，即"众多宫帐"之意。据史料记载，成吉思汗曾拥有"四大斡耳朵"。为了保卫这些斡耳朵，成吉思汗特意抽调亲信、骨干，组成了一支专司守护之职的队伍，成为蒙古草原上负有特殊使命的组织。成吉思汗逝世后，根据蒙古民族的传统习俗，建立了一座白色的宫帐，将象征成吉思汗灵魂的灵柩、遗像及身前使用的物品等供奉在宫帐内，作为"全体蒙古的总神祇"或"奉祀之神"，成为祭祀成吉思汗的移动陵寝（历史上称作"白宫"或"白室"），相伴在蒙古宫廷左右，接受人们的四时祭拜。原先守护成吉思汗斡耳朵的组织转为守护、祭祀这些白宫，并严格按照祖训世代相承。久而久之，子孙日渐繁盛，形成一个庞大的部族集团，鄂尔多斯也逐渐成为这个专职守护成吉思汗陵寝的部族的族名（图93）。

鄂尔多斯高原独特的地理位置，造就了独具特色的鄂尔多斯古代文化，使之成为祖国民族优秀文化的宝库和中华文明历史长河中一颗璀璨的明珠。而位于鄂尔多斯高原西部的阿尔寨石窟寺，就是一座蒙古民族的文化艺术宝库，鄂尔多斯百花园中一枝独秀的奇葩，流光溢彩，永世芬芳。

图93　成吉思汗陵寝远眺

阿尔寨（汉语谓"百眼窑"）石窟位于内蒙古自治区鄂尔多斯市西部鄂托克旗阿尔巴斯苏木乡境内，地理坐标东经107°10′、北纬39°43′，坐落在低缓丘陵地貌中一座孤立突起的平顶红色砂岩小山上，因山体周围分布众多石窟而得名（图94）。

阿尔寨石窟寺所在山体的平面略呈凸字形。东西长约200米，南北平均宽70～90米，向北延伸出一条长约70米的狭长山嘴。山顶海拔高度1460米，与周围的高差约40米，四周全部为陡壁。石窟均依山开凿，分布于山体的四壁（图95）。

石窟的形制主要有中心柱式窟、平面呈方形和长方形单间石窟等几种。石窟均直壁，平顶，拱形或方形门。有的窟壁凿有壁龛及须弥座，有的顶部凿出网状方格，亦有的顶部中心凿出莲花或迭涩藻井。有的石窟门前曾建有门楣、窟檐等木构建筑。

许多石窟内都采用泥塑佛像和绘制壁画的方式来表现佛教等方面的内容。目前，虽然洞窟内的泥塑佛像均已无存，但留有的诸多迹象表明了当时塑像之所在。另外，在部分洞窟中发现有泥塑佛像的残块，亦足以

图 94　阿尔寨石窟远景

图 95　阿尔寨石窟寺近景

证明。石窟内的壁画大多保存较好，其绘制方法是先用泥将洞窟壁面抹平，然后用白垩粉刷白，再施以彩绘。所采用的色彩多为绿、黑、白、红等色，均为矿物颜料，经久不褪色。壁画的题材以反映藏传佛教方面的内容为主，如佛像、佛教诸神像、佛本身故事图、供养图及讲经图等。另外还有大量反映当时现实生活的世俗壁画及部分汉传佛教的内容。部分石窟中，还保存有回鹘蒙文和藏文榜题（图96）。

图96 阿尔寨石窟寺回鹘蒙古文、藏文榜题

在山体四周的石壁上共发现22座浮雕石塔，除1座密檐式塔外，其余均为覆钵式塔（图97）。多数石塔在岩壁上直接浮雕而成，少数石塔雕凿在长方形或长椭圆形佛龛内。个别塔腹的龛内存放有骨灰和绢纸残片或在塔腹凿刻有密宗早期派别黑教的驱魔标志。

在石窟所在的山体顶部，还发现6座建筑基址。

在阿尔寨石窟周围还发现有塔基遗迹等。

据石窟的形制，壁画的内容、绘制风格，回鹘蒙文所保留的古老特征，浮雕塔的造型、特征等综合分析，阿尔寨石窟寺的开凿年代可能在北魏中、晚期，至迟不晚于西夏，以蒙元时期最盛，明末停止开凿及佛事活动。据文献记载结合石窟寺内有火焚迹象等推测，该石窟寺可能毁于明朝后期的战火。

图 97　阿尔寨石窟寺浮雕石塔

阿尔寨石窟寺是中国北方草原地区规模最大的石窟寺建筑群，也是中国规模较大的西夏至蒙元时期的石窟寺，它不仅是一处重要而罕见的宗教艺术宝库，更是我们研究蒙古族历史、文化和生活习俗等无可替代的珍贵史料，具有很高的历史、宗教、文化和艺术价值。其独特的历史文化内涵，主要表现在以下几个方面。

（1）阿尔寨石窟寺年代的确认，延伸了学术界常规上认定的中国北方石窟寺开凿史始于十六国而终于元的观点，对于中国石窟寺的研究工作具有十分重要的价值，特别是在元代石窟寺的研究方面，更是具有不可替代的地位。

（2）阿尔寨石窟寺保存有大量的壁画，是该石窟寺最有价值的文物遗存。壁画除宗教内容外，还有许多珍贵的世俗壁画。在宗教壁画中，既有大量藏传佛教（密宗）的内容，也有一定数量汉传佛教（显宗）的内容。在藏传佛教壁画中，不但保存有早期的本教画，而且萨迦派、宁玛派、格鲁派等风格的作品都有发现。世俗壁画中，保存有大量反映当时社会生活的场景，尤以"蒙古帝王拜祭图""各族僧众礼佛图""丧葬图"等最为珍贵。不同宗派风格的壁画在同一个石窟寺内出现实属罕见，它再现了佛教在今内蒙古地区流传的历史画卷，尤其是研究藏传佛教及其主要派别在内蒙古地区发生、发展史的重要实物资料十分难得。而那些具有浓郁蒙古民族特色的世俗壁画，内涵丰富、包罗万象，更是研究蒙古民族政治、经济、文化、艺术、地理及宗教信仰、民风民俗等难得的形象史料，弥足珍贵（图98）。

（3）阿尔寨石窟寺是目前世界上发现回鹘蒙古文榜题最多的一处遗址。这些回鹘蒙文榜题，其书写时代约为元代初期至北元时期，其价值和数量均高于敦煌莫高窟保存的回鹘蒙文榜题。其内容大体可划分为迎请诗、祈祷诗、赞颂诗三大类，涉及三十五种佛、二十一救渡母佛、十六罗汉、四天王、达摩居士五个门类，是研究中古蒙古语文发展史的珍贵史料。这些榜题中保留的古蒙语词汇和书写格式，以及具有不同时代特点的几种书写方式等，引起古代蒙文研究界的高度重视。

图98　阿尔寨石窟寺藏传佛教（密宗）金刚双修图壁画

1991年11月13日和1996年5月28日，阿尔寨石窟寺分别被鄂托克旗人民政府和内蒙古自治区人民政府公布为重点文物保护单位。鉴于它的重要地位，国务院于2003年3月2日特批将其增补为中华人民共和国第五批重点文物保护单位。

随着对阿尔寨石窟寺及周边地区调查、研究工作的不断深入，这座与一代天骄成吉思汗有着特殊关系的神秘石窟寺再次引起了人们的高度关注。

据《蒙古秘史》等记载，"狗儿年（1226年）秋"，成吉思汗不顾连续七年西征的疲劳，亲率大军"去征唐兀（西夏），以夫人也遂从行"，"冬，间于阿尔不合地面围猎，成吉思汗骑一匹红沙马为野马所惊，成吉思汗坠马跌伤，就于搠斡尔合惕地面下营"[①]。

在这段有关成吉思汗最后一次征服西夏的战事及战前坠马负伤的记载中，有两个地名引起了学者们的高度重视。据历史、文字、民族学专家的

[①] 道润梯步：《新译简注〈蒙古秘史〉》，内蒙古人民出版社，1979年。

多方考证，文献中所记载的"阿尔不合"就是现在的位于阿尔寨石窟寺西约30千米、鄂尔多斯市与乌海市交界处的阿尔巴斯山；而"搠斡尔合惕"（蒙语意为"多窟汇聚之处"），指的就是阿尔寨石窟。

无独有偶，在阿尔寨石窟寺东约20千米处有一处古井群的遗址，当地牧民称其为"敖楞瑙亥音其日嘎"（汉语意为"众狗之井"），而汉族群众称其为"百眼井"。在不足1平方千米的范围内，分布有80余眼古井。井与井的距离为10多米，井深者几十米，浅者10余米。据当地的老牧民讲，这些井已经有几百年的历史了，原先总共有108眼，听祖辈们传说，是成吉思汗时期开凿的。通过对部分古井的清理发掘可知，这些古井的使用年代可以早到宋元时期。由此，人们联想到，在拉施特所著的《史集》第231节和第258节中，有两次提到"翁浑—答兰—忽都黑"这处地名（汉语意为"翁浑的70眼水井"）。这处重要的地名，在《多桑蒙古史》《蒙兀儿史记》《元史译文补正》等书中都有引用，但拼音方法略有差异。在这些著作中，都记载了成吉思汗在这个叫作"翁浑—答兰—忽都黑"的地方做了噩梦，知道自己死期将至。这与成吉思汗晚年南征西夏的时间相符，也与这个时段成吉思汗所在的鄂尔多斯地区相吻合。因此，学者们认为，蒙古史文献中记载的"翁浑—答兰—忽都黑"就应该是如今的"百眼井"地区（图99）。

图99 "百眼井"

这样，阿尔巴斯山、阿尔寨石窟寺、百眼井等就成为目前所知与成吉思汗晚期军旅生涯有直接关联的既有地名可考又有准确地点可循的故址。这对于研究蒙古汗国的历史，具有弥足珍贵的价值。

另外，在阿尔寨石窟寺的壁画中，一些与成吉思汗祭祀祭拜等有关内容的破译，也为这座民族文化的宝库增添了一层神秘的色彩。

在阿尔寨石窟寺31号窟内西壁有一幅壁画，其画面整体为竖长方形结构，且由一个个的横线隔断，使得每一个横长方形的画框内构成一个独立的画面。最上面两层的方框内远景绘有山川、河流、原野，主题突出，绘有千军万马、两军对垒、激烈作战的场景，应是表现成吉思汗征西夏作战的场面。其下侧绘有若干匹白马，一匹褐红色马，以及若干峰骆驼，似乎和前面文献中提到的成吉思汗在阿尔巴斯猎野马时所乘"红沙马为野马所惊，成吉思汗坠马跌伤"和明代叶子奇所著《草木子》中记载的举行蒙古族帝王送终之礼时"国制不起坟垄，葬毕，以万马蹂之使平，杀骆驼子其上，以千骑守之，来岁春草既生，则移帐散去，弥望平衍，人莫知也。欲祭时，则以所杀骆驼之母为导，视其踯躅悲鸣之处，则知葬所矣"的蒙古帝王秘葬史实有关。最耐人寻味的是接下来的一个画面：画面右侧绘有两座白色蒙古包，尖顶高耸，其左侧有一间寺庙，一间宫殿，宫中绘一妇人，似在垂首痛哭。壁画中部，绘有三人立于一木棺之后。左侧男子着盛装，束袖袍服，头戴盔型圆帽，在其右侧站立的似为二位僧人。木棺头粗尾细，棺木年轮较清晰，似由一根圆木沿中线剖开而成，木棺前、中、后部各设一道箍。三人身后，绘有方形墓圹，其中伏着一具尸体，四只白鹤用嘴将尸体衔起，欲作腾飞状。墓圹右侧跪着一位僧人，为逝者念经超度。据明人叶子奇所著《草木子》记载，元代蒙古人送终之时，"用啰木两片，凿空其中，类人形大小合为棺，置遗体其中……加髹漆，毕，则以黄金为圈，三圈定（箍两头、中间）"。图中所绘的情景，正与文献中描述的蒙古人剖木为棺的安葬之礼相合。结合上面几个画面的内容，有学者认定这幅壁画描绘的就是成吉思汗逝世后安葬的场面，在宫中痛哭的就是随行的也遂夫人，着盛装的男子则为随同成吉思汗征西夏的托雷王子（图100）。

如果以上分析能够成立的话，此画描述的就是对成吉思汗晚年在本地区的军旅生涯及去世后丧葬情景的追述，其历史、文化价值自当不言而喻。

这是绘于第28号窟内前壁右侧的一幅壁画（图101）。画面的核心为并排坐于白色高台之上接受众人跪拜的八位地位尊贵的人物。中心人物为一身材魁伟、头戴四方瓦楞帽，身穿盛装蒙古礼服的男子。他盘腿而坐，

图 100　阿尔寨石窟寺蒙古帝王秘葬图壁画

图 101　阿尔寨石窟寺蒙古帝王祭拜图壁画

目视前方，右手举至胸前，左手放于腿上。其左侧为一位贵妇人，着蒙古礼服，戴固姑冠，坐姿、手势均与男主人相同，面侧向男子。侍坐于男主人右侧的为二位贵妇人，均着蒙古礼服，头戴固姑冠，均只盘左腿而坐，右腿屈膝直立，双手合十于胸前。男主人左侧，另有四位蒙古男子，年少无冠，着礼服，均只盘右腿，左腿屈膝直立，双手合十于胸前。

高台之下，呈品字形置放着三台丰盛的祭品。中间的为主供，置于高台之上，上罩红色伞盖；其两侧为副供，均置于红色托案上，为全牲之祭品。三台祭品状若三座山峰，很容易让人们联想起代表着蒙古宫廷最高礼节的、成吉思汗陵春季大祭所用的九九八十一只羊背子，以及蒙古宫廷酹马宴上的全牛宴。

高台右下方约为二十位蒙古妇女，均穿礼服，由一位头戴固姑冠的贵妇率领，跪坐于白色高台右侧下方。高台左下方约有二十余位盛装男子，或跪拜或盘腿而坐，双手合十，向台上行礼。另外还有约二十位着礼服的男子，位于高台的右前方，在一位着盛装男子的带领下，正在向台上八人弯腰行礼。这些男子中有人骑着马，像从远方赶来的样子。其后部绘有山川，人群在山谷间形成只见头不见尾的场面。

整幅画以草绿色为背景，远景绘有一赭红色平顶山，颇似阿尔寨石窟寺所在山体的轮廓。

专家们通过对壁画场景的分析，初步认定该画面描绘的是发生在阿尔寨石窟寺的一次祭拜活动。画面中身材魁伟的男主人公当为成吉思汗，其左侧的贵妇为正夫人孛儿帖皇后，右侧的二位贵妇应该分别为也速干皇后和忽兰皇后。因为两位皇后是侧夫人，所以坐姿与孛儿帖皇后不同。成吉思汗及孛儿帖皇后左侧的四位年轻男子分别为皆为孛儿帖皇后所生的术赤、察合台、窝阔台、拖雷王子。位于台下右侧的应是成吉思汗之妃也遂皇后带领的嫔妃们。台下左侧的则为正在向大汗行崇拜之礼的成吉思汗的重臣、干将们。而位于台下右前方及远处接踵而至的人群，展现的是威加四海的成吉思汗和八方来归的民众。

到目前为止，尚未找到有关阿尔寨石窟寺的文献史料。民国初年的《绥远通志稿》《鄂尔多斯右翼四旗调查》等地方史志，都是基于丰富的古典文献和实地调查而成书的。但在这些文献的庙宇、古迹篇目中，一些较阿尔寨石窟寺位置更为偏僻、规模更小的宗教设施都可以找到，唯独找不到有关阿尔寨石窟寺的记载。可见在这些地方史志成书时，这里早已成为废墟，从而导致著作者误认为它失去了记入史籍的意义。从这一点也说明了阿尔寨石窟寺的古老性和史料价值。这些壁画的内容与历史绝非巧合，它揭示的正是阿尔寨石窟寺与成吉思汗及蒙古帝王祭祀活动的特殊关系（图102）。

图102 阿尔寨石窟寺各族僧众礼佛图壁画

除此以外，在如今阿尔寨石窟寺的周围地区，还保存有许多与成吉思汗及其南征西夏的战争有关的地名、遗迹、传说及延续至今的祭祀活动。譬如，在阿尔寨石窟寺周围分布有13座敖包，分别祭祀成吉思汗的苏勒锭军旗（战神）、成吉思汗的两匹骏马、成吉思汗的幼子拖雷和成吉思汗的弟弟哈撒尔的军旗等。

对于这些神秘的与成吉思汗晚年生涯有特殊关联的地名、祭祀活动的由来问题，必须站在鄂尔多斯特殊的历史地位及本地区成吉思汗祭祀文化源源不断发展的角度来认识。

在许多有关成吉思汗的文献史料中，都有这样的记载：1226年，成吉思汗出征西夏途经木纳山以南的地方（今鄂尔多斯地区）时，看到这里水草丰美，花鹿出没，不禁发出由衷的赞叹，"这里是梅花鹿儿栖身之所，戴胜鸟儿育雏之乡，衰落王朝振兴之地，白发老翁享乐之邦"，"将亡之国可以寨之，太平之国可以营之，耄耋之人可以息之"。成吉思汗去世后，身为大蒙古国监国的成吉思汗的小儿子拖雷，在将成吉思汗的遗体运往葬地秘密安葬的途中，便按照成吉思汗生前的嘱咐，于木纳呼格布尔（今阴山以南的鄂尔多斯地区）建立了白宫，安放一些成吉思汗的遗物，进行供奉。从此，在鄂尔多斯地区的成吉思汗白宫，同伴随蒙古帝国政治中心四处迁徙的成吉思汗白宫一样，作为特设的供奉成吉思汗英灵的处所、蒙古汗国的"奉祀之神""全体蒙古的总神祇",肩负着祭祀成吉思汗的历史重任。最初建立的成吉思汗祭祀白宫,由于诸多原因,一直处于隐蔽状态,在阿尔布哈(今鄂尔多斯境内的阿尔巴斯)、阿拉格乌拉(今阿拉善山一带)、阿拉坦特布希(今阿拉善山以北)等地区迁徙活动。直至十五世纪中叶,与由漠北南下一直跟随蒙古政治中心迁徙的成吉思汗祭祀白宫在鄂尔多斯地区汇合,共同构成如今的"成吉思汗陵"。七百多年来,位于鄂尔多斯地区的"成吉思汗祭祀白宫"虽然由于诸多原因处所有所变动,但总体上一直没有离开过鄂尔多斯地区。有关成吉思汗的祭祀活动,是一项非常神圣、规范的事业,祭奠人以口碑的形式代代相传,决不外泄,无论是地点、内容、形式等,都有严格的限制,决不允许随意增添、更改。因此,深深植根于阿尔寨石窟寺周邻地区的这些与成吉思汗相关的祭祀活动,具有很高的史料价值,而非后人的随意想象(图103)。

图103 阿尔寨石窟寺28号窟内西壁壁画

神秘的阿尔寨石窟、遥远的传说、延续了近800年不间断的祭祀活动,隐喻着多少鲜为人知的秘密。如今,对阿尔寨石窟寺的综合保护、研究工作已经启动,相信随着考古、历史、民族、语言、文字、宗教、艺术等各学科的全方位、多层次研究工作的展开,这个民族文化的宝库将提供给人们更多、更深入细致的信息。

十四、边陲烽火

明朝建立以后，退回到漠北草原的蒙古诸部仍然不断伺机南下，加之明中叶以后女真族在东北地区的兴起，这些都威胁着明王朝北疆的安全。虽然明王朝为巩固北部边防，从太祖朱元璋开始，就在北方陆续设置边镇、修筑长城，逐步建立起一套完整的军事防御系统（即九边防御体系），但由于军需供养的困难和防守的艰难，明王朝对包括鄂尔多斯地区在内的内蒙古南部地区采取的经营，除有限度地进行军事征剿，建立一系列军事行政建置，如洪武四年（1371年）构筑管辖鄂尔多斯地区的东胜右卫城（准格尔旗十二连城）外，主要还是采取了重新规划行政建置的方式，如洪武六年（1373年），明王朝便将丰州、云内、东胜等地的人民迁入内地。特别是自永乐以后，随着明王朝边防的不断收缩，东胜诸卫迁至内地，"因移军延绥，弃河不守"，鄂尔多斯高原事实上大部分已经处在以延绥镇（榆林镇）、固原镇、甘肃镇、宁夏镇、大同镇、宣府镇、山西镇、蓟州镇、辽东镇为一线的史称"九边重镇"的防御体系之外。由于这里长期无人耕种，生态环境良好，加之有黄河为屏障，相对安宁，自正统初年（1436年）始，便开始成为蒙古部众不时踏足之地。明王朝虽屡屡试图阻止蒙古部众驻牧，并曾复置东胜卫，但均因无力阻止而终。

迫于驻牧河套地区蒙古部众的不断南侵，成化八年（1472年），巡抚延绥都御史余子俊开始修筑边墙，"依山形，随地势……东起清水营，西抵花马池，延袤千七百七十里，凿崖筑墙，掘堑其下，连比不绝。每二三里置敌台崖寨备巡警，又于崖寨空处筑短墙"。与此同时，宁夏巡抚等也陆续修筑了边墙。修筑边墙虽在一定程度上防御了蒙古部众的进攻，但也限制了汉人的出边耕种——汉人出关耕种由此绝迹。至明中叶达延汗再次统一蒙古各部后，这里遂成为蒙古右翼三万户之鄂尔多斯万户的驻牧地。

有关鄂尔多斯地区这一时期的历史，由于蒙古部落游牧经济的特性，在这块古老的大地上没有留下更多的生活印记，人们只能凭借支离破碎的间接历史文献去窥视，但延绵起伏的长城和巍然耸立的古城，则记录下了它所经历的真实烽火岁月，只待我们去挖掘探寻。

1. 明代长城

位于鄂尔多斯高原西南部的鄂托克前旗城川镇境内,为今内蒙古自治区与宁夏回族自治区的分界线。这里的长城为南、北并行的两条,即头道边和二道边,大致呈东西走向,单线长度约30千米。头道边(靠南侧的长城,亦称内边)应为嘉靖年间三边总制王琼、唐龙、王宪修筑,保存较好。绝大多数为夯筑土墙,夯层厚15~30厘米,墙基宽13~21米,顶端残宽2~6米,残高12.9~2米。另有少许地段为砖筑,其间填充石块等。设有120余座敌台,多呈覆斗形,建在墙体外侧(北侧)。敌台间最近相距73.5米,最远相距571米,多数相距200~300米。敌台基宽17~27米,顶残宽3~10米,另外还发现1处铺舍。二道边(靠北侧的长城,亦称外边)的修建早于头道边,应为巡抚宁夏都御史徐廷章于成化十年(1474年)修筑,正德元年(1506年)三边总制杨一清予以加固,并在边墙上加修暖铺。二道边与头道边基本并行,最宽处相距146米,最窄处相距25米,多数相距50~100米,均为夯筑土墙。在长城的内侧建有13座敌台、三处铺舍。由于修建时较为草率、简陋,因此保存不好。在两道边的墙体之上均发现有女墙、藏身坑、瞭望室、登城阶梯,而长城沿线发现有挡马墙、壕沟等防御设施。另外,该长城沿线还分布有1座古城、2座关堡、7座墩台(烽火台)。此段长城是东起山海关、西至嘉峪关的明代万里长城的组成部分(图104、图105)。

图104 鄂托克前旗明成化边墙(左)与嘉靖边墙(右)

图 105　鄂托克前旗特布德明成化边墙敌台

2. 东胜右卫

位于准格尔旗十二连城乡隋唐胜州榆林城内的西北角,为东西并列的两座城,整体平面略呈长方形。四周城墙上铸有马面,马面间隔80～90米。城墙原为包砖构筑,但城砖早年已被拆除。位于东侧的城东墙长237米,残高2～4米,开一门,筑有瓮城,瓮城门向南开。北墙长211米,残高1～4米,宽约15米,未发现城门设置。南墙长约210米,残高4～8米,靠西端有缺口,经钻探疑为城门所在。靠西部的城北墙长248米,宽15米,残高约6米,未发现城门痕迹。西墙长191米,残高1～3米,也未发现城门。南墙长266米,由于上面已盖满现代房屋,是否有城门不得而知。东西两城的隔墙现已残缺不全,经在城墙中段钻探可知,地下有烧土和红色烧砖碎块,可能为城门烧毁后的遗物。

城址内地表所见花纹砖、瓦当、滴水及瓷器残片等遗物大多为元、明时期。所见老乡保存的城砖长45、宽23.5、厚11厘米,亦为明代城砖的特征。

据考古发现结合文献记载可知,今十二连城古城为隋文帝开皇三年(583年)在汉代沙南县城的故址上兴建的"榆林关",开皇七年(587年)改为县治,属云州所辖。开皇二十年(600年)割云州之榆林、富昌、金河三县另置胜州，治所在榆林。唐初，仍置胜州，领榆林、河滨二县。唐末，胜州城为西夏所占。神册元年（916年），辽军攻占胜州后，将胜州之民皆驱赶到黄河东岸，在唐代东受降城遗址上重建城池，为有别于河西的"胜州"，故称新城为"东胜州"。胜州城遂废。明洪武四年（1371年），明朝为了进一步加强北方的防御力量，先在辽代东胜州城的基础上新建东胜卫城，继而又兴建了4座卫城，与东胜卫城相互拱卫，分别称作左、右、中、前、后卫城，合称"东胜五卫"。其中左卫就是位于黄河东岸的今托县古城，而位于黄河西岸隋唐胜州榆林故城西北角的这座包砖城址，应是明代修建的东胜右卫城。东胜右卫和东胜左卫隔河控制着黄河上的交通，成为明王朝在北部边境地带的重要军事前哨阵地。

永乐元年（1403年），随着明王朝边防的不断收缩，东胜诸卫迁至内地，"因移军延绥，弃河不守"，东胜右卫城遂废弃。正统三年（1438年），明王朝虽再度复置东胜卫，但终因力所不及而坚守不久便放弃。

伍

成吉思汗祭祀

1. 八白宫祭祀

早期的蒙古族萨满教信众相信世上万物都有神灵存在，并深信灵魂不灭。成吉思汗去世后，象征他灵魂的灵柩、画像、遗物等被供奉在白色宫帐（蒙语称为"查干鄂尔多"）内，接受人们的四时拜祭，而这座白色宫帐被称为"全体蒙古的总神祇"或"奉祀之神"。随着成吉思汗几位皇后的去世，祭祀的内容逐渐增多，白色宫帐的数量亦在增加，至忽必烈时期，将"全体蒙古的总神祇"称作"八白宫"或"八白室"。它们是成吉思汗灵魂和精神的象征，更是蒙古族崇拜的精神偶像。

据最新的民族学研究成果可知，成吉思汗去世后，最初设立的成吉思汗白宫并未随成吉思汗的灵柩一起返回漠北，而是一直处于隐蔽的状态，在阿尔布哈（阿尔巴斯）、阿拉格乌拉（阿拉善山一带）、阿拉坦特布希（阿拉善山以北）等地区迁动。在成吉思汗故地克鲁伦河源头大鄂尔多建立的成吉思汗奉祀之神，由成吉思汗季子拖雷监国主持祭祀。1229年成吉思汗三子窝阔台即汗位后，完成了都城哈剌和林的建筑，并在都城设立成吉思汗祭灵宫帐。1260年忽必烈即汗位后，在元上都、元大都均建立了祭祀成吉思汗的"失剌斡耳朵"和太庙，并钦定成吉思汗"四时大典"，制定祭祀制度。这样，元朝时期，在河套地区的鄂尔多斯、漠北的哈剌和林、元朝都城元上都和元大都共建有四处成吉思汗奉祀之神进行供奉。

在蒙古帝国大本营建立的成吉思汗白宫，始终伴随在蒙古汗廷左右，随着蒙古王朝政治中心的移动而南迁北徙。明朝建立后，跟随蒙古帝国大本营的成吉思汗白宫在鄂尔多斯部护卫下，在漠北草原上飘荡几十年后，如同北元消亡后的蒙古各部分崩离析了。鄂尔多斯部的一部分开始由漠北高原向西迁徙，先进入阿尔泰山地区，之后又东进，陆续经额济纳旗等地到达今天的鄂尔多斯，并与一直隐蔽在这里的成吉思汗白宫汇合（图1）。

图1 历史上的成吉思汗祭祀白宫

明正德五年（1510年），巴图蒙克达延汗统一蒙古诸部，把分散的八白宫集中在济农（也写作吉囊、吉能，意为"储君"或"副汗"）所在地，仍由鄂尔多斯万户负责守护、祭祀。明正德十五年（1520年），在博迪阿拉克可汗时期，将成吉思汗八白宫分成两部分，分别由右翼三万户和左翼三万户进行供奉。其中右翼三万户中由鄂尔多斯万户负责供奉以圣主白宫为主的奉祀之神；左翼三万户中由察哈尔万户负责供奉额希哈屯白宫和大蒙古国的查干苏勒德、阿拉格苏勒德等。明朝末年，蒙古国的最后一位大汗——林丹汗在退走青海的途中，又将由左翼三万户供奉的"全体蒙古的总神祇"的组成部分，留在了鄂尔多斯。这样，构成"全体蒙古的总神祇"的成吉思汗八白宫，就全部集中在了鄂尔多斯地区黄河南岸的王爱召（当时为鄂尔多斯地区最大的喇嘛教寺院、鄂尔多斯济农博硕克图灵塔所在地）附近供奉。

清顺治六年（1649年），清朝开始对蒙古地区实行盟旗管理制度，将鄂尔多斯万户划分为六旗（后增设为七旗），合称伊克昭盟。由鄂尔多斯左翼中旗札萨克（官名，蒙语"执政官"的意思，为旗的最高军政长官）额璘臣任盟长，并保留鄂尔多斯济农的职位，继续管理成吉思汗八白宫的事务。为了便于管理和祭祀，额璘臣便将成吉思汗八白宫及苏勒德等奉祀之神，由属于鄂尔多斯左翼后旗管辖的黄河南岸的王爱召，迁往自己的封地——鄂尔多斯左翼中旗，安奉在水草丰美的巴音昌霍格河畔，从此这里便称为"伊金霍洛"（蒙语，意为"圣主的院落"）。从蒙古汗国到清朝初期的四百多年间，对成吉思汗祭灵宫帐这一"全体蒙古的总神祇"的称谓，始终没有脱离"祭祀宫帐"的主题，待成吉思汗八白宫落座伊金霍洛后，开始出现了"陵寝""陵园"的称呼。从此，"成吉思汗陵"逐渐取代了"八白室"，成为通用称谓。

在蒙古诸部归附清朝以后，清朝为了加强对蒙古人的控制，实行分封旗制，在各旗间划定界限，各旗人员不得随意越界活动。这样，就为集中在伊克昭盟的成吉思汗八白宫祭祀活动带来了诸多不便。至18世纪30年代，鄂尔多斯各旗札萨克便将集中供奉在鄂尔多斯左翼中旗的成吉思汗八白宫的一部分祭祀神物，搬到自己的旗里进行供奉，只在每年的春季查干苏鲁克大祭时，再集中于大伊金霍洛进行（图2）。

图2　成吉思汗八白室祭祀

1939年抗日战争时期，国民党政府为使成吉思汗陵寝免于战火，经过缜密筹划，先将成吉思汗陵寝西迁至甘肃省榆中县兴隆山，后于1949年再次西迁至青海省塔尔寺。

中华人民共和国成立后，内蒙古自治区人民政府应广大蒙古族人民群众的要求，于1953年12月报请中央人民政府批准，决定在伊金霍洛兴建成吉思汗新陵园，并迎请成吉思汗陵寝回归故里。1954年4月23日（农历三月二十一日，成吉思汗查干苏鲁克大祭之日），阔别十五年之久的成吉思汗灵柩回到伊金霍洛，而安放大祭及新陵奠基仪式同时进行。1955年10月30日，成吉思汗新陵建筑工程竣工。1956年5月15日，在成吉思汗新陵举行了隆重的落成典礼和盛大的祭奠活动，分散在鄂尔多斯各地的奉祀之神，也集中在新陵供奉。从此，雄伟壮丽、独具特征的成吉思汗新陵寝便屹立在鄂尔多斯大地上，备受世界瞩目（图3）。

图3 新落成的成吉思汗陵宫

"文化大革命"时期，祭祀活动被迫中断。1977年，为迎接内蒙古自治区成立三十周年大庆，自治区政府拨款10万元对成吉思汗陵园进行维修，使中断十年之久的成吉思汗祭祀活动在自治区成立三十周年之际得以初步恢复。

进入21世纪，在经过几次大的修缮和扩建后，一个以陵宫为中心，包括文物保护祭祀区、园林生态保护区、草原风光游览区、游客生活服务区、旅游商品购物区在内的，彰显广袤草原帝王陵风采的成吉思汗陵园，不但以历史文化圣地、全国重点文物保护单位的身姿吸引着国内外广大敬慕者接踵而至，而且蓝天白云、绿草如茵、松柏耸立的独特景致，也成为鄂尔多斯的一道亮丽风光。它先后荣膺"全国青少年百家爱国主义教育基地"、"中国旅游胜地四十佳"、全国首批"国家AAAA级旅游景区"等光荣称号（图4）。

成吉思汗陵宫主体建筑由三座蒙古式的大殿和与之相连的过厅组成，建筑雄伟，具有浓厚的蒙古民族风格，由正殿、后殿（寝宫）、东殿、西殿、东过厅、西过厅6个部分组成；建筑面积为1691平方米；正殿高24.18米，东西殿高18米（图5）。

图 4　成吉思汗陵鸟瞰

图 5　成吉思汗陵园与溜圆白骏

　　正殿正中为高近 5 米的成吉思汗汉白玉雕像，身着盔甲战袍，腰佩宝剑，相貌英武，端坐在大殿中央。塑像背后的弧形背景是四大汗国疆图，标示着 700 多年前成吉思汗统率大军南进中原，西进中亚和欧洲的显赫战绩（图 6）。

图6　新世纪成吉思汗陵正殿祭奠场景

后殿也称寝宫，安放着三顶黄缎罩着的灵包，里面供奉着成吉思汗和他的三位夫人的灵柩，是成吉思汗八白宫的组成部分。其中，中间的大灵包内安放着成吉思汗与孛尔帖格勒真哈屯（皇后）的灵柩；右边灵包内供奉着忽兰哈屯的灵柩；左边灵包内供奉着古日别勒津哈屯的灵柩（图7）。

图7　成吉思汗陵后殿供奉的成吉思汗及夫人的灵包

后宫南墙正中有一幅珍贵的成吉思汗黄金家族彩色烧瓷壁画,原图是蒙元时期绘制的,真实地记录了 13 世纪成吉思汗黄金家族的辉煌事迹,为研究蒙古民族历史文化提供了极为珍贵的资料(图8)。

图 8 成吉思汗陵后殿黄金家族瓷砖壁画

西殿供奉着成吉思汗八白宫组成部分的吉劳(鞍辔)白宫、胡日萨德格(弓箭)白宫和宝日温都尔(圣奶桶)白宫(图9)。

东殿安放着成吉思汗季子拖雷及其夫人额希哈屯的灵柩。至元三年(1266年),元世祖忽必烈追谥其父母为"睿宗景襄皇帝和庄圣皇后",并建灵堂祭祀。额希(哈屯)灵包与八白宫一样,同样由达尔扈特部落守护、祭祀(图10)。

在正殿的东西过厅中有"成吉思汗丰功伟绩"大型壁画,主要描绘了成吉思汗出生、西征、东征、统一蒙古各部、遇难等重大事件。壁画还表现了成吉思汗的孙子忽必烈统一中国,定都北京,于1271年正式改国号为元,并追封成吉思汗为元太祖的盛况(图11)。

图9 成吉思汗陵西殿供奉的成吉思汗吉劳（鞍辔）白宫、胡日萨德格（弓箭）白宫和宝日温都尔（圣奶桶）白宫

图10 成吉思汗陵东殿供奉的成吉思汗温都根查干（溜圆白骏）神马白宫和商更斡尔阁（珍藏）白宫

图 11　东过厅壁画

同时还展示着铜制火铳、银质圣旨牌、腰牌、蒙古银币以及为成吉思汗陵上供的部分银质祭器等。

成吉思汗祭典，具有多样的形式和丰富的内容，保留了13世纪以来蒙古帝王祭祀仪式，祭奠中所应用的祝词、颂词、祭文、祭歌等，涵盖了蒙古民族古老、原始的历史、文化、信仰、观念、风俗、语言、文字、法律等诸多方面，是蒙古民族原始文化的代表。成吉思汗祭祀在内容上主要表达对长生天、祖先、英雄的崇拜；在形式上再现了古老的蒙古民族牲祭、火祭、奶祭、酒祭、歌祭等形式；在用具上表现了草原民族对大自然和动物的艺术审美属性，如所产生的具有浓郁特色的诸多珍贵祭器。成吉思汗祭祀突出了蒙古民族最高祭祀形式。成吉思汗祭典由圣主宫帐为核心的八白宫祭奠和成吉思汗苏勒德祭奠两大部分组成。其圣主祭奠以日祭、奉祭、月祭、米里亚古德祭（点奶祝福祭）、公羔祭、台吉祭、香火（灶）祭和四时大典组成。四时大典为春季查干苏鲁克大典、夏季淖尔大典、秋季斯日格大典、冬季达斯玛大典。成吉思汗苏勒德由日祭、奉祭、月祭、年祭和龙年威猛大祭组成（图12、图13）。

据史书记载，历史上成吉思汗祭奠活动每年要进行三十多次，这些祭奠都有不同的时间、方式、祭品以及各自的程序。由于受逐水草而居的游

图12 成吉思汗大祭

图13 成吉思汗祭奠仪式

牧生活所限,以成吉思汗八白宫为核心的"奉祀之神"也是经常流动的。每逢祭奠,达尔扈特人便把灵包请到高大的楠木灵车上,由传说是成吉思汗的两匹骏马的后代——全身没有一根杂毛的银白色马拉到祭奠之处,摆上供品，接受人们的祭拜。祭奠习惯和方式基本上继承了成吉思汗的祭天方式，祭奠活动则因地制宜分散在各地进行。1955年成吉思汗陵园建成后，当地政府为了便于祭奠和管理，在征得达尔扈特人和蒙古族同胞的同意后，将分散在伊克昭盟各旗的成吉思汗画像、苏力德、宝剑、马鞍等圣物集中到新成吉思汗陵所在地，并且把各种祭奠活动适当集中，分别在每年的农历三月二十一日、五月十五日、八月十二日和十月初三举行四时大典。四时大典中最隆重的当属以农历三月二十一日为主祭日的查干苏鲁克大典。每到这一天，众多的拜谒者怀着虔诚的心情，不辞千里跋涉而来，献上洁白的哈达，明亮的炼烛，芬芳的香烛，肥壮的整羊，鲜美的牛羊奶，乳黄的酥油，芳醇的马奶酒等最圣洁的祭品。祭奠由达尔扈特人主持进行，传统祭奠仪式首先是祭天仪式：祭奠人先至大殿南面的"阿拉坦嘎达斯"（金马桩）绕柱三圈，然后前往"宝日温都尔"（圣奶桶）向外首洒奶，再绕系在旁边的溜圆白骏，亦用小木勺舀奶洒扬。之后是金殿大祭，人们前往大殿前献酒，然后进殿跪于祭案前再献哈达、献灯、献羊、献香（念祝词）。献毕，每人投一块羊尾肉入案前火盆中祭灶（香火），同时念祝词，烧哈达碎片，用大银杯轮流跪饮烧酒，并跪食分享祭典成吉思汗的有福分的羊背子肉（图14～图16）。

图14 成吉思汗察干苏鲁克大典上的祭天仪式

图15　20世纪80年代的阿拉腾甘德尔敖包

图16　阿拉坦嘎达斯（金马桩）

查干苏鲁克大典不仅是成吉思汗盛大的祭祀活动，也是草原上一年一度的贸易集市，特别是后来在大典期间增加了蒙古民族传统的那达慕大会项目后，该大典成为鄂尔多斯草原上更加隆重的盛会。

2. 哈日苏勒德祭祀

成吉思汗祭奠的内涵，由以圣主宫帐为核心的八白宫祭奠和苏勒德祭奠两大部分组成。因而守护、祭祀成吉思汗奉祀之神的五百户达尔扈特，根据职司也分为右翼圣主达尔扈特（俗称大达尔扈特）和左翼苏勒德达尔扈特（俗称小达尔扈特），而苏勒德达尔扈特长期守护、祭祀的便是以哈日苏勒德为核心的苏勒德方面的奉祀之神。

哈日苏勒德是成吉思汗时期的圣物，是大蒙古三面旗帜或旗徽之一，由一柄主苏勒德和四柄陪苏勒德组成，因而亦称"四斿哈日苏勒德""镇远哈日苏勒德"。由于苏勒德的璎珞用黑色的公马鬃制成，故俗称"黑纛"，是成吉思汗的战神，长期以来一直在八白宫附近供奉，与成吉思汗八白宫一样进行祭祀。

大约在明正德十五年（1520年）之后，哈日苏勒德跟随成吉思汗八白宫便一直留驻鄂尔多斯地区，由鄂尔多斯万户供奉，从而在鄂尔多斯地区形成以圣主祭祀和哈日苏勒德祭祀为核心的成吉思汗祭奠。哈日苏勒德原供奉在郡王旗的乌兰木伦河与呼和乌素河的汇集处名叫西纳恩浩晓的地方，后因放垦几次迁移，1910年迁移到今伊金霍洛旗的布尔台格乡苏勒德霍洛村，1956年6月14日安放到新建的成吉思汗陵供奉至今（图17）。

哈日苏勒德由小达尔扈特专司守护供奉。他们世代祭奉管理，沿袭至今。苏勒德祭典分苏勒德威猛祭、大祭、小祭、夏营地祭典和信仰祭等。苏勒德威猛祭每逢龙年举行，龙年七月十四举行大祭后，除主纛外的其余四枚纛，在祭典结束后必须要到鄂尔多斯七旗巡游两个月，于十月初三回到明安木独供奉地举行八十一只全羊的隆重祭典。苏勒德大祭是在每年的七月十四进行十二只全羊祭典，也称黑纛牲羊祭。每月的初一、初三进行小祭，由达尔扈特部和继位台吉用一只全羊供奉。夏营地祭典在夏初月初三举行。信仰祭指平时牧民们为了表示对苏勒德崇拜而进行的祭典（图18）。

苏勒德的祭典形式与成吉思汗祭典大都相似，但在制作"秀斯"全羊时，前蹄必须保留着羊头与肺相连，保留了古代蒙古族的祭祀风俗。

3. 察罕苏勒德祭祀

察罕苏勒德，亦称"白旗""白纛"，即《蒙古源流》中记载的成吉思汗于1206年"遂即于斡难河源，竖其九斿之白旗"[1]。

铁木真于1189年在他的诞生之地肯特山南麓克鲁伦河源头的呼和淖

---

[1] （清）萨冈彻辰著，乌兰译注：《蒙古源流》，内蒙古大学出版社，2014年。

图 17　新世纪的哈日苏勒德祭坛

图 18　哈日苏勒德祭奠

尔，被哈木格蒙古①的众贵族协商推举为汗，并竖起其父也速该巴特尔的九足白纛。铁木真成为哈木格蒙古之汗以后，经过17年的艰苦努力，终于统一了"拥有200多万人口，31个姓氏部落"的毡帐百姓，汇聚了整个蒙古血统的民族。完成统一大业后，铁木真于1206年的秋冬之际，在鄂嫩河畔举行了筹建大蒙古汗国的首次呼拉尔泰（议政大会），向世界宣布大蒙古汗国的成立，而铁木真也被授予"成吉思汗"称号。举办议政呼拉尔泰的大鄂尔多门前，一侧伫立着大蒙古汗国的九足白纛，另一侧则耸立着象征成吉思汗军队威武的四足黎旗，向世人展示着大蒙古汗国的崛起。大蒙古汗国的这部九足白纛，就是当年在肯特山南麓克鲁伦河竖起并跟随成吉思汗一路征战而晋升成为大蒙古汗国"国徽"的、三大旗徽中最重要的组成部分。

察罕苏勒德由一柄主苏勒德和八柄副苏勒德组成，象征着成吉思汗九大主将共同护驾旗纛奋勇向前，苏勒德的缨子用银白色公马鬃制作，因而被称为九斿察干苏勒德，即"九斿白旗"。

察罕苏勒德中主苏勒德的顶端为一尺长镀金三叉铁矛，三叉象征着火焰。三叉矛头下端为直径九寸的木质圆盘（蒙语称"玛拉嘎"，亦称"查尔"），沿边固定银白公马鬃制成的缨子。主苏勒德的柄（蒙语称"希利彼"）用松木制成，长十三尺，插入中间有孔的花岗岩底座，柄上挂三角大白旗，用二寸宽的天蓝色布作锯形边，白旗中间早期为海东青神鸟图案或日月图案，后来改用飞马图案。副苏勒德的柄为九尺，亦用松木制作。

察罕苏勒德祭祀，在长期的历史中形成了完整的祭祀制度和祭文、祭词，其祭奠有日祭、月祭、季祭、大祭（威猛祭）等几种。季祭包括农历正月初三举行的春季祭典，五月初三和六月初三举行的夏季祭典，七月初三举行的秋季祭典，十月初三举行的冬季达斯玛祭典。其中五月初三的祭典为淖尔祭典，当天会举行"圣主成吉思汗招福仪式"，举办射箭、摔跤、赛公马等传统竞赛那达慕。每逢龙年十月初三举行察罕苏勒德威猛大祭，亦称"换缨祭典"。在察罕苏勒德大祭仪式中，有很多独特的习俗和仪式，比如用镜子的反光进行祭祀，驱逐"替死鬼"等习俗，为别的祭典所没有。察罕苏勒德祭祀，是珍贵的文化遗产，昭示着蒙古民族古老的民俗文

---

① 注：为当时蒙古诸部中较大的一个部落名，并非现代蒙语"全体"之意。

化，于2007年被列入第一批内蒙古自治区级非物质文化遗产名录。

如今供奉在鄂尔多斯乌审旗境内的有两处察罕苏勒德祭祀地，它们经历了不同的发展历程，分别位于无定河镇毛布拉格村和陶利镇塔兰乌素嘎查伊赫萨萨。

（1）毛布拉格察罕苏勒德祭祀地

由于察罕苏勒德是大蒙古国的旗徽，因此，大蒙古国汗庭迁徙到哪里，它就出现在哪里。察罕苏勒德自1206年大蒙古国建立之日起，就一直伫立在大蒙古国汗庭所在地，是江山一统、君临八方的象征。

1634年，蒙古汗国最后一位可汗——林丹汗战败后西退，病逝于青海。林丹汗夫人和儿子东归后金，于1635年在鄂尔多斯之斡托格陶利（今呼和茫哈的吉给）向后金的皇太极投降，缴出了金印，但并没有缴出象征蒙古汗国的旗徽。这部由察哈尔部守护的察罕苏勒德，就这样被留在了乌审旗，由汗庭近卫军的部分察哈尔人及其后代精心祭祀和管护至今，因此也有人将其称为"察哈尔部察罕苏勒德"（图19）。

据记载，该察罕苏勒德于清朝初年供奉在鄂尔多斯右翼前旗（乌审旗）南部靠近长城的宝日陶勒盖苏勒德土岗上。康熙三十年（1691年）放垦乌审旗南部地区、守护察罕苏勒德的察哈尔部众向北迁徙，而察罕苏勒德也随

图19　察汗苏勒德祭坛

之迁至毛乌苏塔拉、忽崩布拉格等地，并于光绪三十年（1904年）供奉在现在的毛布拉格陶高图滩北角。察罕苏勒德的形制也发生了变化，除主苏勒德外，原来的八柄陪苏勒德，简化为一旗、一枪。主苏勒德（白纛）竖立于金龟背上，金龟代表地球，寓意蒙古帝国立于地球中央，君临八方；一旗蒙语称"伊勒齐·图克"，意为"使节旗"，代表大蒙古国的外事礼节，竖立于狮身上，则是气势不凡的权臣象征；一枪蒙语称"吉大"，意为大蒙古国的军队，竖立于狮身上，则是大蒙古国军队如雄狮般所向披靡的象征。

（2）伊赫萨萨察罕苏勒德祭祀地

1215年，在蒙古汗国军队占领金国首府中都（今北京）后，成吉思汗于1217年8月任命大将木华黎为大沃尔勒格、各省总指挥太师国王，授予箓卷、金印及一面九足白纛，代理自己指挥军队进攻中原，自己则回到了克鲁伦大鄂尔多，督促镇平克烈惕·尼拉曾昆、乃蛮之古出鲁克之乱。

1218年，受成吉思汗之令大蒙古汗国大军在木华黎率领下调转矛头向西，征伐不守信义的西夏国，在赶赴乌拉骇城（今银川）、朵尔篾盖城（今灵武）等城镇的途中，击破了盘踞在夏州（今白城子）、额布德尔嘿城（今乌审旗陶利镇西南）和白莲城（今乌审旗陶利镇呼和茫哈嘎查附近）的西夏军队，并在今乌审旗陶利镇呼和茫哈嘎查建立军事斡托格（基地），而蒙古汗国的九足白纛也从中都迁到这里。从此这个名不见经传的小地方便成为大蒙古汗国的重要军事基地，在大蒙古汗国军队第五、第六次征伐西夏的战役中，均发挥了极大的作用。

在第六次征伐西夏的战役中，成吉思汗生伤寒病不治归天，因蒙古人没有举着旗徽拉灵柩的习俗，九足白纛便就地升展待命。蒙古汗国解体后，由于政治形势的变化等原因，守护者一直把这部九足白纛秘密供奉在今陶利镇呼和茫哈嘎查哈热图（当时为成吉思汗军事斡托格所辖之地，故称哈·热图）的查干陶日姆北侧的巴拉中。清光绪年间，九足白纛迁到今达布察克镇小斯扣之"古尔班豪莱"之地，由乌审旗乌审、别速惕二部公开崇奉和管理，乌审旗全体蒙古族共同祭祀。

"文化大革命"时期，蒙古汗国九足白纛祭祀活动被迫中断，后在众人的努力下，于1995年又悄然复苏，被供奉在乌审旗海流图庙。2002年8月13日，人们将九足白纛从海流图庙迁移到乌审旗陶利镇塔兰乌素嘎查伊赫萨萨，举行隆重的崇奉祭祀仪式（图20、图21）。

图 20　迎请察罕苏勒德

图 21　察罕苏勒德祭祀

陆

鄂尔多斯收藏漫语

"乱世黄金,盛世收藏"反映的是中国人传统的收藏理念。就全国范围来讲,改革开放以来,国力变强,人民的生活水平随之提高,新的一轮收藏浪潮席卷而来;就本地区而言,西部大开发以来,伴随着鄂尔多斯社会经济的飞速发展,一股近乎全民加入的收藏热蓬勃而至,而对文物古玩的收藏尤为突出。

全民收藏是社会经济、文化发展的必然结果。摆脱了贫困状态,生活中有了余钱,就有了多种多样的文化娱乐方式,收藏就是其中之一。人们关注收藏、喜欢收藏的一个很重要的原因就是能从藏品身上感受到文化的无穷魅力。

期待藏品升值是不可回避的收藏乐趣,但这决不应该是藏家唯一的乐趣。藏家更应注重品味藏品的文化内涵,特别是刚涉足收藏领域的大众藏友们,这一点尤其要明确把握。另外一点要注意的是,大众藏友们在收藏起步阶段,不可只盯着"奇珍异宝",而应该更加关注那些身边的最具有地域文化特征的藏品。就鄂尔多斯地区而言,最适于大众收藏、最具有地域文化特征的首选藏品是什么呢?

1. 珍稀的海生无脊椎动物化石——鄂尔多斯古海的见证

鄂尔多斯曾经有过海洋?凡是到过鄂尔多斯地区的人,望着眼前丘陵起伏、荒漠遍布的自然景观,无不发出这样诧异的惊问。科学家们是通过什么来判定鄂尔多斯这块高高隆起于中国北方大地上的高原在远古时期还是浩瀚海洋的呢？在鄂尔多斯西部桌子山地区经常可以见到的珍惜海生无脊椎动物化石，较常见的有三叶虫、笔石、角石等。

巨大的板块挤压作用，使处于断裂带上的这些原本呈水平分布的地层，开始不断地斜向隆起，并最终呈近乎直立状地展现在我们眼前，使得那些原本深深埋藏在大地深处的古老岩石及各类化石重现天日（图1）。正是通过这些难得一见的地球最古老家族所透露出的蛛丝马迹，我们才得以对几亿年前发生在我们所立足的这块神秘大地上的遥远往事管窥一斑。

图1　乌仁都希山倾斜山脉

在强烈的地质运动影响下，到距今约六亿年前的古生代早期，持续了三十亿年之久的古陆地壳逐渐下陷，而在造山运动的作用下，来自中国南部的海水首先进入鄂尔多斯西部地区，形成一个南北向的巨大海湾，并不断向东扩展，在以后一亿多年的时间里，鄂尔多斯便成为海洋的世界。由于属于浅海区，阳光和氧气充足，所以海生无脊椎动物得以迅猛发展，鄂尔多斯从此拉开了生物进化的帷幕。当时的动物主要有三叶虫、笔石、角石及各种腕足类、腹足类、瓣鳃类和海百合等。它们形态各异、色彩缤纷，鄂尔多斯古海呈现一派绚丽多姿、生机勃勃的景象（图2）。另外，既温暖又清澈的浅海环境，造就了喜欢生活在浅海的各种钙藻和海绵动物的大量繁殖，而由于这些不起眼的小动物本身具有钙质的骨骼，死后被藻类缠绕包覆，天长日久，形成了厚厚的礁体——生物礁。科学家们通过对世界各地二叠纪生物礁的研究，揭示出了它们与石油、天然气形成的密切关系——这也是鄂尔多斯地区之所以蕴含大量石油、天然气的关键所在。

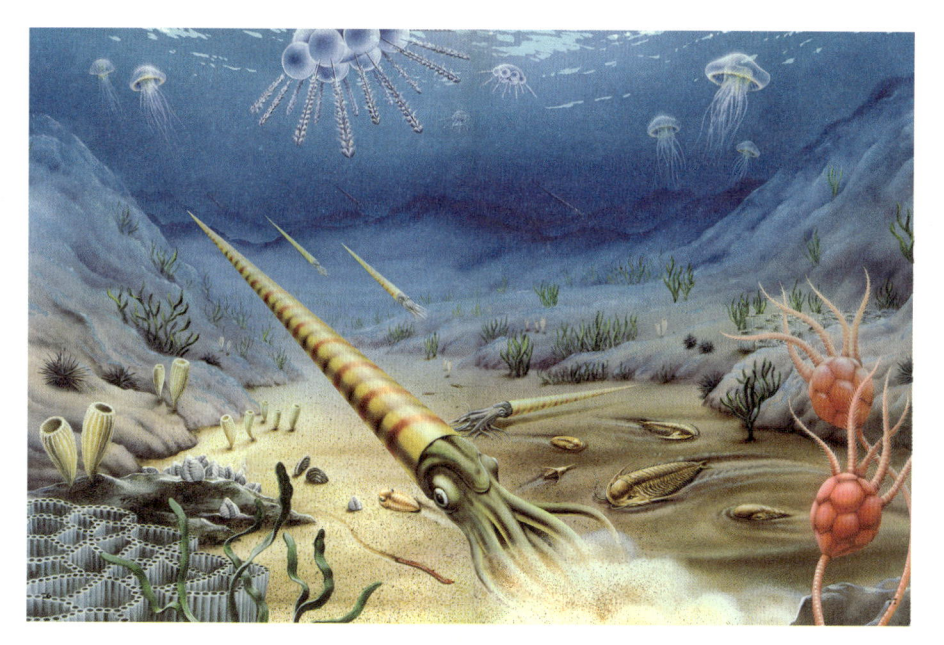

图2　鄂尔多斯古海景观复原图

2. 三叶虫——鄂尔多斯大地上时代最久远的生命

三叶虫属于节肢动物门、三叶虫纲。由于三叶虫化石总是与海生的珊瑚、海百合、腕足动物、头足动物化石共生，所以可以肯定它们是仅生活在古生代海洋中的动物（图3）。

图3　三叶虫化石

从背部看三叶虫为卵形或椭圆形，体外包有一层外壳，虫体外壳纵分为一个中轴和两个侧叶，故名三叶虫。三叶虫出现在寒武纪早期，距今已有五亿多年的历史，到了晚寒武世发展到高峰，种属和数量都很多，形体大小差异很大，小的仅一毫米，大的近一米。作为当时海洋中的霸主，三叶虫在奥陶纪仍然很繁盛，进入志留纪后开始衰退，至二叠纪末则完全绝灭。它们的灭绝，很可能和鱼类的大量出现有一定的关系。

三叶虫化石是早古生代的重要化石之一，是研究古节肢动物及生物进化及划分和对比寒武纪、奥陶纪、志留纪地层的重要依据。

3. 角石——鄂尔多斯古海中的霸主

角石属海生头足类动物，其形状如同动物的角，有直的，亦有弯的或盘曲状的，具有坚硬的外壳，体长多为20～60厘米，最长的达一米以上。它出现的时间较三叶虫要晚，主要分布在被地质学界称为生命大爆发阶段的奥陶系石灰岩中，是当时海洋中凶猛的食肉动物。中国角石化石资源非常丰富，北方奥陶纪地层中的鄂尔多斯角石、阿门角石、灰角石等都是代表性属种，其中的鄂尔多斯角石，便是以鄂尔多斯首先发现的新种属命名的（图4）。

图4 角石化石

4. 笔石——高等生物的先祖

笔石属于半索动物，又称口索动物或隐索动物，一般身体呈蠕虫状，左右对称，全部生活在志留纪的海洋中。笔石的涌现和繁盛，预示着高等生物的先驱已经出现。

笔石形体大小不一，大的体长50～70厘米或更长，小的仅有几毫米长。它们的种类很多，但都有一些共同的特征。笔石体的一端是一个长锥形的胎管，从中萌生出一系列笔石虫体居住的胞管，而许多胞管接连生长就形成了笔石枝，由一个或多个笔石枝就形成了笔石体，笔石体在海水中漂浮，可以到达很远的地方。

鄂尔多斯发现的笔石化石不但数量非常丰富，而且出现的时间也比较早，为研究笔石的系统分类、生态学及其演化等提供了难得的材料（图5）。

另外，奇特的棘皮动物海百合、形形色色的软体动物贝壳化石等，也为我们揭秘绚丽多彩的鄂尔多斯古海提供了难得的物证。

上述海生无脊椎动物化石，主要分布在鄂尔多斯西部桌子山地区，特点是形体较小、结构细腻、质地坚实，易于辨认及保管。

5. 查布中生代鱼化石

古生代的晚期，既是海生无脊椎动物发展的鼎盛时期，也是生物界由海洋生物向陆地生物扩展的巨变时期。这一时期，鱼类首先从无脊椎动物中分化出来，形成生物界的新种族。

图5 笔石化石

在查布境内属于侏罗纪、白垩纪的河湖相地层中，经常可以发现大量形态各异的鱼类化石（图6）。它们是距今一亿四五千万年前的古老鱼类，主要种类有东方伊克昭弓鳍鱼、师氏中华弓鳍鱼、伍氏狼鳍鱼、董氏狼鳍鱼、甘肃狼鳍鱼等，在鱼类的演化史上，分别属于全骨鱼和真骨鱼中的原始类群，是研究鱼类进化史的珍贵实体资料。这类鱼化石，不仅具有重要的科学研究价值，也具有很高的观赏价值，相对来说比较容

图6 地层中的鱼化石

易获得，因此可以作为大众藏友的重点选择对象。但需要说明的是，中国对于古生物化石保护具有严格的法律规定，因此，收藏者绝不可以去这些地区随意乱挖，只能在那些已经风化、剥落，与原生基岩脱离的碎石中去探寻。

6. 千姿百态的植物化石——鄂尔多斯造煤史的见证

进入古生代晚期，伴随地壳抬升、鄂尔多斯古海面积的不断缩小，陆地面积不断扩大。此时的鄂尔多斯气候温暖湿润，十分有利于植物的生长，陆生植物从滨海地带向内陆蔓延，并得到空前发展，形成大规模的森林和沼泽，万木参天、密林如海，既有高达40米的乔木，也有低矮、茂密的灌木，因而，该时期成为鄂尔多斯地质史上首次重要的造煤时代。据科学家推测，每形成一米厚的褐煤层，大约需要厚达20米的植物堆积，而每形成一米厚的优质精煤（烟煤），又需要10米以上的压缩而成的褐煤。鄂尔多斯著名的准格尔煤田南北长73千米，东西平均宽23千米，面积1723平方千米，储量253亿吨，煤层平均厚度在30米以上，而神东煤田的总面积更是达3.12万平方千米，已探明的储量为2236亿吨，可见当时鄂尔多斯及周边地区森林的覆盖率及植被茂盛程度。

伴随地壳运动的变化，那些数亿年前的植物被埋入地下后，大多数形成了煤炭，但亦有一部分在特定的保存环境下由于地层中的化学物质如二氧化硅、硫化铁、碳酸钙等，在地下水的作用下不断渗入并积聚在树木内部，替换了原来的木质成分，因此在保留了树木原形态的同时，经过这种石化作用形成了木化石（图7）。因为其内部成分以二氧化硅为多，所以，常常被称为硅化木。石炭—二叠纪时期是鄂尔多斯重要的造煤时期，在今天的煤层中，已经很难分辨它们的真实身影了，但这些有幸成为化石的植物遗骸，则为窥探数亿年前鄂尔多斯大地的植物世界，提供了极为珍贵的有形证明。

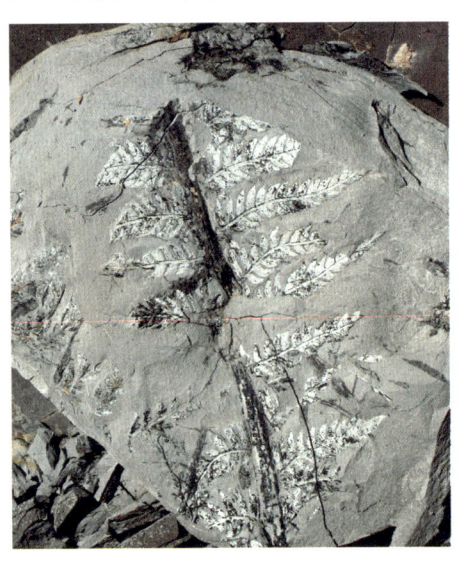

图7 岩层中的植物化石

在鄂尔多斯东部的沟壑中凡有灰白色、灰黄色泥岩出露的地方，经常有这类硅化木以及植物化石的发现。硅化木一般都已高度石化，形如树木，坚硬如石，树木外部特征及年轮极易辨认（图8）。植物化石则在高压下呈水平状分布，枝叶、经络清晰可辨，极具研究、观赏价值。如果在这些区域风化剥落的泥岩中仔细寻找，便会有所发现。

7. 极目遍山野，藏石观古今

300多万年前，人类的祖先从树上下到了地面，"人猿相揖别"。

图8　伫立于地层中的硅化木

发生这一根本性转变的重要标志就是他们开始根据劳作对象的不同，使用一些有意打制成不同形状的石质工具。考古学上，把人类社会的这一发展阶段，称为旧石器时代。至大约一万年前，人类在进化史上发生了一次突飞猛进的变化，这时人类所使用的石器、骨器，已经从简单的只打制出一个初步的形状，到开始进行精琢细磨，工具的形制更加规整，分工也更加明确。考古学上，把人类社会的这一发展阶段称为新石器时代。青铜器的出现，虽然是人类历史上生产工具的一次革命，也带来了上层建筑的一系列变革，但由于青铜原料的稀有性，青铜时代的到来，并未完全取代石器在人类社会日常生活中的特有地位。直至进入铁器时代（一般认为始于春秋晚期或战国时期），铁制品在人类社会中的普遍使用，才使得石器这一紧随人类数百万年进化步伐的亲密伴侣逐渐淡出人们的视野，但在某些领域，如农作物生产、加工所使用的石碾、石磨、石碓臼、石碌碡等，则直接伴随人类进入现代化的门槛。

因此，从某种意义上来讲，一部人类文明发展史，也就是一部复杂、曲折的石文化史。

至少从距今14万年前的旧石器时代晚期开始，就有古人类在鄂尔多斯地区活动。旧石器时代古人类使用的石器均为打制，形状也没有定制，与普通天然形成的石片极易混淆，鉴定起来需要专业知识，因此不易获得。但新石器时代、青铜时代的石器，由于都有一定的形状，而且绝大多数都为通体磨制，容易辨认，所以收藏起来较为容易。特别是在鄂尔多斯东部、南部的新石器时代、青铜时代遗址分布较为密集的地区，老乡在耕种时，经常可以从地里翻出来一些诸如石磨盘、石磨棒、石斧、石刀、石铲、石锛、石凿等生产工具和石环等装饰品（图9、图10）。为了不影响耕种，他们常常把这些不大起眼的物件集中扔到田边的地垄上。如果在田间地垄边仔细搜寻，说不定就会有重大发现。别看它貌不惊人，入不了"大收藏家"的眼，但它却是本地悠久历史的真实见证。抚摸着它光溜溜的器身，即可开启穿越几千年时空隧道的古今对话，领悟人类文明发展的漫漫征程。

图9　磨光石斧　　　　　图10　长方形穿孔石刀

　　另外，收藏、观赏奇石，也是石文化的另一项重要内容。所谓奇石，泛指形状、质地、颜色、花纹等不一般的石头，因其能够满足人们的猎奇心理或审美情趣，可供观赏把玩，抑或出于赏玩、收藏目的买卖经营，而受到人们的青睐。奇石以自然美为特征，而对它的审美观，则是审美主体与客体之间的共同感应。奇石不仅是一种形象艺术，还是一种心境艺术。人们能够从一块块冰冷的石头身上，悟出宇宙自然界的神奇多姿，联想出人生的各种境遇，融自我于大自然中，天人合一，陶冶情趣。奇石收藏门类众多，黄河石便是其中一大重要的门类（图11）。广义上讲，自发源地到入海口，绵延数千千米的黄河所携带的石块，统称黄河石。由于黄河流经的地域辽阔，地质条件复杂多变，水系支流众多，所以石源丰富，石种庞杂，使得黄河成为一座天然的奇石藏馆。

　　鄂尔多斯地处黄河中上游，黄河流经本市长度达七百多千米。在这片宽广的土地上多处发现了奇石的踪影——不但在现代河滩上有所发现,而且在历史上曾是黄河故道而如今远离黄河的伊金霍洛旗北部、东胜一带都有发现。节假日,或郊游登山,或河滩漫步,顺便捡拾形、色、花纹别致的卵石仔细揣摩,既可放松心情,享受大自然景物之乐趣,又可锻炼身体。石尤通灵,石我相视两不厌,物我交融景由生,必将带给你无限的乐趣。

图11 用黄河石制作的磨光石铲

8. 古朴陶瓷器,文明见证人

中国作为四大文明古国之一,为人类社会的进步和发展做出了卓越贡献,其中陶、瓷器的发明和发展更具有独特的意义。在英文里,中国的发音"China"据说就和瓷器有关。

陶器的发明,是人类文明发展史上的一个重要标志,它是人类继发明打制石器后,又一次按照自己的意志利用天然物的创举。人们把黏土加水混合后,制成各种形状的器物。这些器物在干燥后经火焙烧,产生了质的变化,形成陶器。陶器的出现,标志着人类社会新石器时代的开端,具有划时代的意义:它奏响了人类利用自然、改造自然的新篇章,开辟了人类文明发展史的新纪元。考古发现证明,早在6500年前的新石器时代中期,生活在鄂尔多斯地区的古代先民就已经娴熟地掌握了陶器制作技术。制作的陶器主要有用于煮饭的炊具夹砂陶罐,用于汲水的泥质陶壶,用于盛储的泥质陶盆,用于食具的泥质陶钵等,并有一定数量的彩陶。随着社会的不断发展进步,到夏商时期的朱开沟文化阶段,社会已经出现了专门从事陶器生产的工种,陶器的质量逐步提高、种类不断增加,分工也更加明确,既有日常生活器皿,也有专门在祭祀等重要场合使用的礼器。这一时期,陶器的自身特色也更加显著,以鬲、甗、斝、三足瓮、盉等三足器为代表的陶器群,不但成为鄂尔多斯地区夏商时期古人类特征鲜明的文化表象,而且也是极具观赏性、极具地方性特征的收藏佳品(图12)。

两汉时期是陶器生产的鼎盛阶段,不仅陶器制作更加规范,日用生活器皿种类更加繁多，大量专门为了逝者生产的明器也广为盛行，除日常生活用品外，楼阁、水榭、亭台、仓屋、人物俑、动物俑等一应俱全。与建筑有关的各类砖雕饰、画像砖、瓦当、筒瓦、板瓦、铺地砖、空心砖、脊兽等十分常见（图13）。另外，在陶器器表施釉烧造而成的釉陶器和在器表绘制图案的彩绘陶也开始流行起来。

图12　大袋足鬲　　　　　　　图13　北魏人面纹瓦当

鄂尔多斯地区新石器时代、夏商时期、汉代的遗存分布特别密集，因此，这一时期形形色色的陶器也是民间较易收藏的一个门类。过去由于人们对这类古代文化遗产认识不到位，没有引起足够的重视。这些貌不惊人的"瓦罐罐"里蕴含着丰富的历史、文化、科技等信息，有些还具有非常高的艺术价值。妥善保护好这些珍贵的文化遗产，不但是每个公民应尽的职责，而且对于喜好收藏的大众朋友而言价值较大。

唐三彩是一种盛行于唐代的一种低温釉陶器。在陶胎器表施加添入不同金属氧化物的釉，经过焙烧，便形成浅黄、赭黄、浅绿、深绿、天蓝、褐红、茄紫等多种色彩，但多以黄、褐、绿三色为主，故称"唐三彩"。唐三彩的色釉有浓淡变幻、互相浸润、斑驳淋漓的效果，在色彩的相互辉映下，凸显堂皇富丽的魅力。唐三彩多用于专门给逝者随葬用明器，器物形体圆润、饱满，与唐代艺术盛行的丰满、健美、阔硕的风格一致。鄂尔多斯因分布有唐代宥州城、胜州榆林城等遗址，因此也时有这类收藏家钟爱的器物出现（图14）。

瓷器是由高岭土作胎，器表施釉，在窑内经过高温（约1280~1400℃）烧制而成的器物。与陶器相比，瓷器具有胎质致密、透水性差、经久耐用、便于清洗、外观华美等特点。因此，瓷器一经兴起便迅速发展，逐渐取代陶器，成为中国人日常生活中的主要用器。

中国瓷器是从陶器逐步发展演变而成的，原始瓷器起源于3000多年前的商代，至北朝时基本成熟。宋代时，名瓷名窑已遍及大半个中国，是制瓷业最为繁荣的时期。元代的青花瓷釉质透明如水，洁白的瓷体上施以蓝色纹饰，素雅清新，充满生机，开创中国制瓷工业的新纪元。明清两代，瓷器制造业在前代的基础上，又有许多创新与发展。多姿多彩的瓷器是中国古代的伟大发明之一，特别是制作精美的官窑瓷器专供皇家使用，是历代皇宫最常见的珍藏品之一。作为古代中国的奢侈品之一，瓷器也通过各种贸易渠道传到世界各地。精美的古代中国瓷器作为具有收藏价值的东方古董被大量收藏家所青睐（图15）。

瓷器收藏虽为收藏界的一项大宗，但由于受鄂尔多斯特殊的地理位置和历史环境所限，境内历代瓷器出土数量较少，故不宜于大众收藏者涉足，但西夏瓷器则为例外。

图14　唐代三彩盂

图15　元代画花瓷罐、碗、高足杯

唐代后期，吐蕃的强大迫使党项人逐步迁徙到鄂尔多斯南部，并于北宋初期建立了西夏国。鄂尔多斯丰美的天然牧场和先进的农耕技术，为西夏畜牧业和农业生产的迅速崛起发挥了重要的作用，同时也促进了手工业和商业的繁荣发展。西夏实力因之大增，雄踞北方与辽、宋对峙。鄂尔多斯境内遗留下大量西夏时期的遗物，瓷器便是其中之一。西夏瓷器造型设计、纹饰题材、装饰手法均表现出较强的民族风格与特点，主要表现在以下三方面：①器物造型新颖，尤以扁壶、四系瓶等独具特色。②装饰技法以黑（酱）釉剔花、白釉划花等为主。③纹饰题材以植物纹、动物纹、图案纹等为主，尤以牡丹花纹最为多见。西夏瓷器虽比不得同时期的中原及南方的宋代瓷器那样精美细腻，却因其独特的内涵而成为中国瓷器大花园中的一朵奇葩，在收藏界具有很大的潜力和升值空间（图16）。

图16　西夏花瓣口剔花瓶

9. 铜镜

铜镜就是古代用铜做的镜子。远古时期，人们趋河湖边以水照面。容器发明后，以盆盛水鉴形照影，故后人将这类盛水的盆称为"鉴"。进入青铜时代，随着合金技术的应用，青铜质的铜镜开始出现。目前考古资料中所知时代最早的铜镜，出土于距今4000多年的齐家文化遗址。铜镜在商、西周和春秋时的各处遗址中都有零星发现，直至战国时期才开始盛行。汉代，由于日常生活的大量需求，加之西汉经济的繁荣，铜镜制造业发生了质的飞跃——铜镜工艺精良，质地厚重，镜背铭文、图案丰富多样（图17）。唐代，铜镜再次达到发展高峰（图18）。到明清时期，随着近代玻璃的诞生，铜镜逐渐淡出了历史舞台。

铜镜多为圆形，少数为方形，其背面铸饰图案或铭文，中心有桥形纽或半球状凸纽以穿系，少数设柄，正面则平滑光亮，可清晰照面。在古代，铜镜与人们的日常生活有着密切的关系，既是人们生前不可或缺的生活用具，也是逝者随葬的重要物品，因此其流传到市面的较多。铜镜大多

图17　汉代规矩纹铜镜　　　　图18　唐代瑞兽葡萄镜

制作精良、形态美观、图纹华丽、铭文丰富，既是精美的工艺品，又极具文化内涵，是中国古代文化遗产中的瑰宝，因此颇受藏家喜爱。鄂尔多斯境内发现的铜镜以汉代铜镜数量最多，唐、宋（西夏）、元、明的铜镜在市面上流传也不少，可以作为大众藏友的首选藏品。

10. 货币

中国是世界上最早使用货币的国家之一，使用货币的历史长达五千年之久。中国的货币史源远流长，发展过程连绵不断，形成了具有东方色彩的中国货币体系，在世界古代货币史上独树一帜，是中国古代文明史的重要组成部分。

中国古代最早的货币应该出现在原始社会后期，主要以实物货币的形式出现，其中，流通范围较广的是天然贝。进入商周时期，伴随着商品经济的不断发展，货币需求量的不断增大，为弥补自然贝币流通量的不足，仿制海贝形制的玉贝、骨贝、陶贝、石贝、铜贝等相继涌现，被统称为人工贝类货币。其中用青铜浇铸的铜贝，是中国出现最早的金属铸币。铜币的出现，是中国古代货币史上由自然货币向人工货币的一次重大演变。

自商朝铜币出现到战国时期，各诸侯国自铸货币，以赵国的铸币、齐国的刀币、秦国的圆形方孔钱、楚国的蚁鼻钱最为著名。这些货币形制、称谓均不统一，彼此差异悬殊。秦始皇统一中国后，于公元前210年颁布了中国最早的货币法，"以秦币同天下之币"，规定在全国范围内通行秦国的圆形方孔半两钱。秦始皇统一货币这一行为，结束了前代货币形状各异、重量悬殊的杂乱状态，是中国古代货币史上的一次重大演变。此后，秦半两钱这种圆形方孔的形制，一直延续到民国初期。

西汉初期，朝廷听任各郡国自由铸钱，造成了币制混乱、富商大贾操纵铸币之权的局面。公元前113年，汉武帝收回了郡国铸币权，由中央统一铸造五铢钱，从此确定了由中央政府对钱币铸造、发行的统一管理，这是中国古代货币史上由地方铸币向中央铸币的一次重大转变。此后，历代铸币皆由中央直接经管，这一举措对稳定各朝的政局及促进经济发展起了重要的作用。

秦汉以来所铸钱币，绝大多数以重量来称谓，如"半两""五铢"等。唐高祖武德四年（621年）改革币制，统一铸造"开元通宝"钱。"开元通宝"钱文不书重量，开中国古代货币由文书重量向通宝、元宝的新纪元。此后，中国铜钱多以通宝、元宝相称，如一直沿用到辛亥革命后的"民国通宝"。为适应货币大量流通的需求，北宋时期创印了纸币"交子"。它不仅是中国古代货币史上最早的纸币，也是世界上最早的纸币。

中国的钱币不但历史悠久，而且种类繁多，材质多样，钱文繁缛，既见证了王朝兴衰，又反映出当时社会、经济、文化等的概况。我们在品味古钱币的同时，又可了解其背后政治、经济、文化等多方面的知识。另外，由于相对于其他藏品，古代钱币的收藏渠道更为宽广一些，门槛也相对较低一些，因此，收藏古代钱币也应是大众收藏的首选项目。鄂尔多斯地区市面上流传的战国以前的古钱币数量较少，而秦代以来的历代货币流传数量都较多，特别是曾数度出土的西夏钱币，对于喜欢和研究钱币收藏的朋友来说，尤为珍贵（图19）。

图19　西夏文钱币

11. 北方草原文化的瑰宝——鄂尔多斯青铜器

从19世纪末叶开始，大量出土于中国北方长城沿线地带的以装饰动物纹为特征且具有浓郁游牧民族文化特征的青铜及金、银制品陆续问世。这些出土物引起了世人的关注，因以鄂尔多斯地区发现数量最多、分布最集中、最具特征而被称作"鄂尔多斯青铜器"。它是相当于春秋至西汉时期（约公元前8~2世纪）中国北方草原民族的代表性器物群之一，是以狄—匈奴为代表的中国早期游牧民族的物质遗存，其文化内涵丰富、特征鲜明、延续时间长、分布地域广。由于其与欧亚草原民族文化有着十分密切的关系，因此，对鄂尔多斯青铜器的研究，已成为一门世界性的学术课题。鄂尔多斯青铜器多为实用器，按用途可分为兵器和工具、装饰品、生活用具及车马器四大类，以短剑、铜刀、鹤嘴斧、棍棒头、各类动物纹饰牌、饰件、扣饰等为主，尤以大量动物纹装饰最具特征。动物纹的种类有虎、豹、狼、狐狸、野猪、鹿、马、羊、牛、骆驼、刺猬、飞禽等，多采用圆雕、浮雕、透雕等装饰手法，内容丰富，造型生动，工艺娴熟，以其复杂巧妙的图案构思、独特的艺术风格和优美的造型而享誉海内外（图20、图21）。

图20　叠鸟形青铜饰件　　图21　三鹿纹青铜饰牌

以鄂尔多斯青铜器为代表的纯朴、豪放、生机盎然的北国草原风，宛如诠释中国北方草原民族历史优美画卷中的一部精美篇章。一件件饱含生动、奔放、野性、彪悍个性的鄂尔多斯青铜器，生动再现了两千多年前发生在中国北方草原地带的一景一幕。透过鄂尔多斯青铜器这支独放异彩的奇葩，人们不仅对中国古代北方游牧文明有了全新的了解，同时对于古老的多元一体的中华文明也有了全面的感悟。鄂尔多斯青铜器在鄂尔多斯地区分布较广，市面上流传的也较多，因其多是小型物件，价位适宜，又极具地方文化特征，容易被藏家获取和接受，故应是大众收藏者的首选藏品。

12. 黑圪榄（鼠李、雅希勒）制品

黑圪榄，学名"小叶鼠李"，蒙语谓"雅希乐"，属灌木，其根部发达，多生长于北方风化岩地貌或山区的岩石缝隙中，生长极慢。其根茎质地坚硬，

图22 黑圪榄雕刻品

色泽温润,木纹丰富,形状各异、千姿百态,有些根部出现瘤,是制作根雕、烟斗、手镯、项链的绝佳材质。传说黑圪榄的根被采回后仍具有灵性,被制成物件后,如用核桃油或脸上分泌的油脂常常擦拭,便会将美丽的木浆慢慢释放出来,忠实地陪伴主人。黑圪榄是鄂尔多斯的珍稀物种,虽是大众收藏的绝佳物品,但一定要拣选那些自然枯死的根茎,切不可乱挖现生物种(图22)。

参考书目

[1] 《鄂尔多斯青铜器国际学术研讨会论文集》编辑组编：《鄂尔多斯青铜器国际学术研讨会论文集》，科学出版社，2009年。

[2] 〔法〕布勒等著，李英华、邢路达译：《中国的旧石器时代》，科学出版社，2013年。

[3] 鄂尔多斯市文物考古研究院：《鄂尔多斯文化遗产（2012）》（内部资料）。

[4] 鄂尔多斯市文物考古研究院：《鄂尔多斯文化遗产（2013）》（内部资料）。

[5] 鄂托克前旗文管所：《鄂托克前旗文物志》（待刊）。

[6] 冯文勇：《鄂尔多斯高原及毗邻地区历史城市地理研究》，兰州大学博士学位论文，2008年。

[7] 内蒙古博物院、华南师范大学地貌与区域环境研究所、中国科学院寒区旱区环境与工程研究所，等：《萨拉乌苏河晚第四纪地质与古人类综合研究》，科学出版社，2017年。

[8] 内蒙古大学蒙古史研究室编：《内蒙古文物古迹简述》，内蒙古人民出版社，1977年。

[9] 内蒙古文物工作队编：《内蒙古文物资料选辑》，内蒙古人民出版社，1964年。

[10] 内蒙古文物考古研究所编:《内蒙古文物考古文集》(第二辑),中国大百科全书出版社,1997年。

[11] 内蒙古文物考古研究所编:《内蒙古文物考古文集》(第一辑),中国大百科全书出版社,1994年。

[12] 内蒙古自治区第三次全国文物普查领导小组办公室编:《内蒙古自治区第三次全国文物普查新发现》,文物出版社,2011年。

[13] 内蒙古自治区文化厅(文物局)、内蒙古自治区文物考古研究所:《内蒙古自治区长城资源调查报告》(鄂尔多斯—乌海卷),文物出版社,2016年。

[14] 内蒙古自治区文物队编:《内蒙古文物资料选辑》(续辑),1984年。

[15] 内蒙古自治区文物工作队编:《内蒙古出土文物选集》,文物出版社,1963年。

[16] 内蒙古自治区文物考古研究所:《朱开沟——青铜时代早期遗址发掘报告》,文物出版社,2000年。

[17] 内蒙古自治区文物考古研究所编:《万家寨水利枢纽工程考古报告集》,远方出版社,2001年。

[18] 宁夏文物考古研究所、中国科学院古脊椎动物与古人类研究所编:《水洞沟——2003~2007年度考古发掘与研究报告》,科学出版社,2013年。

[19] 宁夏文物考古研究所:《水洞沟——1980年发掘报告》,科学出版社,2003年。

[20] 鄂尔多斯博物馆编:《鄂尔多斯文物考古文集》(第二辑),远方出版社,2004年。

[21] 内蒙古文物考古研究所编:《内蒙古文物考古文集》(第三辑),科学出版社,2004年。

[22] 旺楚格:《成吉思汗陵》,内蒙古人民出版社,2004年。

[23] 内蒙古文物考古研究所编:《内蒙古中南部汉代墓葬》,中国大百科全书出版社,1998年。

[24] 乌审旗文物局:《乌审旗文物志》,鄂尔多斯市桥头堡印刷有限责任公司,2012年。

[25] 伊金霍洛旗文物管理所:《伊金霍洛旗文物志》,鄂尔多斯市桥头堡

印刷有限责任公司，2012年。

［26］伊克昭盟文物工作站编：《鄂尔多斯文物考古文集》（内部资料），1981年。

［27］韩建业：《中国北方地区新石器时代文化研究》，文物出版社，2003年。

后 记

运筹数年的《鄂尔多斯史海凭栏》终于交付出版了，欣慰之余，感慨颇多。

习近平总书记多次指出，在当代中国，文化自信是具有科学性的时代命题，是中华民族生生不息、走向复兴的精神源泉，是中国特色社会主义破浪前行、繁荣发展的精神武器，是中华民族屹立世界、面向未来的精神脊梁。我们要坚定中国特色社会主义道路自信、理论自信、制度自信、文化自信，说到底是要坚持文化自信。

我们的文化自信深深植根于中华文明传承的土壤，它既建构于改革开放40年的伟大实践，中华人民共和国成立以来70年的持续探索，也建构于近代以来170多年的民族发展历程，更建构于中华民族5000多年悠久文明传承之中。中华民族在5000多年绵延不断的悠久历史进程中，创造了博大精深的中华文化，它既是中华民族的根和魂，也是中华民族历经磨难而生生不息的历史积淀与思想升华，还是中华文明延续传承的"基因密码"，更是中华民族在世界文化激荡中卓然屹立的精神命脉。

作为一名多年致力于鄂尔多斯地区考古研究工作的文物工作者，受益于本地悠久的历史、深厚的文化底蕴、丰厚的文物资源，因而深感使命艰巨且责无旁贷。从这个深深热爱的、为之奋斗35年的岗位上退休后，虽然无法像在岗时就如何科学、系统地发掘、保护、传承这些文化遗产尽心尽职、竭尽己能，但是如何让鄂尔多斯文物考古的研究成果从专业机构的资料室中走入寻常百姓家，让社会大众更多地了解这块神奇土地的历史和文化，激发更多的人关注、参与文物事业，让文化遗产事业在坚定中国特色社会主义文化自信中发挥应有作用，却始终萦绕本人心头、挥之不去。由此，便形成了这本从一名文物工作者的视角出发、基于最新考古研究成果、面向社会大众解读鄂尔多斯历史文化的读本。该书将带你一起拂去岁月的尘封，去揣摩鄂尔多斯鲜为人知的历史，探秘鄂尔多斯悠久厚重的文化，品味鄂尔多斯丰富多彩的内涵。时值中华人民共和国成立七十周年华诞，若从伊克昭盟文物工作站成立算起，恰逢鄂尔多斯文物事业刚刚度过五十五周年庆典，特奉献此书，既算是对祖国、对文物事业华诞的献礼，又算是一名解甲的老文物工作者，向生我养我的这块沃土提交的一份答卷。

  本书能够出版，首先要感谢鄂尔多斯青铜器博物馆的王志浩馆长，若没有他的资助，本书稿恐怕只能静置于电脑硬盘中。我与志浩馆长在文博战壕并肩奋战三十余年，是鄂尔多斯文博事业在岗时间最久的"老兵"，既是鄂尔多斯文博业务最基层的践行者，也是事业发展历程最权威的见证者。志浩馆长虽然略幼我两岁，但是入文物之道比我早，而且也先于我进入吉林大学深造，所以既是我的贤弟，又是我的学兄，还是我多年的业务领导，我们彼此携手奋斗近四十载，志同道合，相濡以沫，他最知我心，最解我意，一个"懂你"获益终生。

  还要感谢鄂尔多斯青铜器博物馆郭俊成副馆长，在本书出版招投标阶段颇费周折，他不厌其烦，劳累颇多，深表敬意。

  还要感谢我的忘年之交、鄂尔多斯电视台原副台长周晨曦先生，在百忙中为本书作序。周先生以一个资深媒体人独到的学术敏感性，对本书的内容及编撰者初衷进行了解读和点评，本人不胜感激，但本人对于受到的褒扬则深感不安，受之有愧。

  书中插图多为本人日常工作中所摄，也有部分照片为历年工作所需向各界同仁、朋友索取的，但由于难以分辨花出谁家，故无法一一署名，在此深表歉意。

杨泽蒙
2019 年 9 月 30 日